BASTEI
LÜBBE
TASCHENBUCH

Über die Autorin:

Cathy Glass ist das Pseudonym einer britischen Autorin und Pflegemutter, die seit über 25 Jahren besonders herausfordernde Kinder beherbergt. Sie hat drei eigene Kinder, von denen eines adoptiert ist. Über ihre Erfahrungen schreibt Cathy Glass – mit großem Erfolg. Sie erfreut sich einer großen Fangemeinde, viele ihrer Bücher sind Bestseller.

Cathy Glass

Was mit Jodie geschah

Die tragische Geschichte
meines Pflegekindes

Aus dem Englischen von
Rosie Pinhorn

BASTEI
LÜBBE
TASCHENBUCH

BASTEI LÜBBE TASCHENBUCH
Band 61025

MIX
Papier aus verantwortungsvollen Quellen
FSC® C083411

Dieser Titel ist auch als E-Book erschienen

Vollständige Taschenbuchausgabe

Deutsche Erstausgabe

Textredaktion: Dr. Ulrike Strerath-Bolz
Titelillustration: © HarperCollinsPublishers Ltd
Umschlaggestaltung: Tanja Østlyngen
Satz: hanseatenSatz-bremen, Bremen
Gesetzt aus der Adobe Garamond Pro
Druck und Verarbeitung: CPI books GmbH, Leck – Germany
ISBN 978-3-404-61025-9

2 4 5 3 1

Sie finden uns im Internet unter
www.luebbe.de
Bitte beachten Sie auch: www.lesejury.de

In Großbritannien befinden sich derzeit über 75 000 Kinder in der Obhut der kommunalen Fürsorge-Behörden. Das sind die, die Glück hatten. Hinter dieser Zahl verbergen sich jedoch noch unzählige weitere Kinder: geschändet, missbraucht und von den Sozialämtern unentdeckt, nicht selten, bis es zu spät ist.

Dieses Buch erzählt die wahre Geschichte meiner Beziehung zu einem von ihnen, einem achtjährigen Mädchen namens Jodie. Ich war ihre Pflegemutter, und sie war das verstörteste Kind, das ich jemals betreut habe. Ich hoffe, dass meine Geschichte einen Einblick in die oft verborgene Welt von Pflegeeltern und Sozialämtern gibt.

Bestimmte Details, inklusive Namen, Orte und Daten, wurden geändert, um Unschuldige zu schützen.

Meiner Familie und ihrer unerschütterlichen Liebe,
ihrer Geduld und ihrem Verständnis gewidmet.

Dank

Mein aufrichtiger Dank geht an David, Andrew Lownie, Kirsty Crawford, Carole Tonkinson und das gesamte Team von HarperCollins. Ich danke ihnen dafür, dass sie dieses Buch zu dem gemacht haben, was es ist.

1
Emotionale Erpressung

Das Telefon klingelte. Jill war dran, meine Verbindungsfrau von der Vermittlungsstelle für Pflegekinder.

»Cathy, es sind nicht zwei Pflegestellen, es sind fünf«, sagte sie. »Fünf, seit sie vor vier Monaten in die Pflege vermittelt wurde.«

»Um Gottes willen.« Ich war erstaunt. »Und sie ist gerade mal acht? Da muss ja einiges passiert sein? Was hat sie denn gemacht?«

»Ich bin mir noch nicht sicher. Aber das Sozialamt besteht auf einem Treffen, bevor das Kind zugeteilt wird, um sicherzustellen, dass sie nicht noch einmal umziehen muss. Bist du trotzdem interessiert?«

»Ich weiß nicht genug, um es nicht zu sein. Wann?«

»Morgen um zehn.«

»Okay, ich seh dich dann dort. Wie heißt sie?«

»Jodie. Danke, Cathy. Wenn du es nicht schaffst, dann schafft es niemand.«

Ich war durchaus zugänglich für Schmeicheleien; es fühlte sich gut an nach all den Jahren, endlich Anerkennung zu erfahren. Jill und ich arbeiteten nun seit vier Jahren zusammen und hatten eine gute Beziehung zueinander aufgebaut. Als Verbindungsbeauftragte für die *Homefinders Fostering Agency* nahm Jill die Brückenposition ein zwischen den Pflegeeltern und den Sozialarbeitern, die sich eines bestimmten Falls angenommen hatten. Sie koordinierte die Anforderungen des Sozialamtes mit denen der Pflegeeltern und bot Unterstützung und Hilfe an, wenn sie nötig waren. Eine unerfahrene Pflegemutter braucht von ihrer Verbindungsperson oft einiges an Rückenstärkung und Erklärungen zum System. Da Jill und ich schon seit längerer Zeit zusammenarbeiteten und ich eine erfahrene Pflegemutter war, hatten wir uns aneinander gewöhnt und kamen gut miteinander aus. Wenn Jill der Ansicht war, dass ich einer Herausforderung gewachsen war, so war das gewiss ernst gemeint.

Aber eine Vorbesprechung vor der Platzierung? Das konnte nichts Gutes bedeuten. Normalerweise kamen die Kinder einfach nur nach einer kurzen Vorstellung an, wenn sie von anderen Pflegeeltern kamen, oder einfach in den Kleidern, die sie gerade trugen, wenn sie ihr Zuhause verließen. Ich hatte einiges an Erfahrung mit beiden Szenarios, aber eine Situation, bei der man eine Vorbesprechung für nötig hielt, war mir noch nicht begegnet. Normalerweise gab es eine Besprechung zwischen allen involvierten Parteien, sobald ein Kind bei Pflegeeltern platziert worden war, aber mehr eben auch nicht.

Dies war der erste Hinweis darauf, wie ungewöhnlich dieser Fall war.

Am nächsten Morgen starteten wir in den Tag wie gewöhnlich: die ruhige Routine, dass alle aufstanden, sich anzogen, frühstückten und die Kinder sich auf den Weg zur Schule machten. Ich hatte zwei Kinder: Adrian war siebzehn und Paula dreizehn. Lucy, die zwei Jahre zuvor als Pflegekind zu uns gekommen war, war fünfzehn und nun ein permanentes Familienmitglied, wie eine Tochter für mich und eine Schwester für Adrian und Paula. Sie war ein Erfolgserlebnis: Sie kam verletzt und wütend zu mir und hatte mit der Zeit gelernt, wieder Vertrauen zu fassen, und sich schließlich in einen normalen Alltag eingelebt, in dem sie sich nur mit den gewöhnlichen Ängsten eines Teenagers befassen musste, nicht mehr mit dem inneren

Aufruhr, den sie als Kind erlebt hatte. Ich war stolz auf sie; sie war der Beweis für meine Überzeugung, dass Liebe, Güte, Zuneigung und feste Grenzen die Basis für das sind, was jedes Kind braucht, um sich entfalten zu können.

Nachdem ich die Kinder an diesem Morgen in die Schule geschickt hatte, war mir ein klein wenig mulmig zumute. Das Kind, über das ich heute informiert werden sollte, würde sicherlich all diese Dinge in Fülle benötigen, und wenn ich Jodie annehmen würde, würde ich mich sicherlich für eine Weile von meiner relativ friedlichen, etablierten Routine verabschieden müssen. Zumindest, bis sie gelernt hatte, mir zu vertrauen und sich eingelebt hatte, genauso wie Lucy. Doch gerade das war ja der Sinn und Zweck, wenn man ein Pflegekind in die Familie aufnahm. Es war bestimmt nicht leicht, aber die Belohnung war immens. Außerdem hatte ich nun seit über zwanzig Jahren fast kontinuierlich Kinder in Pflege genommen und konnte mich kaum mehr daran erinnern, wie das Leben davor gewesen war.

Sobald meine Kinder weg waren, ging ich nach oben und zog mich um, wechselte aus meinen Jogginghosen in ein paar elegante dunkelblaue Hosen und einen Pullover und machte mich auf den Weg zum Sozialamt. Ich fuhr nun schon so lange regelmäßig dorthin, dass mir die Anfahrt vertraut war wie zu meinem eigenen Haus. Ich kannte auch den trostlosen grauen Anstrich, die Leuchtstoffröhren und die Atmosphäre der Geschäftigkeit und des gerade eben bewältigten Chaos sehr gut.

»Cathy, hallo!«

Als ich die Rezeption erreichte, kam Jill auf mich zu, um mich zu begrüßen. Sie hatte schon auf meine Ankunft gewartet und trat mit einem freundlichen Lächeln zu mir.

»Grüß dich, Jill. Wie geht's?«

»Gut, danke. Du siehst blendend aus.«

»Ja – das Leben meint es gut mit mir im Moment. Den Kindern geht es prima, sie sind völlig mit sich selbst beschäftigt und mit der Schule. Es ist Zeit, eine weitere Herausforderung anzugehen, denke ich.« Ich erwiderte das Lächeln.

»Wir sollten uns gleich auf den Weg zu der Besprechung machen. Ich glaube, sie sind schon so weit.« Jill führte mich den Gang entlang in das Konferenzzimmer. Als wir den Raum betraten, war mir sofort klar, dass es sich um einen schwierigen Fall handelte: Ungefähr ein Dutzend Leute saßen um einen großen Mahagonitisch. Was hatte das nur zu bedeuten? Nach dem, was Jill mir erzählt hatte, konnte ich erahnen, dass es sich nicht um einen Nullachtfünfzehn-Pflegefall handelte – nicht viele Kinder arbeiten sich in vier Monaten durch fünf Pflegefamilien. Allerdings war kein Kind nullachtfünfzehn. Sie waren Individuen, und ihre Probleme waren immer spezifisch die ihren. Ein Kind von seinen Eltern zu trennen ist kein gewöhnlicher, alltäglicher Vorgang, es ist immer traumatisch, emotional und schwierig.

Dennoch war da etwas, was mir sagte, dass dieser Fall sehr viel komplexer war als alles, was mir je zuvor untergekommen war. Ich fühlte einen weiteren Stich der Furcht, genau wie vor ein paar Tagen, als Jill mir erstmals von der Situation berichtet hatte. Aber ich war auch interessiert. Wie konnte das Kind, das so viel Hingabe von so vielen Leuten verlangte, wohl sein?

Jill und ich nahmen die zwei leeren Stühle am Ende des Tisches ein, und ich fühlte alle Augen auf mich gerichtet, als müssten sie erst mal meine Fähigkeiten abschätzen.

Den Vorsitz hatte Dave Mumby, der Leiter des Sozialarbeiterteams, und er machte auch den Anfang in der Runde mit der Vorstellung. Links von ihm saß Sally, die »Prozesspflegerin«; sie war vom Gericht beauftragt worden, die Interessen von Jodie zu vertreten. Die Frau neben ihr stellte sich als Nicola vor, Jodies Hauslehrerin.

Hauslehrerin? Warum ging das Kind denn nicht in die Schule? Noch eine Überraschung.

Daneben saß Gary, Jodies derzeitiger Sozialarbeiter. Er erklärte, dass er im Begriff war, den Fall abzugeben und Jodie an Eileen weiterzuleiten, die neben ihm saß. Ich sah mir Eileen genau an – wenn ich Jodie annehmen würde, dann würden Eileen und ich eng zusammenarbeiten. Der erste Eindruck sagte mir, dass sie unauffällig war: eine Frau Mitte vierzig mit einem gelassenen und ruhigen Äußeren. So weit, so gut.

Es wunderte mich nicht, dass ich jetzt schon den Wechsel des Sozialarbeiters erlebte. So etwas passierte ständig – der Job brachte es mit sich, dass Leute etwas hinter sich ließen –, aber es war schlecht für die betroffenen Kinder und Familien, da sie sich immer wieder auf neue Gesichter einstellen mussten. Dass sie Vertrauen und Beziehungen zu ständig wechselnden Fremden aufbauen mussten. Obwohl ich wusste, dass man daran nichts ändern konnte und dass dies eben Teil des Systems mit all seinen Fehlern war, hatte ich doch Mitleid mit Jodie. Den Ansprechpartner zu wechseln würde nur noch mehr Chaos für sie bedeuten, und ich fragte mich, wie viele Sozialarbeiter sie schon durchhatte.

Als Nächste stellte sich Deirdre vor. Sie war die Verbindungsbeauftragte von Jodies derzeitigen Pflegeeltern. Dann war ich an der Reihe, und alle Augen am Tisch richteten sich wieder auf mich.

Ich schaute in die Runde, um den Blicken zu begegnen. »Ich bin Cathy Glass«, sagte ich, so klar und selbstbewusst ich konnte. »Ich bin eine der Pflegemütter der Homefinders Fostering Agency.« Es gab nicht sehr viel mehr, was ich in diesem Moment, da ich so wenig wusste, hätte sagen können, und so gab ich das Wort an Jill weiter.

Nach Jill kam jemand vom Finanzbüro, gefolgt von einem

Mitglied des Teams der Lokalbehörde für Platzierungen. Als sie sprachen, schaute ich hinüber zu Gary, Jodies derzeitigem Sozialarbeiter. Er war jung, so etwa Mitte zwanzig. Wie erfolgreich war er darin gewesen, eine Beziehung zu Jodie aufzubauen? Das fragte ich mich. Vielleicht würde es Eileen als Frau besser gelingen, Empathie für ein kleines Mädchen aufzubringen; der Wechsel des Sozialarbeiters mochte in diesem Fall von Vorteil sein. Ich hoffte sehr, dass dem so war.

Sobald sich alle vorgestellt hatten, dankte Dave uns, dass wir gekommen waren, und gab einen kurzen Abriss über das, was bisher passiert war oder, um die korrekte Terminologie zu benutzen, die bisherige Fallgeschichte. Ich erwärmte mich sofort für Dave. Er sprach behutsam, aber offen und sah mich dabei direkt an. Ich machte eine mentale Notiz von den wichtigsten Punkten: Jodie war von Geburt an auf der Risikoliste geführt worden, was bedeutete, dass die Sozialarbeiter die Familie seit acht Jahren beobachtet hatten. Obwohl ein Verdacht auf emotionalen und körperlichen Missbrauch durch Jodies Eltern bestand, wurden keine Schritte unternommen, sie oder ihren jüngeren Bruder Ben und ihre jüngere Schwester Chelsea aus dem Elternhaus zu nehmen. Dann, vor vier Monaten, hatte Jodie einen Hausbrand verursacht, indem sie den Hund anzündete – mir schauderte bei der Vorstellung vor der besonderen Grausamkeit dieser Tat. Das war dann der Auslöser für das Sozialamt gewesen, sie und ihre Geschwister in Pflegefamilien zu vermitteln. Ben und Chelsea waren beide bei Pflegeeltern untergebracht und machten gute Fortschritte. Aber Jodie legte ein sehr »herausforderndes Verhalten« an den Tag. Ich hörte, wie Dave diesen Euphemismus aussprach, und hob die Augenbrauen. Alle Pflegeeltern wussten, was das wirklich bedeutete: Es bedeutete, dass dieses Mädchen nicht zu kontrollieren war.

»Ich glaube, es wäre besser für Sie«, sagte Dave, als er mich ansah, »wenn Sie nun den Bericht von Jodies Sozialarbeiter hören. Gary bearbeitet den Fall seit zwei Jahren. Zögern Sie bitte nicht, Fragen zu stellen.«

Trotz seiner jungen Jahre wirkte Gary selbstbewusst und methodisch, als er mir einen Abriss über Jodie und ihre Familie gab.

»Es tut mir leid, sagen zu müssen, dass das allgemeine Bild nicht gut ist, aber das haben Sie wohl schon vermutet. Es gab gravierende Probleme in der Familie. Jodies Mutter hängt an der Nadel, und der Vater ist Alkoholiker. In den letzten Jahren erlitt Jodie zu Hause eine Reihe von Verletzungen, inklusive Verbrennungen, Verbrühungen, Hautverletzungen, Prellungen und einem gebrochenen Finger. Alle diese Verletzungen wurden im Krankenhaus dokumentiert, und obwohl vermutet wurde, dass nicht alle von Unfällen herrührten, konnte man nichts beweisen.«

Gary fuhr fort mit seinem Bericht über Vernachlässigung und die zutiefst unglücklichen Umstände, während ich mich darauf konzentrierte, die Fakten aufzunehmen. Es war eine erschütternde Fallgeschichte, aber ich hatte schon öfter ähnliche gehört. Dennoch erstaunte und bestürzte es mich immer wieder, dass Leute ihre Kinder mit einer derartigen Grausamkeit und Indifferenz behandeln konnten, und ich war besorgt um das kleine Mädchen. Wie konnte ein Kind in solchen Verhältnissen heranwachsen und normal sein, mit solchen Eltern als Vorbilder?

Gary fuhr fort: »Jodie geht aufgrund der häufigen Umzüge nicht mehr in die Schule und hat deshalb eine Hauslehrerin. Sie zeigt Lernschwierigkeiten und wird als Kind mit sonderpädagogischen Bedürfnissen geführt.«

Das war kein großes Problem – ich war es gewohnt, Kinder mit Entwicklungsverzögerungen und Lernschwierigkeiten zu betreuen. Trotzdem nahm ich an, dass Gary mir eine geschönte Version von Jodies Fallgeschichte gab. In all den Jahren der Pflegemutterschaft hatte ich noch nie von einem Kind gehört, das in vier Monaten fünf Pflegefamilien verschlissen hatte.

Als er unterbrach und mich ansah, ergriff ich meine Chance. »Es wäre hilfreich zu wissen, wie die Familien der vorherigen Pflegeeltern sich zusammensetzten«, sagte ich in der Hoffnung, dass mir das Hinweise darauf geben könnte, warum Jodie immer so schnell weitergezogen war. »Wie viele Kinder hatten sie, waren diese älter oder jünger? Hatten die Pflegeeltern Erfahrung mit diesem Typ Kind?«

Gary räusperte sich und wich etwas aus. »Die bisherigen Platzierungen brachen aus ganz belanglosen Gründen ab«, sagte er. »Ein Paar hatte keine Erfahrung, und Jodie hätte nie bei ihnen untergebracht werden dürfen – der Fehler geht auf unsere Kappe, und es ist nicht verwunderlich, dass es nicht geklappt hat.«

Das verstand sich von selbst, aber als er die Liste der anderen Platzierungen durchging, klang er weniger überzeugend: Die anderen waren alle sehr erfahren, und bei nur einem Paar war Jodie länger als drei Tage geblieben. Bei Garys Erläuterungen, dass die Umstände schuld daran waren, handelte es sich eindeutig um Schönfärberei zum Vorteil von Jodie, damit ich nicht abgeschreckt würde.

Deirdre, die Verbindungsfrau von Jodies derzeitigen Pflegeeltern, fühlte sich verpflichtet, sie zu verteidigen. Immerhin sprach es nicht gerade für deren Fähigkeiten, mit der Situation eines schwierigen Kindes fertigzuwerden, wenn Jodie so harmlos war, wie sie hier dargestellt wurde.

»Jodie zeigt Entwicklungsverzögerungen«, sagte sie. »Meistens benimmt sie sich wie eine Dreijährige. Sie hat schreckliche Wutausbrüche und ist ständig aggressiv und unkooperativ. Ihr

Verhalten ist gewalttätig, ausfallend und destruktiv. Obwohl sie nur kurze Zeit bei Hilary und Dave war, hat sie doch mehrere Gegenstände kaputt gemacht, inklusive einer soliden Holztür.«

Ich hob die Augenbrauen. Eine beeindruckende Leistung für ein achtjähriges Mädchen.

Aber Deirdre war noch nicht fertig. Sie fuhr fort mit der Litanei von Jodies Fehlern und Mängeln. Jodies Pflegeeltern beschrieben sie als »kalt, berechnend, manipulativ, sehr ungezogen und gänzlich unsympathisch«. Heftige Worte für ein Kind.

Es musste aber doch jemanden geben, der etwas Gutes über sie sagen konnte, selbst wenn es nur war, dass sie gerne aß. Kinder in Pflege tendieren dazu, mit Heißhunger zu essen, da viele von ihnen bisher nie wussten, wann die nächste Mahlzeit auf den Tisch kam. Aber es kam nicht mal so etwas wie »Sie mag Schokolade«. Es schien, als besäße Jodie nicht die geringste gewinnende Eigenschaft. Stattdessen gab es nur eine lange Liste ihrer Fehltritte mit dem Vermerk, dass ihre derzeitigen Pflegeeltern sie als physisch beängstigend empfanden: Jodie war ein kräftiges Mädchen, und sie hatte sie bedroht.

Ich sah zu Jill hinüber, und wir tauschten Blicke aus. *Bedroht?*, dachte ich. Aber sie war doch gerade erst acht Jahre alt! Wie gefährlich konnte sie denn sein? Ich begann mich zu fühlen, als wäre ich auf Jodies Seite. Wie muss sich das anfühlen, wenn alle einen so gnadenlos ablehnten? Kein Wunder, dass sie sich nirgendwo einleben konnte.

Als Nächstes sprach Sally, die Prozesspflegerin, die kurz die rechtliche Lage umriss: Jodie war dem Sozialamt durch eine einstweilige Pflegeverfügung unterstellt. Sie war also gegen den Willen ihrer Eltern aus ihrem ursprünglichen Zuhause entfernt worden und der temporären Obhut der lokalen Behörden unterstellt. Das Verfahren, das über Jodies Zukunft entschied, würde jetzt erst beginnen. Wenn das Gericht urteilte, dass sie zu Hause besser aufgehoben wäre und all die Befürchtungen bezüglich ihrer Sicherheit behoben wären, würde sie wieder in die Obhut ihrer Eltern gegeben. Wenn dem nicht so wäre und das Gericht weiterhin befinden würde, dass sie in Gefahr wäre, falls sie nach Hause zurückkehrte, dann würde ihre Pflegeverfügung in eine permanente Verfügung umgewandelt, und Jodie würde permanent von ihren Eltern getrennt und einer Dauerpflegestelle, einer Adoptionsfamilie oder – die unwahrscheinlichste Option – einem Heim zugewiesen. Dieser Prozess war insgesamt langwierig und kompliziert, und auch wenn er so wenig Zeit wie möglich in Anspruch nehmen sollte, zog er sich mindestens über ein Jahr, manchmal sogar länger, bevor das Gericht eine Entscheidung treffen würde.

Als Sally fertig war, schaltete sich Nicola, die Hauslehrerin von Jodie, ein. Sie erklärte, dass sie Jodie nun einen Monat unterrichte und Material verwende, das für Vorschulkinder gedacht sei. Das mag schockierend klingen, aber meiner Erfahrung nach war es nicht ungewöhnlich. Ich hatte früher schon Kinder betreut, die lange nicht lesen oder schreiben konnten, während andere Kinder im gleichen Alter längst so weit waren. Ein schwieriger Familienhintergrund und ein schwieriges Zuhause scheinen oft Kinder hervorzubringen, denen es unmöglich ist, so schnell zu lernen wie Kinder in stabilen Familien.

Als Nächstes wurde erklärt, dass die Finanzierung für den Hausunterricht weiterhin gesichert sei, bis eine Schule für Jodie gefunden werden konnte. Ich warf einen Blick auf die Uhr an der Wand: Fast eine Stunde war vergangen. Alle hatten nun gesagt, was sie zu sagen hatten. Dave sah Jill hoffnungsvoll an.

»Wenn Cathy sie nicht nimmt«, sagte er, »ist das Heim die einzige Alternative.«

Das klang sehr nach emotionaler Erpressung, und Jill sprach zu meiner Verteidigung. »Wir müssen überdenken, was hier gesagt worden ist. Ich werde es mit Cathy besprechen, und wir werden Ihnen morgen Bescheid geben.«

»Wir brauchen die Entscheidung heute noch«, sagte Deirdre kurz. »Sie muss bis morgen Mittag neu platziert werden. Darauf bestehen die jetzigen Pflegeeltern.«

Es wurde still am Tisch. Wir dachten alle das Gleiche: Waren diese Pflegeeltern wirklich so unprofessionell, wie es klang? Oder hatte Jodie sie an den Rand der Verzweiflung getrieben?

»Trotzdem brauchen wir Zeit, es zu besprechen«, sagte Jill entschieden. »Obwohl ich nichts gehört habe, was mich dazu bewegt, Cathy abzuraten – sie ist sehr erfahren –, ist sie es, die die Entscheidung treffen muss.« Sie blinzelte zu mir herüber.

Ich spürte alle Blicke auf mich gerichtet und den verzweifelten Wunsch, dass ich bereit sein möge, das kleine Mädchen aufzunehmen. Bis jetzt hatte ich von Gary gehört, dass sie ein unschuldiges Opfer sei, dessen erstaunliche Leistung, sich durch mehrere Pflegefamilien zu arbeiten, nichts mit ihr selbst zu tun habe. Und von Deirdre, dass sie eine kleine Ausgeburt des Teufels sei, deren Größe, Stärke und schlichte Bosheit nicht ihrem Alter entspreche. Die Wahrheit musste irgendwo dazwischen liegen. Jedoch selbst mit einer abwägenden Haltung konnte ich sehen, dass Jodie eine Herausforderung war, um es milde auszudrücken.

Ich war mir nicht sicher. War ich wirklich dazu bereit, ein Kind mit derartigen Verhaltensproblemen aufzunehmen? Konnte ich – und wichtiger, konnte meine Familie – einen solchen Störfaktor verkraften? Ich konnte mir nicht helfen, ich verzagte etwas bei dem Gedanken, diese Herausforderung anzunehmen. Allerdings hatte mich meine Formel von Liebe, Güte und Zuneigung verbunden mit Bestimmtheit und klaren Grenzen bisher noch nie im Stich gelassen, und wenn man alles recht bedachte, war Jodie doch nur ein Kind, ein kleines Mädchen, das einen schrecklichen Start in ihrem Leben gehabt hatte und das eine Chance auf einen Neuanfang und ein bisschen Glück verdiente. So wie es jedes Kind brauchte. Konnte ich ihr wirklich die letzte Alternative antun? Jetzt, da ich ihre Geschichte gehört hatte, konnte ich mich da wirklich von ihr abwenden?

Ich wusste schon in diesem Moment, dass ich das nicht über mich brachte. Ich musste ihr eine Chance geben. Schon als ich den Raum betreten hatte, war mir im tiefsten Innern meines Herzens klar gewesen, dass ich Jodie aufnehmen würde. Ich konnte sie nicht abweisen.

»Sie ist zu jung für ein Heim«, sagte ich und begegnete Daves Blick. »Ich nehme sie und versuche mein Bestes.«

»Bist du dir sicher?«, fragte Jill besorgt.

Als ich nickte, kam ein hörbarer Seufzer der Erleichterung, besonders von der Mitarbeiterin aus der Finanzabteilung. Es kostet mehr als 3000 Pfund die Woche, ein Kind in einem Heim zu betreuen, somit war ich mit 250 Pfund pro Woche ein gutes Geschäft.

»Das ist wunderbar, Cathy«, sagte Dave strahlend. »Ich danke Ihnen. Wir haben alle eine hohe Meinung von Ihnen, wie Sie wissen, und wir freuen uns, dass Sie gewillt sind, diese Herausforderung anzunehmen.«

Zustimmendes Gemurmel machte die Runde. Man sah allen an, dass eine Last von ihren Schultern genommen worden war. Die Besprechung war zu Ende. Für den Moment war das Problem Jodie gelöst. Alle standen auf, suchten ihre Sachen zusammen und bereiteten sich darauf vor, an die Arbeit zurückzukehren, mit dem nächsten Fall weiterzumachen, was auch immer.

Für mich jedoch bedeuteten diese wenigen Worte und dieser spontane Entschluss eine Änderung meines Lebens. Für mich fing das Problem Jodie gerade erst an.

2

Der Weg zu Jodie

Ich habe vor zwanzig Jahren damit angefangen, Kinder in Pflege zu nehmen, noch bevor ich selbst Kinder hatte. Eines Tages blätterte ich durch die Zeitung und stieß dabei auf eine dieser Anzeigen. Eine Schwarz-Weiß-Fotografie eines Kindes und eine Frage wie: Können Sie dem kleinen Bobby ein Zuhause geben? Das stach mir ins Auge, und aus irgendwelchen Gründen ließ es mich nicht mehr los. Ich halte mich nicht für sentimental, aber irgendwie bekam ich das Bild nicht mehr aus dem Kopf. Ich sprach mit meinem Mann darüber; wir waren uns einig, dass wir selbst einmal eine Familie wollten, und ich freute mich darauf, aber ich wusste, dass ich bis dahin einem Kind in Not ein gutes Zuhause geben konnte. Ich habe mich schon immer zu Kindern hingezogen gefühlt und hatte sogar mal Ambitionen, Lehrerin zu werden.

»Wir haben Platz«, sagte ich, »und ich weiß, dass ich sehr gerne mit Kindern arbeiten würde. Wir könnten doch mal ein paar Erkundigungen einholen, oder?«

Also hängte ich mich ans Telefon und meldete mich auf die Anzeige. Es dauerte nicht lange, bis wir uns in einem Einführungskurs wiederfanden, wo man uns in die Welt der Pflegeunterbringung einwies. Nachdem wir alle Voraussetzungen erfüllt und das vorgeschriebene Training absolviert hatten, nahmen wir unser erstes Pflegekind auf, einen verstörten Teenager, der für eine Weile ein stabiles Zuhause brauchte. Das war's. Ich hatte angebissen.

Pflegemutter zu sein ist alles andere als einfach. Wenn eine Pflegeperson den Fall mit der Erwartung angeht, ein Bilderbuch-Waisenkind aus einem der alten Romane in ihre Familie aufzunehmen, dann wird er oder sie eine böse Überraschung erleben. Das süße wuschelköpfige Kind, das nicht viel Glück gehabt hat im Leben und nur ein bisschen Liebe und Zuneigung braucht, um zu gedeihen, aufzublühen und fröhlich zu sein, existiert nicht. Pflegekinder kommen nicht großäugig und lächelnd in ihr Haus. Sie neigen dazu, sich zurückzuziehen, weil sie so viel Schweres erlebt haben, und sind oft distanziert, wütend und schwer zu erreichen. Was kaum überrascht. In den schlimmsten Fällen sind sie verbal und körperlich aggressiv, wenn nicht gar gewalttätig. Die einzige Konstante ist, dass sie alle verschieden sind und dass sie Zuneigung brauchen und Güte, um ihr Elend zu überwinden. Leicht ist es jedenfalls nie.

Das erste Jahr als Pflegemutter war alles andere als einfach für mich – und wenn ich es mir recht überlege, so gab es seitdem kein Jahr, das ich als »einfach« bezeichnen würde. Aber als dieses erste Jahr zu Ende ging, wusste ich, dass ich weitermachen wollte. Pflegeeltern werden in der Regel fast sofort wissen, ob sie weitermachen wollen oder nicht, ganz sicher jedoch zum Ende des ersten Jahres. Ich hatte etwas gefunden, was mir entsprach und was ich als sehr befriedigend empfand. Und deshalb wollte ich weitermachen, auch als ich meine eigenen Kinder bekam. Ich fand, dass ich im Leben meiner Pflegekinder etwas bewirken konnte, selbst wenn es nur wenig war. Es ist nicht so, dass ich die selbstloseste Person seit Mutter Teresa bin oder dass ich eine besonders heilige Ader habe. Ich glaube, dass wir Dinge zu unserem eigenen Nutzen tun, und meiner war die Befriedigung, die ich daraus bezog, die Zukunftsaussichten für hilfsbedürftige Kinder zu verbessern.

Solange meine Kinder klein waren, kamen Teenager zu uns,

da gewöhnlich empfohlen wird, dass man Kinder aufnimmt, die nicht in der gleichen Altersgruppe sind wie die eigenen. Als Adrian und Paula heranwuchsen, begann ich jüngere Kinder aufzunehmen, was bedeutete, dass ich mich nie mit den Drogenproblemen herumschlagen musste, die viele Teenager heutzutage haben. Dafür bin ich sehr dankbar. Für meine Kinder war es normal, Pflegekinder bei uns im Haus zu haben; sie akzeptierten sie vollkommen. Als sie klein waren, waren sie hier und da frustriert, weil sie mich mit anderen Kindern teilen mussten. Pflegekinder brauchen ziemlich viel Zeit und Zuneigung, und manchmal fühlte es sich für die beiden an wie eine Ewigkeit. Neben dem Zeitaufwand für die Pflegekinder selbst gab es ja auch noch Besprechungen, Fortbildungen und jede Menge Papierkram. Das alles verminderte die Zeit, die für meine Familie blieb. Aber egal wie sauer meine Kinder gelegentlich waren, weil ich eigentlich nie genug Zeit hatte: Sie haben es die Pflegekinder, mit denen sie ihr Zuhause teilten, niemals spüren lassen. Irgendwie haben sie verstanden, dass diese Kinder aus schwierigen Verhältnissen kamen und einen schweren Start ins Leben hatten. Auf ihre eigene Weise waren meine Kinder verständig und taten ihr Bestes, um das Leben für ein verstörtes Kind, das bei uns lebte, etwas leichter zu machen. Dasselbe ist mir auch an anderen Kindern schon aufgefallen – sie haben oft mehr Empathie und Verständnis, als man erwartet.

Adrian und Paula haben sicher viel aushalten müssen, vor allem, als mein Mann und ich uns scheiden ließen, aber sie haben sich nie über die verstörten Kinder beschwert, die in unserem Haus ein- und ausgingen. Mit den Jahren haben sie die verschiedensten Kinder kennengelernt; die meisten zeigten ein »herausforderndes Verhalten«. Der Großteil der Kinder, die zu mir kommen, hat auf die eine oder andere Art Vernachlässigung erlebt, und seltsamerweise kann ich dafür Verständnis aufbringen. Wenn Eltern einer Sucht verfallen, sei es Alkohol oder Drogen, oder psychische Probleme haben, dann sind sie offenbar nicht fähig, so für ihre Kinder zu sorgen, wie es ohne diese Probleme möglich wäre. Diese Art von Elternschaft ist nicht absichtlich grausam, wie es bei direktem physischem oder sexuellem Missbrauch der Fall ist – sie ist vielmehr ein Nebeneffekt eines anderen Problems. Im Idealfall kehrt das Kind irgendwann zu seinen Eltern zurück, sobald die Faktoren, die die Vernachlässigung ausgelöst haben, behoben sind.

Ein Kind, das Vernachlässigung erlebt hat, wird eine miese Zeit haben und kann bei mir in einem sehr verstörten Zustand ankommen. Es kann sich ganz besonders kaltschnäuzig und angeberisch geben, was gewöhnlich eine Maske für den totalen Mangel an Wertschätzung der eigenen Person ist. Es kann oft durch und durch ungezogen sein, ein Ergebnis davon, dass es zu Hause keine Grenzen und keine elterliche Führung erfahren hat, und eine Strategie ist, sich Aufmerksamkeit zu verschaffen. Seine Wut und Ablehnung können auf die Instabilität im bisherigen Leben zurückgehen, wo nichts jemals sicher war. Wird Mama heute zu betrunken sein, um ihren Alltag zu meistern? Wird Papa wegtreten oder gewalttätig werden? Oft genug sind in solchen Familien die Grenzen zwischen Erwachsenen und Kindern und die Rollen des Versorgers und desjenigen, der versorgt wird, nicht mehr klar. Das Kind wird möglicherweise versuchen, Gegenstände zu zerbrechen oder zu stehlen oder manipulativ und selbstsüchtig sein. Und um ehrlich zu sein, wenn man weiß, was manche dieser Kinder in ihrem kurzen Leben durchgemacht haben, kann man ihnen dann noch die Schuld dafür geben?

Im Grunde genommen ist der beste Weg für Kinder mit einem solchen Familienhintergrund recht einfach: Ich biete Stabilität und eine positive Umgebung, in der gutes Verhalten mit Lob belohnt wird. Die meisten Kinder sehnen sich nach Anerkennung und wollen gemocht werden, und die meisten sind fähig, die negativen Verhaltensmuster abzulegen und andere anzunehmen, wenn sie verstehen, wie viel besser und leichter das Leben mit der neuen Ordnung ist. Für viele von ihnen bietet eine geregelte Routine eine wohltuende Erleichterung von dem Chaos und der Unberechenbarkeit des Lebens zu Hause, und sie reagieren bald auf eine ruhige, positive Umgebung, in der sie die Sicherheit haben, dass bestimmte Dinge zu bestimmten Zeiten geschehen. Manches, wie zu wissen, wann und wo die nächste Mahlzeit herkommt, kann ein Anker sein für verstörte Kinder, die nur Unsicherheit und Enttäuschung kannten. Routine bietet Sicherheit; es ist möglich, Dinge innerhalb einer Routine richtig zu machen – und etwas richtig zu machen ist ein wunderbares Gefühl, wenn dies bedeutet, dass man dafür gelobt, anerkannt und belohnt wird.

Natürlich ist es nie leicht und geradlinig, so einfach es auch klingen mag. Und manchmal kommen Kinder zu mir, die sehr viel mehr Schlimmes erlebt haben und die sehr viel mehr professionelle Hilfe brauchen, um mit ihren Erfahrungen fertigzuwerden. Viele haben Lernschwierigkeiten und einen besonderen Förderbedarf. Einige werden zu spät aus dem Elternhaus geholt, erst wenn sie Teenager sind und so viel gelitten haben, dass sie nie fähig sind, darüber hinwegzukommen. Sie sind dann nicht fähig, so auf eine positive Umgebung zu reagieren wie ein jüngeres Kind, und ihre Zukunft sieht sehr viel düsterer aus.

Dennoch waren fast alle meine Pflegeerfahrungen gut, und das Kind war stets in einem besseren Zustand, wenn es unser Heim wieder verließ, als bei seiner Ankunft.

Als ich also an jenem Tag von der Besprechung im Sozialamt nach Hause fuhr, nachdem ich mich dazu bereit erklärt hatte, Jodie bei mir aufzunehmen, wusste ich, dass dieses Pflegekind wahrscheinlich eine größere Herausforderung sein würde als meine bisherigen. Ich fragte mich, wie ich meinen anderen Kindern die Nachricht von dem Neuankömmling am besten beibringen sollte. Es war nicht viel Begeisterung von ihnen zu erwarten. Wir hatten schon andere Kinder mit »herausforderndem Verhalten« aufgenommen, sie wussten also, was auf sie zukam. Ich dachte an Lucy, die nun schon fast zwei Jahre bei uns war und sich mittlerweile gut eingelebt hatte. Ich hoffte, dass Jodies Ausraster sie nicht wieder zurückwerfen würden. Adrian war mit seinen siebzehn Jahren ziemlich selbstständig, außer, er durchlebte eine Krise oder er konnte am Morgen sein Hemd nicht finden. Um Paula machte ich mir die meisten Sorgen. Sie war ein sensibles, nervöses Kind, und obwohl Jodie fünf Jahre jünger war als sie, bestand die Gefahr, dass sie eingeschüchtert reagieren konnte. Emotional geschädigte Kinder können in einer Familie durchaus Unheil anrichten, auch in einer gut gefestigten Familie. Aber meine Kinder hatten bisher immer gut auf die anderen Kinder reagiert, die unsere Familie ergänzten, auch wenn wir einige schwierige Zeiten durchlebt haben, und ich hatte keinen Grund zu glauben, dass es diesmal anders sein würde.

Ich nahm an, dass die Kinder von meiner Nachricht nicht überrascht sein würden. Es war einige Wochen her, seit unser letztes Pflegekind gegangen war, und es war Zeit für eine neue Herausforderung. Ich gönnte mir für gewöhnlich ein paar Wochen zwischen den Platzierungen, um mich selbst physisch und psychisch zu regenerieren und allen die Zeit zu geben, sich wieder zusammenzufinden. Ich brauchte auch Zeit, um mich von dem traurigen Abschied von jemandem zu erholen, zu dem ich eine Beziehung entwickelt hatte. Auch wenn ein Kind in einer Hochphase geht, hervorragende Fortschritte gemacht hat und vielleicht zu seinen Eltern zurückkehrt, die ihm nun wieder eine liebevolle und fürsorgliche Umgebung bieten können, gibt es doch eine Phase, in der ich trauere. Es ist eine Minitrauer, aber so ganz habe ich mich nie daran gewöhnen können, auch wenn ich mich dann ein oder zwei Wochen später zusammengerissen habe und bereit war, von vorne anzufangen.

Ich beschloss, das Thema Jodie während des Abendessens anzuschneiden; zu dieser Zeit fanden die meisten unserer Diskussionen statt. Obwohl ich mich als liberal betrachte, bestand ich doch darauf, dass die Familie am Abend und an Wochenenden die Mahlzeiten gemeinsam einnahm, da dies die einzige Zeit des Tages war, an der wir alle zusammen waren.

Für das Abendessen hatte ich Shepherd's Pie gekocht, die Lieblingsspeise der Kinder. Während sie zulangten, legte ich mir meine Stimme für einen leichten und ruhigen Tonfall zurecht.

»Ihr erinnert euch sicherlich, dass ich heute ein Platzierungsgespräch hatte?«, sagte ich, sehr wohl wissend, dass sie sich nicht daran erinnerten, weil niemand zugehört hatte, als ich es erwähnt hatte. »Sie haben mir von einem kleinen Mädchen erzählt, das ein Zuhause braucht. Nun, ich habe mich bereit erklärt, sie aufzunehmen. Sie heißt Jodie und ist acht Jahre alt.«

Ich schaute in die Runde am Tisch, um eine Reaktion zu erhaschen, aber da war kaum ein Zucken wahrnehmbar. Sie waren alle mit dem Essen beschäftigt. Trotzdem wusste ich, dass sie zuhörten.

»Leider hatte sie einen ganz besonders schlechten Start und ist viel hin und her geschoben worden. Deshalb ist sie sehr verunsichert. Sie hatte ein schreckliches Leben zu Hause und war schon bei einigen Pflegeeltern. Jetzt denken die Behörden daran, sie in ein Heim zu schicken, wenn sich niemand findet, der sie aufnimmt, und ihr könnt euch sicher vorstellen, wie furchtbar so ein Kinderheim für sie sein würde«, betonte ich, auf dem Thema herumreitend.

Lucy und Paula schauten auf und lächelten tapfer.

»So wie ich«, sagte Lucy unschuldig. Sie war auch viel herumgezogen, bevor sie endlich bei uns zur Ruhe gekommen war.

»Nein. Deine Umzüge kamen zustande, weil deine Verwandten sich nicht um dich kümmern konnten. Es hatte nichts mit deinem Verhalten zu tun.« Ich legte eine Pause ein und fragte mich, ob die versteckte Nachricht angekommen war. Sie war es.

»Was hat sie denn gemacht?«, fragte Adrian in seiner neuen, rauen, männlichen Stimme.

»Nun, sie hat Wutausbrüche und macht Dinge kaputt, wenn sie aufgebracht ist. Aber sie ist noch jung, und ich bin mir sicher, wenn wir alle zusammenarbeiten, dann können wir sie umdrehen.«

»Wird sie ihre Mutter sehen?«, fragte Paula mit großen Augen bei der Vorstellung, was für sie die schlimmste Situation wäre: wenn ein Kind seine Mutter nicht sehen kann.

»Ja, ihre Mutter und ihren Vater. Es werden betreute Treffen sein, zweimal die Woche im Sozialamt.«

»Wann kommt sie?«, fragte Lucy.

»Morgen früh.«

Sie schauten erst alle mich an, dann sich. Morgen würde ein neues Mitglied der Familie einziehen, und so wie es klang, würde es nicht leicht sein. Ich wusste, dass das beunruhigend sein musste.

»Macht euch keine Sorgen«, erklärte ich. »Ich bin mir sicher, alles wird gut.« Ich verstand, dass ich zügig vorgehen musste, denn sobald das Essen vorbei war, verschwanden sie alle in ihren Zimmern. Somit kam ich sogleich auf den Punkt und erinnerte sie alle an die »Sichere Fürsorge«-Regeln, die immer eingehalten werden mussten, wenn ein neues Pflegekind eintraf. »Bedenkt bitte, dass wir nicht viel von ihr wissen. Ihr müsst also um eurer eigenen Sicherheit willen vorsichtig sein. Wenn sie mit euch spielen will, dann hier unten, nicht oben. Und Adrian, geh nicht in ihr Zimmer, auch nicht, wenn sie dich darum bittet, ihr Fenster zu öffnen. Wenn so was vorkommt, dann ruf mich oder eines der Mädchen. Und achte darauf, keine Spiele mit physischem Kontakt wie Huckepack, bis wir mehr wissen. Und natürlich, lass sie nicht in dein Zimmer, okay?«

»Ja, Mama«, brummelte er und sah noch mehr aus wie ein sich unbehaglich fühlender Heranwachsender. Er hatte das natürlich alles schon mal gehört. Es gibt feste Verhaltensregeln, die in allen Pflegefamilien eingehalten werden müssen, und meine Kinder kannten sie gut. Aber Adrian konnte manchmal zu vertrauensselig sein.

»Und das gilt natürlich für euch alle«, sagte ich, mich an alle drei wendend. »Gebt mir Bescheid, sobald sie euch etwas aus ihrer Vergangenheit anvertraut, das euch beunruhigt. Wahrscheinlich wird sie zu euch schneller eine Beziehung aufbauen als zu mir.«

Sie nickten. Ich beschloss, dass das ausreichte. Sie hatten nun alle eine generelle Vorstellung und waren eingeweiht. Die Kinder von Pflegeeltern neigen dazu, schnell erwachsen zu werden aufgrund der Probleme und Herausforderungen, denen sie begegnen, aber nicht so schnell wie die Pflegekinder selbst, deren Kindheit oft auf dem Scheiterhaufen des täglichen Überlebens geopfert wurde.

Nach dem Essen verschwanden die Kinder wie erwartet in ihren Zimmern, und abendlicher Friede senkte sich über das Haus. Es war so gut gelaufen, wie ich es hatte erwarten können, und ich war zufrieden mit ihrer Reife und Bereitwilligkeit, die Situation zu akzeptieren.

»So weit, so gut«, dachte ich, als ich die Spülmaschine einräumte. Dann machte ich es mir vor dem Fernseher bequem, denn ich konnte nicht wissen, wann ich wieder die Gelegenheit dazu haben würde.

3

Die Ankunft

Es war ein nasser und kalter Frühlingstag im April. Der Regen prasselte an die Scheiben, als ich mich auf Jodies Ankunft vorbereitete. Sie sollte gegen Mittag ankommen, aber ich war mir nicht sicher, ob sie nicht doch eher kommen würde. Ich stand in dem Zimmer, das das ihre werden sollte, und versuchte es mit den Augen eines Kindes zu sehen. War es freundlich und einladend? Ich hatte bunte Poster von Tieren an die Wand geheftet und neue Bettwäsche mit einem Teddymuster gekauft. Ich hatte auch ein paar Stofftiere auf dem Bett verteilt, obwohl ich mir sicher war, dass Jodie, da sie schon eine Weile in Pflege gewesen war, einige Besitztümer angesammelt haben würde. Das Zimmer sah hell und fröhlich aus, die Art Raum, den eine Achtjährige sich wünschen würde. Jetzt fehlte nur noch die neue Bewohnerin.

Ich schaute mich ein letztes Mal um, dann ging ich hinaus und schloss die Tür hinter mir, zufrieden damit, dass ich mein Bestes gegeben hatte. Wenn ich sie herumführte, würde es wichtig sein, dass sie verstand, was Privatsphäre ist. Und das ist umso leichter, wenn von Anfang an ein paar Grundregeln feststehen.

Unten in der Küche füllte ich den Wasserkocher und erledigte noch ein paar Kleinigkeiten. Ein hektischer Tag stand bevor, und selbst nach all den Jahren der Pflegschaft war ich nervös. Die Ankunft eines neuen Kindes ist immer eine große Sache für eine Pflegefamilie, vielleicht genauso groß wie für das

Kind selbst. Ich hoffte, dass Jill etwas früher kommen würde, sodass wir beide noch mal in Ruhe sprechen und uns vor der Ankunft gegenseitig moralische Unterstützung geben konnten.

Kurz vor halb zwölf klingelte es. Ich öffnete, und vor der Tür stand Gary, völlig durchnässt von seinem Gang vom Bahnhof. Ich bat ihn schnell herein, bot ihm ein Handtuch und einen Kaffee an und ließ ihn im Wohnzimmer zurück, damit er sich abtrocknen konnte, während ich das Wasser aufsetzte. Bevor das Wasser kochte, klingelte es erneut. Ich ging zur Tür in der Hoffnung, Jill an der Schwelle anzutreffen. Aber das Glück war mir nicht hold. Es war die andere Verbindungsbeauftragte von gestern, Deirdre, zusammen mit einer weiteren Frau, die tapfer lächelte.

»Das ist Ann, meine Kollegin«, sagte Deirdre ohne Umschweife. »Und das ist Jodie.«

Ich schaute nach unten, aber Jodie versteckte sich hinter Anns Arm. Ich konnte nur ein paar kräftige Beine in knallroten Hosen sehen.

»Hallo, Jodie«, sagte ich vergnügt. »Ich bin Cathy. Schön, dich kennenzulernen. Komm rein.«

Sie muss sich an Anns Mantel gehängt und beschlossen haben, keinen Schritt weiter zu gehen, da Ann plötzlich nach hinten gezogen wurde und fast ihr Gleichgewicht verloren hätte.

»Stell dich nicht so an«, sagte Deirdre kurz und griff schnell hinter ihre Kollegin. Doch Jodie war schneller und, wie ich vermutete, stärker, denn Ann machte einen weiteren Ruck, diesmal zur Seite. Glücklicherweise entschied sich unsere alternde Katze in diesem Moment zu einem Auftritt und schlenderte den Flur hinunter. Das war mein Einsatzzeichen.

»Schau mal, wer gekommen ist, um dich zu begrüßen, Jodie!«, rief ich mit übertriebener Begeisterung in meiner Stimme für unsere fette und faule Katze. »Das ist Toscha. Sie ist gekommen, um Hallo zu sagen!«

Es funktionierte – Jodie konnte nicht widerstehen, doch einen Blick zu riskieren. Ein paar graublaue Augen unter einer hohen Stirn lugten hinter Anns Taille hervor. Jodie hatte strohblonde Haare, die zu Zöpfen geflochten waren, und schon ihre Kleidung zeigte, dass ihre letzten Pflegeeltern die Kontrolle über sie verloren hatten. Unter ihrem Mantel trug sie ein leuchtend grünes T-Shirt, eine rote Latzhose und Gummistiefel. Kein vernünftiger Erwachsener hätte sie so angezogen. Kein Zweifel, Jodie war es gewohnt, ihren Willen durchzusetzen.

Da ihr Interesse nun geweckt war, beschloss sie wohl, die Katze näher zu betrachten, und sie gab Ann einen Stoß, der beide in den Flur stolpern ließ. Deirdre folgte, und die Katze huschte nach draußen, klug, wie sie war. Ich schloss schnell die Tür.

»Sie ist weg!«, schrie Jodie. Ihr Gesicht war von Wut gezeichnet.

»Mach dir nichts draus, sie kommt sicher schnell wieder. Komm, zieh deinen nassen Mantel aus.« Und bevor der Verlust der Katze sich zu einer Szene entwickeln konnte, öffnete ich ihren Reißverschluss, um ihre Aufmerksamkeit abzulenken. »Gary ist im Wohnzimmer und wartet auf dich.«

Sie starrte mich einen Augenblick lang an, und es sah tatsächlich so aus, als ob sie mich schlagen wollte, aber die Tatsache, dass ich Gary, einen bekannten Namen in einer unbekannten Umgebung, erwähnt hatte, verschaffte mir meinen Vorteil. Sie drehte ihre Arme aus dem Mantel und stampfte schwer den Flur herunter, bevor sie im Wohnzimmer verschwand. »Ich will die Katze!«, fuhr sie Gary an.

Die beiden Frauen tauschten einen Blick, der sich in etwa so übersetzen ließ: »Der Himmel schütze diese Frau. Wann können wir gehen?«

Ich bot ihnen Kaffee an und lud sie ins Wohnzimmer ein. Jodie hatte eine Kiste mit Lego gefunden, saß mit gekreuzten Beinen auf dem Fußboden und versuchte ungeschickt, zwei Teile zusammenzustecken.

In der Küche angelte ich nach vier Tassen und gab Kaffeepulver hinein. Ich hörte ein paar schwere Schritte, und dann tauchte Jodie im Türrahmen auf. Sie war ein seltsam aussehendes Kind, nicht unmittelbar liebenswert, aber ich vermutete, dass das vorwiegend auf ihre aggressive Art zurückzuführen war, da ihr Gesicht und ihr Körper ständig widerspiegelten, dass sie permanent auf der Hut war.

»Was ist da drin?«, wollte sie wissen und zog die Küchenschublade auf.

»Besteck«, sagte ich überflüssigerweise, da das folgende Klirren es selbst ankündigte.

»Was?«, fragte sie nach und starrte mich an.

»Besteck. Messer, Gabeln und Löffel. Wir werden es später brauchen, wenn wir zu Abend essen. Du kannst mir sagen, was du magst.«

Diese Schublade nun ignorierend, nahm sie sich die nächste vor und dann die nächste, offensichtlich mit dem Plan, auch alle weiteren zu öffnen. Ich erlaubte ihr, sich umzusehen. Mich störte ihre Neugierde nicht, das war normal; was mich beunruhigte, war die Wut, die aus all ihren Bewegungen sprach. So ausgeprägt hatte ich das bisher noch nie erlebt.

Als alle Schubladen offen waren und das Wasser gekocht hatte, nahm ich einen Teller und ein Paket Kekse heraus.

»Ich will einen«, verlangte sie und warf sich auf das Paket.

Ich hielt sie sachte zurück. »Gleich. Zuerst möchte ich, dass du mir hilfst, all diese Schubladen wieder zu schließen, sonst stoßen wir uns daran, nicht wahr?«

Sie sah mich herausfordernd und trotzig an. Hatte sie bisher noch nie jemand von irgendetwas abgehalten? Oder testete sie mich? Einige Sekunden lang passierte gar nichts, ein Patt, während sie meine Bitte abwog. Ich bemerkte, wie übergewichtig sie war. Es war klar, dass sie aus Frust aß oder dass man ihr Essen gegeben hatte, um sie ruhigzustellen. Vielleicht beides.

»Na komm«, sagte ich aufmunternd und fing an, die Schubladen zu schließen. Sie sah mir zu, dann stieß sie mit beiden Händen und all ihrer Kraft die Schublade zu, die ihr am nächsten war.

»Sachte, so«, zeigte ich ihr, aber sie bot keine weitere Hilfe an, und ich bestand nicht darauf. Sie war schließlich gerade erst angekommen und hatte immerhin eine geschlossen.

»Jetzt die Kekse«, sagte ich und arrangierte das Gebäck auf dem Teller. »Ich möchte, dass du mir hilfst. Ich bin mir sicher, dass du gut darin bist, zu helfen, nicht wahr?«

Sie fixierte mich wieder mit ihren herausfordernden, fast spöttischen Augen, aber da war auch eine flüchtige Neugierde, ein Aufblitzen von Interesse an der kleinen Verantwortung, die ich ihr übertrug.

»Jodie, ich möchte, dass du das ins Wohnzimmer bringst und jedem einen Keks anbietest und dir dann selbst auch einen nimmst, okay?«

Ich gab ihr den Teller direkt in ihre ausgestreckten fülligen Hände und fragte mich, wie hoch die Chance war, dass er so ankam, wie er war. Die Kekse rutschten nach links, als sie sich umdrehte. Sie nahm den Teller in die linke Hand, die rechte auf die Kekse legend; das war zumindest sicher, wenn auch nicht hygienisch.

Ich folgte mit dem Tablett mit den Getränken, zufrieden, dass sie tat, worum ich sie gebeten hatte. Gerade verteilte ich die Tassen mit dem Kaffee, als es wieder an der Tür läutete. Jodie sprang auf und lief zur Tür. Ich folgte ihr schnell; es mutet nicht gut an, ein Kind die Tür öffnen zu lassen, auch wenn Gäste erwartet werden. Ich erklärte Jodie das, und dann öffneten wir die Tür gemeinsam.

Jill stand auf der Schwelle. Sie lächelte ermutigend und sah auf das trotzige Kind herunter, das sie herausfordernd anblickte.

»Hallo«, sagte Jill heiter. »Du musst Jodie sein.«

»Ich wollte das machen!«, protestierte Jodie, bevor sie wieder den Flur runterstapfte, um zu den anderen zu gehen.

»Alles in Ordnung?«, fragte Jill, als sie reinkam.

»Bis jetzt alles bestens. Keine großen Desaster jedenfalls.« Ich nahm Jills Mantel, und sie ging weiter ins Wohnzimmer. Dann holte ich einen weiteren Kaffee, und wir setzten uns zusammen, um die Papiere auszufüllen. Es fallen eine Menge Dokumente an, wenn ein Kind bei neuen Pflegeeltern platziert wird, und es wurde viel Kaffee getrunken. Gary schrieb wie wild.

»Ich habe gerade erst den letzten Umzug abgeschlossen«, sagte er witzelnd. »Von dem Drei-Tage-Aufenthalt von vorher will ich gar nicht reden. Schreibt man Cathy mit C?«

Ich bejahte das, dann gab ich ihm die Postleitzahl und den Namen und die Adresse meines Arztes an. Jodie, die ihm bis dahin zufrieden zugesehen und natürlich schon einige Male dieser Prozedur beigewohnt hatte, beschloss, dass es nun Zeit war, die Umgebung aufs Neue zu erkunden. Sie stemmte sich hoch und verschwand in der Küche. Ich konnte ihr nicht erlauben, sich dort unbeaufsichtigt aufzuhalten; mal abgesehen von der Gefahr, dass sie die Schränke ausleeren würde, gab es dort eine Reihe Utensilien, die in den falschen Händen gefährlich sein konnten. Ich rief nach ihr, aber sie antwortete nicht. Als ich ihr in die Küche folgte, ertappte ich sie dabei, wie sie den Schrank unter der Spüle aufreißen wollte. Er war mit einer Kindersicherung versehen, da sich gefährliche Putzmittel darin befanden.

»Schon gut, Jodie, lass das mal sein jetzt. Komm, wir gehen

zurück ins Wohnzimmer«, sagte ich. »Ich zeige dir später alles. Wir haben mehr Zeit, wenn die anderen gegangen sind.«

»Ich will was zu trinken«, verlangte sie und riss noch fester an der Schranktür.

»Okay, aber das ist da nicht drin.«

Ich öffnete den Schrank, in dem ich eine Reihe von Säften aufbewahrte. Sie schaute auf die Auswahl an bunten Flaschen.

»Orange, Zitrone, Schwarze Johannisbeere oder Apfel?«, bot ich ihr an.

»Cola«, verlangte sie.

»Tut mir leid, aber wir haben keine Cola. Das ist schlecht für die Zähne.« Ganz zu schweigen von der Hyperaktivität, dachte ich bei mir. »Wie wär's mit Apfelsaft? Paula, meine jüngste Tochter, mag Apfelsaft. Du wirst sie später kennenlernen.«

»Die da.« Sie versuchte, auf die Arbeitsfläche zu klettern, um die Flasche herunterzuholen.

Ich nahm die Flasche mit Schwarzem Johannisbeersaft und bereitete ihr ein Getränk zu, dann trug ich es ins Wohnzimmer und stellte es auf den Tisch. Ich zog einen kindergroßen Korbstuhl heran, gewöhnlich ein bevorzugter Sitzplatz.

»Der hat gerade die richtige Größe für dich«, meinte ich. »Dein eigener Sessel.«

Jodie ignorierte mich, griff nach ihrem Glas und pflanzte sich auf den Sitz, den ich gerade auf dem Sofa neben Jill freigemacht hatte. Ich setzte mich neben Gary, während Jill Jodie mit einem Spiel auf ihrem Mobiltelefon ruhigstellte. Ich beobachtete sie eine Weile. Das war also das Kind, das bei uns leben würde. Es war schwer, sie schon jetzt einzuschätzen; die meisten Kinder zeigten in den ersten Tagen in ihrem neuen Zuhause ein schwieriges Verhalten. Dennoch ging eine ungewöhnliche Ausstrahlung von ihr aus, die ich nicht ganz verstand: Wut, natürlich, und Sturheit, vermischt mit etwas anderem, von dem ich mir nicht sicher war, ob ich es schon mal erlebt hatte. Sie braucht Zeit, dachte ich. Ich beobachtete Jodies unkoordinierte Bewegungen und wie ihre Zunge über ihre untere Lippe hing. Fast mit Schuldgefühlen bemerkte ich, wie ihr das eine stumpfsinnige, leere Ausstrahlung gab und erinnerte mich daran, dass sie als ein Kind mit nur »leichten Lernschwierigkeiten« eingestuft worden war.

Eine Viertelstunde später waren alle Platzierungsformulare ausgefüllt. Ich hatte sie alle unterschrieben, und Gary reichte mir meine Kopien. Deirdre und Ann standen verdächtig schnell auf, um zu gehen.

»Wir packen das Auto aus«, kündigte Ann an. »Es ist eine Menge Zeug.«

Ich ließ Jodie bei Gary und Jill und zog mir schnell Jacke und Schuhe an. Wir wurden immer nasser, als wir wiederholt zum Auto gingen. »Eine Menge Zeug« stellte sich als eine Untertreibung heraus. Nie zuvor hatte ich so viele Tüten und Taschen für ein Kind in Pflege gesehen. Wir stapelten sie im Flur, denn die beiden Frauen wollten sich möglichst schnell von Jodie verabschieden. Die ignorierte sie, da sie ihre Zurückweisung sehr wohl spürte. Gary blieb weitere zehn Minuten und unterhielt sich mit Jodie über mich und mein Haus; dann machte auch er Anstalten zu gehen.

»Ich will mitkommen«, grinste sie, sich an ihn schmiegend. »Nimm mich mit. Ich will in deinem Auto fahren.«

»Ich hab kein Auto«, sagte Gary ruhig. »Und du bleibst jetzt bei Cathy. Erinnerst du dich? Wir haben darüber gesprochen. Das ist jetzt dein schönes neues Zuhause.« Er nahm seinen Aktenkoffer und kam halb bis zur Tür. Dann öffnete Jodie ihren Mund ganz weit und schrie. Es war wahrhaft ohrenbetäubend. Ich lief schnell zu ihr hinüber, legte meinen Arm um sie und nickte Gary zu. Er huschte nach draußen, und ich hielt sie im

Arm, bis der Lärm aufhörte. Da waren keine Tränen, aber ihre bisher blassen Wangen waren jetzt feuerrot.

Als Letzte ging Jill. Sie kam in den Flur und nahm ihren Mantel. »Wirst du es schaffen, Cathy?«, fragte sie, während sie sich darauf vorbereitete, in den Regen hinauszugehen. »Ich ruf dich gegen fünf an.« Sie wusste, dass sich Jodie umso schneller beruhigen würde, je eher wir allein waren.

»Wir schaffen das schon, nicht wahr, Jodie?«, sagte ich. »Ich zeig dir das Haus, und dann packen wir deine Sachen aus.«

Ich erwartete fast einen weiteren Schrei, aber sie starrte mich einfach nur an, mit einem stumpfen Blick des Unverständnisses. Mein Herz öffnete sich für sie; sie musste sich so verloren vorkommen nach dem sechsten Zuhause in vier Monaten. Ich hielt sie an der Hand, als wir Jill verabschiedeten.

Jetzt waren wir zu zweit. Ich bin schon oft in der Situation gewesen, einen verwirrten und verletzten kleinen Menschen in meinem Zuhause zu begrüßen, zu warten, bis er sich eingelebt hat in der neuen fremden Umgebung. Aber dieses Mal fühlte es sich irgendwie anders an. Etwas an der Leere in Jodies Augen machte mir Angst. So hatte ich das bei einem Kind oder Erwachsenen noch nie zuvor gesehen. Ich schauderte. *Na komm schon*, rief ich mich zur Ordnung. *Sie ist ein kleines Mädchen, und du hast zwanzig Jahre Erfahrung mit der Betreuung von Kindern. Wie schwierig kann es schon werden?*

Ich führte sie zurück ins Wohnzimmer, und wie bestellt, tauchte Toscha wieder auf. Ich zeigte Jodie, wie man sie richtig streichelte, aber sie verlor das Interesse, kaum, dass ich begonnen hatte.

»Ich hab Hunger. Ich will einen Keks.« Sie stürzte in die Küche.

Ich folgte ihr und setzte gerade damit an zu erklären, dass es nicht gut sei, zu viele Kekse zu essen, als ich einen strengen

Geruch bemerkte. »Jodie, willst du auf die Toilette?«, fragte ich ganz nebenbei.

Sie schüttelte den Kopf. »Nein!«, sie grinste, und bevor ich begriff, was sie tat, war ihre Hand schon in ihrer Hose und sie schmierte sich Kot ins Gesicht.

»Jodie!« Ich griff erschüttert nach ihrem Handgelenk.

Sie duckte sich sofort, ihr Gesicht abschirmend. »Wirst du mich schlagen?«

»Nein, Jodie, natürlich nicht. Das würde ich niemals tun. Du wirst jetzt baden, und nächstes Mal sag mir bitte, wenn du aufs Klo musst. Du bist doch schon ein großes Mädchen.«

Langsam führte ich meinen neuen Schützling die Treppe hoch, und sie folgte mir, unbeholfen, schwerfällig und mit ihrem mit Exkrementen beschmierten Gesicht.

Worauf hatte ich mich da bloß eingelassen?

4
Eine neue kleine Schwester

Pflegeeltern sind keine Heiligen. Wir sind nichts weiter als normale Eltern mit Platz in unserem Haus und im Herzen für ein weiteres Kind. Aber als ich die Dusche anstellte und Jodie aus ihren Kleidern und ihrer verschmutzten Unterwäsche half, fragte ich mich, ob mein Herz wirklich groß genug war. Ich schob sie unter das warme Wasser und begann sie abzuseifen. Mein Magen drehte sich fast um, als die Hitze den Geruch verstärkte, und ich schloss den Mund und versuchte durch die Nase zu atmen. Ich wusch zuerst ihr Gesicht und ihre Hände, dann zwischen den Falten ihrer blassen Haut um ihre Mitte. Jodie hatte die Form einer Birne, für ein Kind eher ungewöhnlich, und sie hatte die Hüften einer Frau mittleren Alters. Sie war jedoch ruhig, hob ihre Arme hoch und machte keine Anstalten zu helfen. Sie schien es zu genießen, wie ein Baby behandelt zu werden. Ich tröstete mich damit, dass wenigstens der Rest der Familie nicht da war, um ihren ersten Auftritt mitzuerleben.

Ich konnte nicht umhin, mich darüber zu wundern – sie war so gar nicht beunruhigt über ihren Unfall, und es war unwahrscheinlich, dass ein Kind in ihrem Alter den Darm nicht kontrollieren konnte und nicht merkte, wenn es zur Toilette musste. War es also Absicht? Bestimmt nicht. Es war wahrscheinlich Nervosität.

Ich half ihr aus der Dusche und wickelte sie in ein Handtuch. »Trockne dich ab, Jodie, während ich diese Sachen in die

Wäsche gebe.« Ich sammelte die verdreckte Kleidung ein und trug sie zur Waschmaschine hinunter. Ich gab Desinfektionsmittel zum Waschpulver hinzu und drehte die Temperatur auf 80 Grad. Jodies Selbstgespräche drangen vom Bad herunter, und ich konnte hören, wie sie isolierte Worte und Phrasen sagte, die nicht zusammenpassten und keinen Sinn ergaben.

Im Flur schnappte ich mir das größte Gepäckstück und schleppte es die Treppe hinauf. »Alles okay, Jodie?«, rief ich über den Treppenabsatz.

Stille, dann »Ja«, bevor sie wieder ihr zusammenhangloses Gebrabbel aufnahm.

In ihrem Zimmer öffnete ich den Koffer, holte ein paar Jogginghosen, einen Pullover und Unterwäsche heraus und trug sie ins Bad. Sie stand genauso da, wie ich sie verlassen hatte, in das Handtuch gehüllt und immer noch klatschnass.

»Komm schon«, ermunterte ich sie, »trockne dich ab. Du bist doch schon ein großes Mädchen.«

Sie schüttelte trotzig den Kopf, und ich fing an, sie trocken zu reiben. Sie war wie ein Kleinkind von 44 Kilo, sehr unbeholfen, und ich war mir sicher, dass dies zumindest zum Teil ihrer Fettleibigkeit geschuldet war.

»Die mag ich nicht«, sagte sie, als sie die Kleider bemerkte, die ich reingebracht hatte.

»Okay, wenn du trocken bist, suchen wir was anderes. Du hast ja eine Menge zur Auswahl. Nun mach schon, bevor du dich erkältest.«

Sie schälte sich aus ihrem Handtuch und schoss über den Treppenabsatz in ihr Zimmer, wo sie begann, in ihren Kleidern herumzuwühlen. Sie hielt ein Paar rosa Shorts und ein T-Shirt hoch. Ich erklärte ihr, dass diese Sachen für das kalte Wetter nicht geeignet waren, aber ich hätte genauso gut russisch reden können, denn sie zeigte keinerlei Reaktion.

»Wie wäre es mit diesen Jeans?«, sagte ich und hielt sie hoch. »Und dieses blaue Top ist hübsch und warm. Such dir jetzt Unterwäsche, zieh dich an und beeil dich ein bisschen.«

Sie hielt ein paar Unterhosen hoch, zog sie unbeholfen an und fuhr damit fort, in ihrem Koffer herumzuwühlen. Dabei schnatterte sie ununterbrochen weiter, aber als ich versuchte, mich in ihre Konversation einzumischen, starrte sie mich nur mit einem stumpfen Ausdruck an, bevor sie mit ihrer Suche fortfuhr – und mit dem nächsten unverständlichen Monolog. Endlich hatte sie sich für ein paar schwarze Hosen und einen grauen Pulli entschieden und stand da, darauf wartend, dass ich sie anzog. Nur um die Sache zu beschleunigen, gab ich nach und begann die Haufen von herumliegenden Kleidungsstücken aufzuräumen, diese zu falten und in die Schubladen zu legen und im Schrank aufzuhängen. Jodie sagte nichts zu ihrem Zimmer, und als ich sie fragte, ob sie es mochte, antwortete sie mit einem stumpfen, abwertenden Blick. Sie hob eines der Stofftiere auf und warf es an die Tür. »Nicht meins! Das will ich nicht!« Ihr Gesicht war wutverzerrt.

»Okay, aber wirf es nicht herum. Ich bin mir sicher, du hast selbst eine Menge mitgebracht. Ich lege diese weg und suche deine eigenen. Das wäre dir lieber, nicht wahr?« Ich sammelte die anderen Spielsachen ein und ging zur Tür.

»Wohin gehst du?«, verlangte sie zu wissen. Ihr finsterer Blick wurde noch düsterer.

»Ich gehe das wegräumen und bringe deine eigenen Spielsachen hoch.« Lächelnd verließ ich das Zimmer in der sicheren Annahme, dass eine weitere Szene gerade noch verhindert worden war.

Ich warf die ungewollten Spielsachen auf mein Bett, dann ging ich hinunter und öffnete einige der Taschen. Sie waren alle mit Kleidungsstücken gefüllt. Das konnte sie niemals alles getragen haben, selbst wenn sie sich vierzehn Tage lang dreimal am Tag umgezogen hätte. Die nächste Tasche war proppenvoll mit Plastikspielzeug: Puppen, Tiere und Geschenke von McDonald's. Es war wie eine Schulfeiertombola. Ich schleppte die Tasche nach oben.

»Schau mal hier«, sagte ich fröhlich. »Während ich den Rest deiner Kleider aussortiere, kannst du das hier in die Spielzeugkiste unter dem Bett geben.«

Ihr Gesicht wurde weicher, und wir arbeiteten ein paar Minuten lang Seite an Seite, obwohl ich spürte, dass der Friede wackelig war. Und ich hatte mich nicht geirrt. Fünf Minuten später warf sie ein Plastikkrokodil in die Kiste, lief aus dem Zimmer und betrat Adrians Zimmer nebenan.

Ich folgte ihr. »Jodie, willst du den Rest des Hauses sehen? Wir packen später fertig aus.« Sie drückte auf den Tasten von Adrians Handy rum, das er neben seinem Bett abgelegt hatte, um es aufzuladen.

Ich kam herüber und nahm es ihr mit einer sanften Bewegung weg. »Das fassen wir nicht an, es gehört uns nicht. Das ist das Zimmer von Adrian.« Sie schaute mich verwirrt an. »Er ist mein Sohn. Er ist in der Schule. Du wirst ihn später kennenlernen.«

Sie ließ das Handy auf den Boden fallen, dann sprang sie auf das Bett und hüpfte unbeholfen darauf herum. Ich ergriff ihre Hand. »Komm, ich zeig dir die anderen Zimmer, und dann mach ich dir was zu essen.«

Das Erwähnen von Essen war ausschlaggebend. Mit einem Sprung war sie neben mir, die Dielen knarrten, und sie schoss aus dem Zimmer über den Treppenabsatz und in das nächste Zimmer.

»Das ist Lucys Zimmer«, sagte ich, als ich sie einholte. »Sie ist fünfzehn. Sie ist nun schon seit zwei Jahren hier, und du wirst auch sie später kennenlernen.«

Jodie rannte aus Lucys Zimmer und in das von Paula, wo sie Paulas Pyjamatasche in Form einer Flickenpuppe auf dem Bett sitzend sah.

»Meins. Meins!«, schrie sie und riss sie an ihre Brust. »Die will ich haben.«

»Die Puppe gehört Paula«, sagte ich sanft. »Sie bedeutet ihr viel, sie hat sie zum Geburtstag bekommen.«

»Meins«, knurrte sie. »Die will ich haben. Kauf mir eine, oder ich trete dich.«

Ich runzelte die Stirn und nahm ihr die Puppe sanft aus den Armen. Hatte sie auf diese Weise all ihre Spielsachen angesammelt? Kauf mir das, oder ich trete dich? Ich setzte die Puppe wieder auf das Kissen, nahm Jodie bei der Hand und führte sie aus dem Zimmer. Die Tür zu meinem Zimmer öffnete ich gerade weit genug, damit sie hineinsehen konnte. »Hier schlafe ich, aber das ist natürlich privat. Alle unsere Schlafzimmer sind privat. Ohne Erlaubnis gehen wir nicht in die anderen Schlafzimmer.«

Sie grinste mit einer komischen Grimasse, die ihr einen unangenehmen, bösen Ausdruck gab. Dann starrte sie auf das Doppelbett. »Hast du einen Mann?«

Ich schüttelte meinen Kopf. »Nein, ich bin geschieden. Ich habe das große Bett für mich allein.«

Sie warf mir einen mitleidigen Blick zu, und ich entschied, dass sie genug gesehen hatte und schloss die Tür. Auf dem Treppenabsatz nutzte ich die Gelegenheit, die Regeln zur Privatsphäre zu wiederholen. »Jodie, wir haben alle unsere eigenen Zimmer, und darin haben wir persönliche Sachen. Niemand wird in dein Zimmer kommen, und du darfst ohne Erlaubnis nicht in die der anderen gehen. Verstehst du das?«

Sie nickte heftig, aber ich vermutete, dass ihre Zustimmung mehr damit zu tun hatte, das Mittagessen zu beschleunigen, als mit einer festen Zusage. »Ich hab Hunger! Ich will Chips und Schokolade.« Sie hievte sich die Treppe hinunter, sich am Handlauf stoßend. Ich holte sie in der Küche ein, wo sie bereits die Schubladen und Schränke öffnete.

»Okay, eine Minute. Ich finde was für dich.« Ich nahm eine Packung Chips mit Bacon, reichte sie ihr, und sie fing an, sich Hände voll davon in den Mund zu stopfen. »Was willst du aufs Brot? Schinken? Käse? Erdnussbutter? Oder Marmite?«

»Marmite und Schokoladencreme.«

Ich lachte. »Aber doch sicher nicht auf der gleichen Schnitte.«

Sie starrte mich nur verständnislos an. »Ich will was zu trinken.«

»Kann ich bitte etwas zu trinken haben?«, korrigierte ich sie, da ich mich entschlossen hatte, dass es nichts schaden könnte, gleich mal ein paar Manieren einzuführen. Ich machte eine Schnitte mit Marmite und eine weitere mit Schokoladencreme, dann holte ich ein Glas und füllte es mit Orangensaft.

»Ich will das machen«, sagte sie und nahm mir das Glas aus der Hand.

»Okay, aber langsam. Nicht einfach danach greifen, das ist unhöflich.« Ich zeigte ihr, wie man den Hahn aufdrehte, dann wartete ich, während sie das Glas füllte. »Hilfst du gerne, Jodie? Hast du zu Hause geholfen? Bei den anderen Pflegeeltern?«

Sie knallte das Glas auf die Arbeitsfläche, dann nahm sie die Pose einer überforderten Hausfrau an, Hände in die Hüften gestemmt, das Kinn hervorstechend und mit einem Ausdruck von resoluter Verdrießlichkeit. »Kochen! Putzen! Und ihr verdammten Kinder unter meinen Füßen den ganzen Tag. Ich weiß wirklich nicht, warum ich euch geboren habe. Ihr seid die reinsten Nervensägen!«

Ich konnte sehen, dass sie in eine Rolle schlüpfte, wahrscheinlich wiederholte sie, was sie von ihrer Mutter gehört hatte, aber ich nehme an, dass auch ein Funken Wahrheit dabei war. Als ältestes von drei Kindern war es ihr sicher zugefallen, sich um ihre Geschwister zu kümmern, wenn ihre Eltern zu betrunken oder zu high waren. Das erinnerte mich daran, warum wir in dieser Situation waren, und der kleine Einblick, den Jodie mir in ihre Vergangenheit gegeben hatte, verschaffte mir die nötige Energie, die ich brauchte, um ihre explosiven Stimmungsschwankungen zu bewältigen. Und die ständigen Forderungen, von denen ich wusste, dass sie kommen würden.

Der Nachmittag ging vorüber, ich weiß nicht mehr, wie. Wir packten nicht aus, da ich meine ganze Zeit damit verbrachte, Jodies Aufmerksamkeit für mehr als zwei Minuten bei etwas zu halten. Ich zeigte ihr die Schränke mit den Spielen, die wir wiederholt durchgingen, um etwas zu finden, was sie interessieren könnte. Sie mochte Puzzles, aber die einzigen, die sie hätte fertigstellen können, bestanden aus einer Handvoll Teilen und waren für Zweijährige gedacht. Mir waren Entwicklungsverzögerungen schon bei anderen Pflegekindern untergekommen, und ich war daran gewöhnt, mich mit Lernschwierigkeiten zu befassen. Dennoch beschlich mich die Vermutung, dass Jodie eher ein Fall mit »mittleren Lernschwierigkeiten« war und dass man auch da Schönfärberei betrieben hatte.

Wir saßen zusammen auf dem Teppich, aber sie schien sich meiner Anwesenheit kaum bewusst zu sein. Stattdessen murmelte sie belanglose Bemerkungen, adressiert an Leute, die Paul, Mike und Sean hießen: »Schau, dieses Teil hier. Da rein. Es ist ein Pferd. Ich hab's dir doch gesagt! Ich weiß es. Wo?«

Da es sich nicht um die Namen ihrer unmittelbaren Familienmitglieder handelte, die mir genannt worden waren, nahm ich an, dass Jodie mit imaginären Freunden spielte. Diese Art Verhalten ist nicht ungewöhnlich für Kinder, auch nicht für

Achtjährige, aber ich hatte es bislang bei keinem Kind derart ausgeprägt gesehen.

»Wer sind diese Leute?«, fragte ich schließlich.

Sie sah mich mit einem stumpfen Blick an.

»Paul, Mike und Sean? Sind das deine imaginären Freunde? Erfundene Leute, die nur du sehen kannst?«

Ein weiterer verständnisloser Blick traf mich, dann warf sie einen bedrohlichen Blick über meine Schulter. »Mike, wenn du nicht achtgibst auf das, was du da machst, dann tret ich dich, bis du tot bist.«

Als Paula und Lucy um halb vier nach Hause kamen, war ich gerade dabei, Barbie in ihr Sportauto neben Ken zu setzen. Ich hörte die Tür ins Schloss fallen, gefolgt von Lucys Reaktion, als sie die Taschen sah, die wegzuräumen ich noch keine Zeit gehabt hatte. »Himmel, wie viele sind denn gekommen?«

»Nur eine«, antwortete ich.

Zum Beweis sprang Jodie hoch und lief in den Flur. »Wer bist du?«, verlangte sie zu wissen, Hände in die Hüften gestemmt und wieder in dieser verdrießlichen Hausfrauenposition.

Die Mädchen sagten nichts, aber ich wusste, was sie dachten. Mit ihren seltsamen Zügen und der aggressiven Haltung war Jodie nicht gerade die kleine Pflegeschwester, die sie sich erhofft hatten.

»Das ist Jodie«, stellte ich sie mit positiver Miene vor. »Sie kam zur Mittagszeit. Jodie, das sind Lucy und Paula.«

Sie schob ihr Kinn vor in einer Komm-und-hol-mich-wenn-du-es-wagst-Haltung.

»Hallo«, brachte Lucy mit Mühe hervor.

»Hi«, sagte Paula schüchtern.

Jodie versperrte ihnen den Weg, sodass ich sanft die Hand auf ihre Schulter legte, um sie zur Seite zu schieben. Sie drückte gegen mich. »Verschwindet!«, brach es plötzlich aus ihr heraus, zu den Mädchen gewandt. »Das ist mein Zuhause. Ihr verschwindet!«

Ich war entsetzt. Wie konnte sie das glauben? Ich hatte ihr doch von den Mädchen erzählt und ihr die Zimmer gezeigt. Sie lachten, was verständlich war, aber nicht besonders zielführend. Bevor ich sie stoppen konnte, lief Jodie auf Paula zu und trat sie hart gegen das Schienbein. Paula sprang schreiend zurück.

»Jodie! Was tust du da?«, rief ich, als sie sich zu mir herumdrehte. »Das war sehr ungezogen. Du darfst nicht treten. Das ist genauso ihr Zuhause wie deines. Wir leben hier alle zusammen. Verstehst du das?«

Sie grinste.

»Alles okay?«, fragte ich Paula. Sie hatte aggressive Pflegekinder schon erlebt – wir alle hatten das –, aber nie so direkt und so ausgeprägt.

Meine Tochter nickte, und ich brachte Jodie dazu, Platz zu machen, als die Mädchen nach oben gingen. Sie verbrachten nach der Schule immer etwas Zeit damit, abzuschalten, während ich das Essen zubereitete. Ich nahm Jodie mit in die Küche und betonte erneut, dass wir alle in einer Familie zusammenlebten. Ich fragte sie, ob sie mir helfen wolle, aber sie verschränkte ihre Arme und lehnte sich an die Arbeitsfläche, Kommentare murmelnd, denen man nicht folgen konnte. »Es sind nicht meine«, grummelte sie.

»Die Kartoffeln?«, fragte ich. »Ich schäle sie für das Abendessen für uns alle.«

»Wen?«

»Für wen sie alle sind? Für uns alle.«

»Im Auto?«

»Nein. Du bist im Auto gekommen. Wir sind jetzt in der Küche.«

»Wo?«, fragte sie und hob den Deckel eines Topfes, den ich gerade zum Kochen aufgesetzt hatte.

»Vorsicht, Jodie«, sagte ich. »Das ist sehr heiß.«

»Ich bin gelaufen«, sagte sie und fuhr fort, unzusammenhängende Halbsätze zu murmeln, als hätte sie einen Korb voller Worte und würde diese zufällig herausziehen.

Sie half mir, den Tisch zu decken, und ich zeigte ihr, wo sie sitzen würde. Wir nahmen immer die gleichen Plätze ein, da die Kinder dies so mochten und es das Leben erleichterte.

»Paula! Lucy! Abendessen«, rief ich. Adrian spielte an diesem Abend Rugby, darum hielt ich das Essen für ihn im Ofen warm. Die Mädchen kamen runter, und wir nahmen alle unsere Plätze ein. Sobald wir saßen, wurde Jodie wütend darüber, dass sie nicht sitzen konnte, wo Lucy saß.

»Lucy sitzt immer da, Jodie«, erklärte ich. »Es ist ihr Platz. Und das ist dein Platz.«

Sie warf Lucy einen giftigen Blick zu, dann stieß sie ihr den Ellbogen absichtlich in die Rippen.

»Jodie, nein! Das tut weh. Mach das nicht. Sei ein gutes Mädchen.« Ich wusste, dass ich sie auffordern sollte, sich zu entschuldigen, aber das war unsere erste gemeinsame Mahlzeit, und so beließ ich es dabei. Sie starrte Lucy, die etwas unbehaglich zur Seite rückte, immer noch an. »Komm schon, Jodie, iss deinen Teller leer«, sagte ich ermunternd. »Du hast mir gesagt, dass du gebratenes Hühnchen magst.«

Die Haustür wurde geöffnet, und Adrian kam herein, noch verdreckt vom Rugby. Er war über eins achtzig groß und duckte sich, als er die Küche betrat. Ich hoffte, dass Jodie ihn nicht bedrohlich fand, aber er wirkte sehr sanftmütig, und die meisten Kinder freundeten sich schnell mit ihm an.

»Adrian, das ist Jodie«, sagte ich.

»Hi, Jodie.« Er lächelte, nahm seinen Teller aus dem Backofen und setzte sich ihr gegenüber. Sie wandte ihren stechenden Blick von Lucy ab und fixierte Adrian, verbog sich auf ihrem Stuhl und fing an, unter dem Tisch nach ihm zu treten.

»Jodie, hör auf damit«, sagte ich streng. »Es gibt hier kein Treten oder Stoßen. Das ist nicht schön.«

Sie sah mich böse an, dann nahm sie endlich ihr Besteck in die Hand und begann zu essen. Ich beobachtete sie aus den Augenwinkeln. Sie war kaum in der Lage, das Besteck zu halten, und ihre Bewegungen waren so unkoordiniert, dass ihr Mund wenige Zentimeter vom Teller entfernt sein musste, damit sie das Essen hineinbekam.

»Willst du einen Löffel?«, fragte ich sie nach einer Weile. »Wenn ich es erst zerschneide, wäre das leichter?«

»Meine Handschuhe«, sagte sie. »Es ist heiß.« Dann sprang sie aus keinem ersichtlichen Grund auf, rannte dreimal um den Tisch, setzte sich dann wieder hin und begann mit Fingern zu essen. Ich bedeutete den anderen, nichts zu sagen. Die Mahlzeit wurde in einer unnatürlichen, angespannten Stille eingenommen.

Ich war erleichtert, als das Abendessen vorbei war, und schlug Jodie vor, dass sie mir helfen könnte, die Spülmaschine einzuräumen. Als sie in die Küche kam, entdeckte sie Toscha unter dem Heizungskessel.

»Warum glotzt sie mich so an?«, verlangte sie zu wissen, als ob die Katze etwas Böses im Schild führte.

»Sie sieht nicht dich an, Liebes. Katzen sitzen oft herum und starren ins Leere. Sie hat sich einfach ein warmes Plätzchen gesucht.«

Jodie näherte sich der Katze mit großen, aggressiven Schritten. Ich konnte sehen, dass sie einen weiteren Tritt austeilen wollte, und ging schnell dazwischen. »Na komm, Toscha ist alt, wir lassen sie hier schlafen.«

Ich beschloss, dass die Spülmaschine warten konnte, bis Jodie im Bett war, und ging mit ihr ins Wohnzimmer. Dort versuchte ich sie mit Spielen und Puzzles zu beschäftigen, während Adrian, Lucy und Paula oben ihre Hausaufgaben machten. Gegen sieben war ich erschöpft. Jodie brauchte permanente Betreuung, um sie mit irgendetwas bei der Stange zu halten, und das ununterbrochene zusammenhanglose Geschwätz fing an, mir auf die Nerven zu gehen.

»Lass uns deine Sachen auspacken, bevor du ins Bett gehst«, schlug ich vor.

Sie stand auf. »Ich will auf den Spielplatz.«

»Heute nicht mehr, es ist zu spät. Aber morgen gehen wir, wenn das Wetter gut ist.«

Sie drehte sich um und fing an, mit David zu sprechen, einem weiteren imaginären Freund. Ich schnappte einzelne Worte auf – »… du siehst … hier! …« –, aber sie bezogen sich nicht auf den Spielplatz oder die Spiele, die wir spielten, und ich tröstete mich damit, dass ihre imaginäre Welt mit der Zeit verblassen würde, wenn sie anfing, sich sicher zu fühlen. Es brauchte eine Mischung von Nachdruck und Wiederholung, um sie dazu zu überreden, nach oben zu gehen, wo wir eine weitere Tasche auspackten, dann Waschen und Schlafanzug-Anziehen, fertig für eine Geschichte um acht. Sie fand ein Buch, das sie mitgebracht hatte: *Die drei kleinen Schweinchen*. Ich las es zweimal, dann überredete ich sie, ins Bett zu gehen, und sagte Gute Nacht.

Als ich ging, löschte ich das Licht.

»Nein!«, schrie sie in Panik. »Nicht dunkel. Ich hab Angst im Dunkeln. Das darfst du nicht!«

»In Ordnung, Liebes. Beruhige dich.« Ich machte das Licht wieder an und dimmte es, aber sie war immer noch nicht zufrieden. Sie würde nicht im Bett bleiben, wenn es nicht voll aufgedreht war.

»Willst du die Tür auf- oder zuhaben?«, fragte ich, so wie ich alle Kinder in der ersten Nacht fragte. Es ist wichtig, darauf zu achten, wie sie schlafen, damit sie sich sicher fühlen und sich besser einleben.

»Zu«, sagte sie. »Fest zu.«

Ich sagte noch einmal gute Nacht, schickte ihr einen Handkuss, verließ das Zimmer und schloss die Tür. Ich wartete kurz auf dem Treppenabsatz und horchte. Die Dielen knarrten, als sie aus dem Bett kletterte, um sich zu vergewissern, dass die Tür fest geschlossen war, bevor sie zurück ins Bett kroch.

Um neun kamen Adrian, Paula und Lucy herunter, um sich einen Snack zu holen, dann saßen wir noch ein wenig im Wohnzimmer zusammen. Ich hatte den Fernseher eingeschaltet, aber ich schaute nicht hin. Mir gingen die Ereignisse des Tages durch den Kopf.

»Nun, was denkt ihr?«, fragte ich und lächelte Lucy an, als sie mir eine Tasse Tee gab.

»Sie ist seltsam«, begann Lucy und setzte sich neben mich.

»Ich mag sie nicht«, sagte Paula. Dann sah sie mich verlegen an, als erwartete sie eine Rüge.

»Und was denkst du, Adrian? Was ist dein erster Eindruck?«

»Sie erinnert mich an diese Puppe, Chucky aus dem Horrorfilm. Du weißt schon, die Puppe, die vom Teufel besessen ist.«

»Adrian!«, ermahnte ich ihn, aber mich überlief ein kalter Schauer der Erkenntnis. Mit ihrer breiten Stirn, den starrenden graublauen Augen, der fehlenden Empathie und der Distanzierung von der Welt hätte sie leicht besessen sein können. Ich fing mich wieder; was sind das nur für Gedanken? Sie war bloß ein Kind, das eine schlechte Zeit durchgemacht hatte und unsere Hilfe brauchte – an ihr war nichts Dunkleres als das. Ich hatte diese Herausforderung angenommen, und nun war ich es Jodie schuldig, dass ich es so lange durchstand, wie sie mich brauchte.

Ein Teil ihrer Probleme rührte sicherlich auch daher, dass die Leute nach den ersten Schwierigkeiten aufgaben, wenn es darum ging, sich mit ihr auseinanderzusetzen, und sie einfach weiterschoben. Ich konnte ihr das nicht noch einmal antun.

Ich versuchte einen entspannten Ausdruck anzunehmen. »Ich bin mir sicher, das legt sich mit der Zeit.«

5

Selbstverletzung

Gut möglich, dass mich das eindrucksvolle Bild der besessenen Puppe verfolgte, denn plötzlich war ich hellwach, meine Augen waren offen und ich in Alarmbereitschaft. Ich drehte mich um, um auf den Wecker zu schauen: Es war fast Viertel nach zwei. Ich horchte. Im Haus war es still. Aber eine Stimme sagte mir, dass nicht alles in Ordnung war; über Jahre entwickelt sich ein sechster Sinn in der Pflegekind-Betreuung.

Ich schob meine Füße unter der Bettdecke hervor und tastete nach meinen Schlappen. Das Haus war kalt, da die Zentralheizung in der Nacht ausgeschaltet war. Ich fummelte herum, um meine Arme in den Morgenmantel zu stecken, band ihn lose zu und öffnete die Schlafzimmertür. Erschrocken zuckte ich zusammen. Jodie stand vor der Tür, ihr Gesicht war blutverschmiert.

»Was ist los? Was hast du gemacht?«, fragte ich und untersuchte panisch ihr Gesicht und ihren Hals nach einer Verletzung. »Wo hast du dir wehgetan? Sag es mir! Komm schon, schnell!« Ich konnte nichts finden, aber das Blut war frisch.

In einem Zustand der Trance hob sie langsam ihre Hände und zeigte mir ihre Handflächen. Sie waren blutverschmiert, aber ich konnte immer noch keine Anzeichen einer Verletzung finden. Ich schob die Ärmel ihres Schlafanzugs hoch, und dann sah ich es. Sie hatte eine Verletzung an ihrem linken Unterarm, etwa zwei Zentimeter lang, und daraus floss langsam das Blut.

Ich führte sie ins Bad und brachte sie zum Waschbecken. Dort drehte ich den Hahn auf und ließ kaltes Wasser über die Wunde laufen. Sie zuckte nicht einmal. Ich fragte mich, ob sie eventuell schlafwandelte.

»Jodie?«, fragte ich laut. »Jodie! Kannst du mich hören?«

Als sie ihr Spiegelbild angrinste, wusste ich, dass sie wach war.

»Was ist passiert? Wie hast du das gemacht?«

Sie sah mich im Spiegel an, sagte aber nichts.

Ich wusch die Wunde gründlich aus und untersuchte sie. Zum Glück war sie nicht tief und musste nicht genäht werden. Eigentlich hätte da gar nicht so viel Blut sein dürfen. Es sah so aus, als hätte sie das Blut absichtlich verschmiert, um einen großen Effekt zu erzielen. Aber wie? Und warum? Niemand hatte erwähnt, dass Jodie sich selbst verletzte, aber ich bezweifelte, dass dies das erste Mal war. Ich schaute genauer hin und entdeckte feine rosa Narbenlinien an beiden Armen. Schwer zu sagen, wie alt sie waren.

»Du bleibst hier, Jodie«, sagte ich. »Ich gehe runter und hole einen Verband.«

Sie grinste wieder. Dieses seltsame, freudlose Lächeln schien eine besondere Bedeutung zu haben, die sich mir nicht erschloss, und mich überlief ein kalter Schauer. Ich deckte ihren Arm mit einem sauberen Handtuch zu, dann ging ich in die Küche, wo ich die Erste-Hilfe-Box öffnete und ein großes Pflaster herausholte. Meine Gedanken drehten sich im Kreis. Jodie regte sich nicht einmal auf, wodurch die Sache umso beängstigender wirkte. Wie schon am Tag zuvor, als sie absichtlich in die Hosen gemacht und sich beschmiert hatte, war da eine kühle Ruhe und Distanziertheit, die sehr seltsam war bei einem so kleinen Kind. Es schien, als würde sie keinen Schmerz verspüren oder gar nicht begreifen, was sie da gemacht hatte. Sie kann nicht geschrien haben, als sie sich verletzte, das hätte ich gehört – in meinen Jahren als Pflegemutter habe ich mir einen leichten Schlaf angewöhnt. Ich hatte auf einmal das schreckliche Bild von Jodie vor Augen, wie sie still in ihrem Zimmer saß und Blut aus der Wunde presste, um es dann auf ihrem Gesicht zu verschmieren.

Wieder oben ertappte ich sie dabei, wie sie sich im Spiegel betrachtete. Sie verzog ihr Gesicht, aber nicht im Schmerz. Sie schien sich so hässlich wie möglich zu machen, ihr Gesicht verzerrend, ihre Zähne in einem schiefen Grinsen bloßlegend. Ich löste das Papier von dem Pflaster und deckte die Wunde zu, dann machte ich einen Waschlappen nass und wischte ihr das Gesicht und den Hals ab. Dann wusch ich meine Hände in heißem Seifenwasser und erinnerte mich zu spät daran, dass ich hätte Handschuhe tragen sollen, als ich die Wunde säuberte, um eine Infektion zu verhindern. In der Panik des Notfalls hatte ich das vergessen.

Als das Mädchen wieder trocken und sauber war, fühlte ich, wie wieder eine Art Normalität einkehrte. »Okay, Jodie«, sagte ich ermutigend. »Jetzt bringen wir dich zurück ins Bett.« Sie sagte nichts.

Ich führte sie auf den Treppenabsatz, als Lucy an ihrer Tür auftauchte. »Alles okay, Cathy?«, fragte sie mit halboffenen Augen.

»Ja, keine Sorge. Ich erkläre es dir morgen.«

Sie nickte und kroch zurück ins Bett.

In Jodies Zimmer fand ich ihre Bettdecke auf dem Boden. Es war kein Blut daran, aber obendrauf lag ein kleines Obstmesser, das ich nie zuvor gesehen hatte. Ich hob es auf. »Wo hast du das her?« Ich versuchte, jeglichen Vorwurf aus meiner Stimme zu verbannen.

Endlich redete sie. »Von Hilary und Dave.«

Ihre vorherigen Pflegeeltern.

»Wissen sie, dass du es genommen hast?«

Sie schüttelte dreist den Kopf, als wäre sie bei einem Spiel ertappt worden. Ich konnte nicht wirklich mit ihr schimpfen. Eher war ich darüber verärgert, dass die Pflegeeltern ihr Zugang dazu erlaubt hatten. Ich hatte aus meinen früheren Erfahrungen gelernt, dass es unzählige Gefahren in sich barg, wenn man ein Kind auch nur für fünfzehn Sekunden in der Küche allein ließ. Bei mir hatte einmal ein Teenager gewohnt, der sich selbst verletzte, aber ich hatte nie von einem Kind in Jodies Alter gehört, das so etwas tat. Wenn Kinder zu Hause körperlich misshandelt oder missbraucht werden, kann es sein, dass sie ihren Körper nur sehr wenig achten. Sie sind dann oft unbedacht, wenn es darum geht, sich zu verletzen. Absichtliches Verletzen tritt recht selten auf, in der Regel nur bei Teenagern. Ich hatte noch nie von einer Achtjährigen gehört, die sich absichtlich mit einem Messer ritzte. Ich war sehr beunruhigt.

»Hast du sonst noch was mitgenommen?«, fragte ich behutsam.

Sie schüttelte verärgert ihren Kopf, aber ich untersuchte ihr Zimmer trotzdem. Dann machte ich ihr Bett neu.

»Na los, klettere rein. Wir reden morgen früh darüber.«

Sie schüttelte verärgert den Kopf. »Spielplatz«, verlangte sie. »Ich will zum Spielplatz. Du hast's gesagt.«

»Es ist mitten in der Nacht, Jodie. Wir gehen morgen. Niemand geht auf den Spielplatz, wenn es dunkel ist. Alle Tore sind geschlossen.«

»Dann mach sie auf!«

»Das kann ich nicht. Ich hab doch keinen Schlüssel dafür.« Wie absurd dieses Gespräch war! »Jodie, geh zu Bett und schlaf, bevor du mir das ganze Haus aufweckst.«

»Nein. Ich will nicht.« Sie ging zur Tür.

Ich umfing sie um die Taille und zog sie sanft zu mir herüber. »Komm schon, gutes Mädchen, ich erzähl dir eine Geschichte. Wir gehen morgen früh auf den Spielplatz. Wenn es hell ist.«

Sie wehrte sich einen Augenblick lang, dann ließ sie sich gegen mich fallen. Ich half ihr ins Bett und zog die Bettdecke bis hoch unter ihr Kinn. Nachdenklich betrachtete ich den kleinen Kopf auf dem Kissen. Blondes Haar fiel ihr ins Gesicht. Ich setzte mich auf das Bett und strich über ihre Stirn, bis ihre Züge sich entspannten. »Jodie, es muss dir innen drin sehr wehtun, wenn du dich selbst verletzt. Gibt es irgendwas, was du mir sagen willst?«

Aber ihre Augenlider waren schon schwer vom Schlaf. »Geschichte«, murmelte sie. »Drei kleine Schweinchen.«

»In Ordnung.« Und ich fuhr fort, ihre Stirn zu streicheln, und begann die Geschichte zu erzählen, die ich inzwischen auswendig konnte. Ihre Augen fielen zu, und ihr Atmen wurde tiefer. Ich küsste sie auf die Wange, dann ging ich leise aus dem Zimmer und schloss die Tür.

Um fünf wurde ich durch ein lautes Krachen geweckt. Ich schlüpfte schnell in meine Schlappen und den Morgenmantel und stolperte zur Tür, noch ganz verschlafen. Ich klopfte schnell und trat ein. »Jodie! Was machst du denn da?«

Sie war auf und hatte sich angezogen, hielt einen Fußball in der Hand und hatte den Inhalt ihrer Schubladen auf dem Boden verteilt.

»Räum das auf«, sagte ich verärgert. »Du kannst hier drin nicht mit dem Ball spielen.

»Kann ich doch.« Sie presste den Ball schützend an die Brust.

Ich trat auf sie zu, um ihr den Ball wegzunehmen, aber sie

hielt ihn nur noch fester. Ich war über mich selbst verärgert, denn ich hätte wissen müssen, dass sie dadurch nur noch mehr in die Defensive gehen würde. Also änderte ich meine Taktik. »Okay, Jodie. Leg das zurück und geh wieder ins Bett. Wenn du nicht schlafen kannst, dann bleib ruhig liegen und schau dir ein Buch an. Ich gebe dir Bescheid, wenn es Zeit ist zum Aufstehen.«

Ich wartete nicht auf eine Antwort, sondern ging raus und schloss die Tür. Dadurch, dass ich eine volle Konfrontation vermieden hatte, hoffte ich, dass sie tun würde, worum ich sie gebeten hatte. Ich wartete und horchte. Es wurde still im Zimmer, und ich ging zurück und setzte mich an die Kissen gelehnt auf mein Bett. Fünf Minuten vergingen, dann hörte ich, wie eine Tür aufgemacht wurde und dann eine weitere. Ich rannte nur im Nachthemd den Treppenabsatz entlang und sah, dass Adrians Tür offen war. Als ich hinlief, sah ich noch, wie sie versuchte, zu ihm ins Bett zu klettern.

»Jodie! Komm weg da«, rief ich. »Nicht hier drin.«

Ich hob sie hinunter. Sie war ein kräftiges Mädchen und schwer und half in keiner Weise mit. Adrian stöhnte und drehte sich um. Ich legte meine Hände unter ihre Arme und zwang sie auf den Treppenabsatz. Sie ließ sich auf den Boden fallen, verschränkte ihre Arme und setzte ein trotziges Gesicht auf. Ich atmete tief durch und kniete mich neben sie.

»Jodie, du kannst hier nicht sitzen bleiben, Liebes. Komm in dein Zimmer, wir machen den Fernseher an. Die anderen schlafen alle noch.«

Sie dachte einen Moment darüber nach, dann ging sie auf alle viere und fing an, in Richtung ihres Zimmers zu krabbeln. Ihre Hände und Füße stampften auf dem Boden. Ich folgte ihr hinein und war erleichtert, wenigstens so viel Kooperation zu bekommen. Drinnen saß sie im Schneidersitz auf dem Boden und starrte erwartungsvoll auf den leeren Bildschirm. Ich schaltete den Fernseher an und zappte durch die Kanäle. Es war selbst für das Kinderprogramm noch zu früh, aber Fußball schien sie zu interessieren.

»Mach es nicht zu laut«, flüsterte ich, »dann weckst du die anderen nicht.«

Ich wickelte die Bettdecke um ihre Schultern, dann ging ich in mein Zimmer zurück, um meinen Morgenmantel und meine Schlappen zu holen. Ich hätte jetzt ohnehin nicht mehr schlafen können – meine Gedanken rasten durch meinen Kopf, und mein Kopf war voll mit all dem, was passiert war.

Ich machte mir einen Kaffee und nahm ihn mit ins Wohnzimmer. Jodies Zimmer war direkt darüber, und alles war still. Ich saß auf dem Sofa, lehnte meinen Kopf zurück und trank in kleinen Schlucken. Auf einmal wurde die Stille von einer lauten Männerstimme durchdrungen. Ich schnaufte – der Lärm würde das ganze Haus aufwecken. Schnell rannte ich nach oben in Jodies Zimmer und machte instinktiv den Fernseher aus.

»Es ist meiner«, schrie das Mädchen und warf sich auf mich, ihre Hände zu Krallen geformt. »Ich will ihn. Verschwinde! Verschwinde aus meinem verfickten Zimmer!«

Ich fasste sie bei den Schultern und hielt sie eine Armeslänge auf Abstand. »Jodie, beruhig dich und hör mir zu. Ich hab dir gesagt, dass du auf leise stellen sollst. Die anderen schlafen alle noch, und du wirst sie mit dem Lärm aufwecken. Wenn du dich beruhigt hast, machen wir den Fernseher wieder an. Verstehst du?«

Sie sah mich an. »Ich will den Fernseher.«

»Ich weiß, aber Schreien und Fluchen wird ihn nicht wieder anmachen.«

Sie setzte sich erneut im Schneidersitz auf den Boden, und

ich machte den Fernseher an. Ich steckte die Fernbedienung in meine Tasche und ging zurück ins Wohnzimmer. Dort setzte ich mich hin und gähnte, als die Sonne zu einem frischen Frühlingsmorgen aufging. Die erste gemeinsame Nacht war überstanden.

6

Ein sehr verstörtes Kind

»Du darfst nicht boxen, nicht treten, nicht beißen und nicht schubsen«, sagte ich zum dritten Mal an diesem Vormittag. »Nicht Lucy, nicht Paula, nicht mich, keinen. Es tut weh. Es ist böse. Verstehst du?«

Sie sagte nichts. Es war fast halb zwölf, Samstag, der Tag nach ihrer Ankunft, und die Mädchen kamen nach wochenendlichem Ausschlafen herunter. Lucy wurde von Jodie mit einem Tritt begrüßt.

»Ich will es dir nicht noch einmal sagen müssen, Jodie. Hab ich mich klar ausgedrückt?«

Sie zog eine Schnute und stapfte den Flur hinunter.

»Es tut mir leid, Lucy«, tröstete ich. Lucy zuckte die Schultern. Wir wussten alle, dass man, was Jodies bösartiges Verhalten betraf, nicht viel machen konnte, außer immer wieder zu sagen, dass es schlecht war und dass sie es nicht tun durfte.

Einen Moment später kam Jodie zurück und boxte mit geballten Fäusten in die Luft. »Die waren's! Ich tret euch alle tot! Verschwindet! Ich hasse euch alle!«

Ihre Augen blitzten, als sie versuchte, Paula zu treten, die jedoch geschickt auswich. Ich ging auf sie zu und musste ebenfalls einem Tritt ausweichen. »Jodie«, sagte ich leise. »Jodie. Beruhige dich und komm her.«

Sie schrie, dann sank sie auf die Knie und begann, ihr Gesicht und ihren Kopf heftig mit Schlägen zu malträtieren. Sie wollte sich unbedingt wehtun. Als Jodie ihren Kopf mit den Fäusten bearbeitete, kniete ich mich hinter sie, hielt ihre Arme fest und kreuzte sie vor ihrem Körper. Sie schrie immer noch und trat um sich, aber mit ihren verschränkten Armen konnte sie weder sich selbst noch mir wehtun. Ich hielt sie eng an mich gepresst, sodass ihr Rücken sich gegen meine Brust lehnte. Das Schreien und Um-sich-Treten erreichte seinen Höhepunkt und ließ schließlich nach. Ich wartete geduldig, bis sie sich beruhigt hatte, entspannte dann langsam meinen Griff.

»Okay?«, fragte ich sanft, bevor ich sie losließ.

Sie nickte und drehte ihr Gesicht zu mir herum. Wir saßen beide noch auf dem Boden. Ihre Wangen waren rot und fleckig, und sie sah überrascht aus, wahrscheinlich, weil ich ihre Wut gebändigt hatte, statt mich in ein anderes Zimmer zu flüchten. Einen Moment später half ich ihr hoch und nahm sie mit in die Küche, wo ich ihr Gesicht feucht abwischte und ihr etwas zu trinken gab. Sie war jetzt ruhig – ruhiger, als ich sie seit ihrer Ankunft gesehen hatte. Ich hoffte, dass sie sich da durchgearbeitet hatte.

Paula kam in die Küche zurück. »Jodie, möchtest du ein Puzzle mit mir machen?«, fragte sie ganz nebenbei.

»Das ist eine wunderbare Idee«, sagte ich, erstaunt über Paulas Widerstandsfähigkeit und Großzügigkeit. Sie verstand, dass Jodies gewalttätiges Verhalten nicht gegen sie persönlich gerichtet war. Jodie wollte gegen die ganze Welt ausschlagen, weil sie innerlich so verletzt war. Und wer auch immer ihren Weg kreuzte, würde ihren Schmerz abbekommen. Paula konnte das spüren und war bereit, zu vergessen und ihr ihre Freundschaft und dazu noch ihre Zeit zu schenken. Ich war sehr stolz auf sie.

»Sollen wir zum Schrank gehen und eins aussuchen?«, fragte Paula.

Wir fanden schließlich ein Puzzle und gingen ins Wohnzimmer, wo Paula und Jodie sich niederließen, um das Spiel zusammenzusetzen. Ich ließ sie gewähren und kehrte in die Küche zurück, um das Mittagessen vorzubereiten. Von dort konnte ich hören, wie Paula vorschlug, wo die Teile hinpassten, und hörte Jodie antworten: »So ist es richtig, Kleine. Du kannst das.« Sie war wie eine kleine alte Frau, aber wenigstens verhielt sie sich Paula gegenüber korrekt.

Durch ihre kurze Aufmerksamkeitsspanne dauerte es nicht lang, bis Jodie sich langweilte. Also legte Paula Papier auf den Küchentisch und versuchte ihr dabei zu helfen, etwas zu malen, während ich einen Tee machte. Jodie konnte kaum den Pinsel halten. Dass man von realen Dingen ein Bild zeichnen konnte, verstand sie offenbar überhaupt nicht.

»Was malst du, Jodie?«, fragte Paula.

»Dunkel.«

»Ist es ein Schaf oder ein Pferd? Es sieht ein bisschen aus wie ein großes Pferd.«

Jodie antwortete nicht und fuhr fort mit ihrem unbeholfenen Projekt.

»Vielleicht könntest du den Himmel mit einem schönen Blau malen?«

»Nein. Schwarz«, sagte Jodie.

Trotz Paulas Ermunterung fuhr Jodie damit fort, nur große dunkle Flecken zu malen, und hatte nicht das geringste Interesse an anderen Farben und keinerlei erkennbares Verlangen danach, dass das Bild irgendetwas darstellen sollte. Ich hatte das schon mal gesehen: Kinder, die missbraucht wurden und sehr verletzt sind, benutzen oft dunkle Farben. Es ist, als hätten ihre Sinne sich ausgeschaltet und sie nähmen nichts mehr wahr in der Welt, sodass sie Farben und Formen nicht so sehen wie normale Kinder.

Wir aßen relativ ruhig zu Mittag, obwohl es sich für mich

mehr wie Abendessen anfühlte, da ich schon so lange wach war. Der Friede dauerte bis in den Nachmittag, und ich dachte, dass jetzt ein guter Augenblick sei, ein Foto von Jodie zu machen, wie es für die Dokumente vom Sozialamt gebraucht wurde. Ich holte meine Kamera und erklärte Jodie, warum ich das Bild machen wollte.

»Ist es okay, wenn ich ein Foto mache, Liebes?«, fragte ich. Es war wichtig, Jodie so viel Kontrolle wie möglich zu geben, um ihr Gefühl von Stabilität und Sicherheit zu stärken.

Sie zuckte die Schultern, was ich als Zustimmung deutete. Paula rutschte zur Seite, sodass ich nur Jodie im Bild hatte. Ich schaute durch die Linse, setzte ihren Kopf und ihre Schultern in den Rahmen gegen die Wand und zentrierte sie im Bildsucher.

»Du darfst lächeln, Jodie«, sagte ich. Sie sah sehr ernst aus.

Ich sah ihren Mund sich zu einem beklemmenden Grinsen verziehen, dann kam ein Arm hoch, und sie verschwand aus meinem Blick. »Sehr witzig, Jodie. Komm schon, steh still.« Ich schaute immer noch durch die Linse, als ihr anderer Arm hochschnellte und damit auch ihr Pullover.

Ich ließ die Kamera sinken. »Jodie, was machst du da?«

»Ich ziehe mich aus.«

»Warum?«, fragte Paula und zog Jodies Pulli schnell wieder runter.

Sie antwortete nicht. Sie starrte mich an, aber sie war nicht trotzig, also machte ich schnell das Foto und schloss die Kamera. »Jodie, wir ziehen für ein Foto eigentlich nicht unsere Kleider aus«, sagte ich. »Warum hast du das gemacht?«

Sie nahm ein Puzzleteil auf und versuchte es zu platzieren. »Will es so«, sagte sie, ihre Stimme senkend. »Will es so. Meine Kleider.«

»Ich weiß, Liebes, aber warum ziehst du dich für ein Foto aus? Ich habe dich nicht darum gebeten.«

Sie drehte sich zu Paula um. »Hilfst du, Mädchen, oder nicht?«

Ich lächelte Paula an und nickte ihr zu, weiterzumachen. Dann ging ich zum Aktenschrank unter der Treppe und schloss ihn auf. Ich wollte aus Jodies Verhalten keine falschen Schlüsse ziehen, aber ich machte eine Notiz im Logbuch. Ich nahm das Tagebuch, das die Pflegeagentur mir gegeben hatte, aus dem Schreibtisch und setzte mich hin, um alles, was bisher passiert war, zu notieren. Im Logbuch stehen tägliche Berichte über den Fortschritt des Kindes; es wird von allen Pflegeeltern geführt. Es dient dazu, die Sozialarbeiter auf dem Laufenden zu halten und den Fortschritt des Kindes zu beobachten, und es wird in Sorgerechtsverhandlungen vor Gericht manchmal als Beweismaterial herangezogen. Ich war gewissenhaft darin, es stets auf dem neuesten Stand zu halten, denn ich wusste nur zu gut, wie ein Vorfall sich mit einem anderen vermischen konnte und wie gestörte Nächte nach einer Weile alle gleich erschienen. Details waren wichtig: Nur mit sorgfältigen Notizen würde sich langsam ein Verhaltensmuster herauskristallisieren. Ich machte eine Notiz von den exakten Ereignissen: die Selbstverletzung während der Nacht und die seltsame Distanziertheit; das Ausschlagen gegen andere Leute und die heftigen Wutanfälle, begleitet von Jodies Wunsch, sich selbst wehzutun; und das seltsame beunruhigende Verhalten beim Fotografieren. Warum hatte sie angefangen, sich auszuziehen?

Ich war wirklich entschlossen, keine voreiligen Schlüsse zu ziehen. Ich musste Jodie im Augenblick so akzeptieren, wie sie war, und dann sehen, was sich aus dem Muster ihres Verhaltens ergab. Dennoch fühlte ich mich unwohl und fand es hilfreich, das zu Papier bringen zu können.

Meine anderen beiden Kinder waren an diesem Tag außer Haus; so wechselten Paula und ich uns damit ab, Jodie am

Nachmittag zu beschäftigen, aber trotz alledem und aus keinem ersichtlichen Grund steigerte sie sich in einen weiteren heftigen Wutanfall hinein. Ich erlaubte ihr eine Weile, sich auszutoben, in der Hoffnung, dass er abebben würde. Als dem nicht so war und das schrille Geschrei nicht mehr auszuhalten war, nahm ich sie wie zuvor in meine Arme, bis sie sich beruhigt hatte. Später machte ich eine weitere Notiz in dem Logbuch über Jodies unkontrolliertes Verhalten. Ich würde viel zu schreiben haben.

Unser erstes Wochenende mit Jodie war eine ermüdende und beunruhigende Erfahrung. Obwohl keiner von uns etwas sagte, war es doch klar, dass wir alle das Gleiche dachten. Aber es war noch zu früh; wir wussten alle aus Erfahrung, dass Kinder sich nach einer stürmischen Anfangszeit ganz gut einlebten.

»Sie hat große Schwierigkeiten«, sagte ich zu Jill, als diese am folgenden Montag anrief, um zu hören, wie sich die Sache entwickelt hatte. Ich erzählte ihr von den Selbstverletzungen und den heftigen, aggressiven Wutausbrüchen.

»Ja, das ist nicht gut«, sagte Jill. »Es ist ein sehr verstörendes Verhalten, besonders bei einem so jungen Kind. Glaubst du, dass du mit ihr fertig werden kannst?«

»Ich bin fest entschlossen, es zu versuchen«, sagte ich. »Sie ist ja kaum fünf Minuten hier. Ich will ihr so viele Chancen wie möglich geben. Außerdem wussten wir von Anfang an, dass es nicht leicht sein würde, sie zu bändigen, und deshalb sollten wir jetzt auch nicht überrascht sein, wenn sie zu Beginn eine Herausforderung ist. Ich führe jedoch detaillierte Notizen über alles, was passiert.«

»Gut. Wir müssen es einfach beobachten und sehen, wie es sich entwickelt. Du bist definitiv am geeignetsten, um mit ihr zusammen zu sein. Solange du zufrieden bist, weiß ich, dass sie in sicheren Händen ist.«

Ich horchte, was Jodie machte – sie schaute sich ein *Tiny-Tots*-Video an –, und dann ging ich mit Jill mein Logbuch durch und suchte nach etwas Positivem. »Sie isst gut. Ehrlich gesagt verschlingt sie das Essen geradezu. Ich muss ihre Portionen verkleinern. Gestern wurde ihr fast schlecht. Abgesehen von ihrem gesunden Appetit, spricht im Augenblick leider nicht viel für sie.«

»Glaubst du, sie kann innerhalb der Familie zur Räson gebracht werden, Cathy? Wenn nicht, wird das Amt sich nach einer Therapieeinheit umsehen müssen, und davon gibt es nicht viele. Ich vertraue gänzlich deinem Urteil.«

Ich nahm das Kompliment dankbar an, aber es war nur ein kleiner Trost. Schon jetzt war ich erschöpft. Ich machte mir Sorgen darüber, ob ich das würde durchstehen können, und die Aussicht auf ein Versagen, bevor ich richtig angefangen hatte, war nicht förderlich für meine Ausdauer. »Morgen hat sie Elternkontakt, und die Hauslehrerin kommt nächste Woche für ein paar Stunden. Vielleicht hilft ein bekanntes Gesicht, damit sie sich besser einlebt. Sie hat diese Hauslehrerin seit September.«

»Okay, Cathy, wir werden sehen, wie sich die Dinge entwickeln. Ich gebe Eileen Bescheid. Was machst du heute mit ihr?«

»Einkaufstherapie. Tesco sei Dank.«

Jill lachte. »Ich würde einen breiten Parkplatz wählen.«

Wie sich zeigte, liebte Jodie Einkaufen, ganz im Gegensatz zu den anderen Familienmitgliedern, für die es nichts Schlimmeres gab als eine Tour zum Supermarkt. Jodie war ganz in ihrem Element, als sie den Einkaufswagen die Gänge auf und ab schob und mir sagte, was wir einpacken sollten und was nicht. Sie war so enthusiastisch bei der Sache, dass ich ihren Eifer bändigen und ein paar Sachen wieder zurückstellen musste.

Das war nicht ungewöhnlich; Kinder in Pflege glauben oft, dass all ihre Probleme mit einem unerschöpflichen Geldbeutel zu lösen sind. Auch meine bisherigen Pflegekinder hatten häufig ein verzweifeltes Verlangen nach materiellen Dingen gehabt. In der häuslichen Umgebung, aus der sie kamen, war das Geld oft knapp, und wenn doch mal welches da war, wurde es häufig für Alkohol, Drogen oder Zigaretten ausgegeben. Als ich damit anfing, kleine Leckereien für meine Pflegekinder zu kaufen, fanden sie das oft sehr aufregend und mochten es: Mit Süßigkeiten hatten die meisten sehr wenig Erfahrung. Aber ich musste immer vorsichtig auf ihre Erwartungen einwirken, da sie schnell dazu neigten, fordernd zu werden, und annahmen, dass sie alles bekamen, was sie wollten. Bei Jodie verhielt es sich jedoch anders; nach ihrem Gepäck und ihrem Gewicht zu schließen, war sie es gewohnt, zu bekommen, was sie forderte. Ich hoffte, dass es nicht zu einem Problem ausarten würde, wenn ich sie auf ein angemessenes Maß einschränkte, aber die Erfahrung hatte mich schon gelehrt, dass ich einen schweren Kampf zu erwarten hatte.

»Drei Packungen Frühstücksflocken sind zu viel«, sagte ich. »Such dir eine Sorte aus, und wir stellen die anderen zurück.«

Sie wollte natürlich alle haben und alle Packungen Kekse und jedes Dessert aus dem Eisfach, sodass ich genauso viel Zeit damit verbrachte, Sachen aus dem Wagen herauszunehmen, wie damit, sie hineinzugeben, aber Jodie war wenigstens beschäftigt und zufrieden.

Ich brauchte zwei Stunden für den Wocheneinkauf, und als wir endlich die Kasse erreicht hatten, entdeckte Jodie die Süßigkeiten, die verführerisch bei der Kasse platziert waren. Ich begann den Wagen auszuleeren und sagte ihr, dass sie sich eine Tafel Schokolade als Leckerei aussuchen könnte, weil sie so lieb gewesen war und geholfen hatte.

»Eine«, wiederholte ich, als die Tüten mit Süßigkeiten in den

Wagen flossen. Aber ich konnte sehen, dass die bisherige Kooperation schnell ein Ende fand. »Nimm die Schokoladenbonbons, die magst du doch.«

»Will alle haben!«, schrie sie und setzte sich trotzig auf den Boden.

Die Frauen, die sich hinter mir anstellten, waren von meinen Erziehungsfähigkeiten nicht sonderlich beeindruckt und warfen mir einen dieser ganz speziellen Blicke zu. Ich begann, die letzten Sachen auf das Band zu geben, inklusive der Bonbons, und legte die anderen Süßigkeiten in das Regal zurück. Dabei beobachtete ich Jodie aus dem Augenwinkel. Ihre Wut wuchs, als sie ihre Beine übereinanderschlug, ihre Arme verschränkte und ein spöttisches Gesicht aufsetzte. Sie trat gegen den Wagen, sodass er mir in die Seite stieß. Ich biss die Zähne zusammen und tat so, als würde es nicht wehtun. Dann zog ich den Wagen durch den Kassengang und stellte ihn ans andere Ende, um die Einkaufstaschen hineinzustellen.

»Hilfst du mir beim Einpacken?«, fragte ich, um sie abzulenken. »Du hast so gut geholfen vorhin, und ich könnte deine Hilfe auch jetzt brauchen.«

Aber sie weigerte sich, mich anzusehen, und ich begann mich zu fragen, wie ich sie aus dem Gang herauslocken sollte. Doch ich war entschlossen, dass sie nicht bekommen sollte, was sie wollte, nur weil sie eine öffentliche Szene machte.

»Will diese Süßigkeiten nicht«, brüllte sie auf einmal. »Mag sie nicht.«

Ich blickte sie an. »Schrei bitte nicht. Ich habe gesagt, du kannst dir eines aussuchen, aber beeil dich bitte. Wir sind fast fertig.«

Die Leute starrten nun ganz ungeniert zu uns herüber. Die störrische Jodie zog sich nach oben, wählte eine Familienpackung Bonbons und warf sie der Kassiererin zu.

»Jodie!« Ich drehte mich zur Kassiererin um, die vielsagende Blicke mit der Dame hinter mir tauschte. »Es tut mir leid.« Ich bezahlte, und wir gingen.

Draußen ignorierte ich Jodies Schreien nach den Süßigkeiten und schob den Wagen bis fast vors Auto. Dann öffnete ich die Türen und schnallte sie an. »Bleib hier, während ich die Tüten in den Kofferraum stelle. Ich bin verärgert, Jodie. Das war sehr ungezogen.«

Ich beobachtete sie durch das hintere Fenster. Ihr Kiefer war zusammengepresst, als sie zu sich selbst sprach und auf den Sitz neben sich eintrommelte. Ich konnte gut nachvollziehen, wie sie sich fühlte; auch mir war danach, auf den Sitz einzuschlagen. Ich hatte eine ermüdende Erfahrung mit ihr gemacht, und mir blieb nur, mich auf noch mehr Stürme und Hysterie vorzubereiten. Doch wenn ich ihren Wutausbrüchen nachgab, würde das auf die Dauer weder ihr noch mir helfen.

Ich brachte den Wagen weg und kletterte dann auf den Fahrersitz.

»Gib mir die Süßigkeiten«, grollte Jodie. »Will sie sofort.«

»Du bekommst sie, wenn du dich beruhigt und dich entschuldigt hast, Jodie. Dieses Benehmen in der Öffentlichkeit kann ich nicht dulden.«

»Gib sie mir, oder ich kacke auf den Rücksitz«, drohte sie.

»Wie bitte? Das wirst du ganz bestimmt nicht tun!« War sie tatsächlich bereit, sich in die Hosen zu machen, wenn ich ihr nicht gab, was sie wollte? War es das, was am ersten Tag passiert war? Versuchte sie damit ihren Willen durchzusetzen? Keine Angst, keine schlechte Darmbeherrschung? Obwohl ich den Schmutz nicht auf dem Rücksitz wollte, war ich nicht bereit, ihrer Erpressung nachzugeben.

»Jodie, wenn du den Sitz absichtlich beschmutzt, wirst du den ganzen Tag lang keine Süßigkeiten bekommen. Du kannst dich nicht so anstellen und erwarten, dass du alles kriegst, was du willst. Ich bin mir sicher, dass das auch bei deinen anderen Pflegeeltern nicht so funktioniert hat.«

»Hat es aber doch. Alles. Ich habe sie dazu gezwungen.«

Ich startete den Wagen und fuhr zur nächsten Ausfahrt. Ich bezweifelte nicht, dass es stimmte, was sie da sagte. Wenn man Jodies Verhalten bedenkt, war es kein Wunder, dass alle nachgaben, nur um sie ruhig zu halten. So hatte sie wahrscheinlich die Berge an Kleidung und Spielsachen angesammelt, mit denen sie angekommen war. Ich spähte in den Rückspiegel. Sie streckte die Zunge raus, und dann begann sie gegen meinen Sitz zu treten.

»Jodie, ich weiß, dass das eine harte Lehre ist, Liebes, aber wenn du ungezogen bist, bekommst du nicht, was du willst. Genau das Gegenteil wird passieren, das kann ich dir sagen.«

»Ich hatte zu Hause alles, was ich wollte«, sagte sie plötzlich verständlicher.

»Wirklich?«, antwortete ich unbeeindruckt.

»Ich hab sie dazu gezwungen. Weil ich sonst petze.«

Ich zögerte. »Was würdest du denn petzen?«

Eine große Stille. »Nichts. Kann ich jetzt meine Süßigkeiten haben, Cathy? Tut mir leid. Es kommt nicht mehr vor.«

»Okay, sobald wir zu Hause sind.«

Als wir nach Hause kamen, sagte mir der üble Geruch, der vom Rücksitz aufzog, dass sie ihre Drohung wahrgemacht hatte. Eine weitere Verabredung mit der Dusche stand uns bevor, sobald wir im Haus waren.

7

Kontakt

»Haben die anderen Pflegeeltern irgendwas über Defäkation als Druckmittel erwähnt?«, fragte ich Eileen, Jodies Sozialarbeiterin, als sie am nächsten Tag anrief. Es war unser erstes Gespräch seit dem Vorplatzierungsgespräch, und ich war froh, von ihr zu hören. Ein guter Sozialarbeiter kann in einem Fall viel bewirken, und ich hoffte, dass Eileen und ich gut zusammenarbeiten würden. »Sie droht damit, in die Hosen zu machen, wenn sie nicht bekommt, was sie will, und sie hat es auch schon zweimal gemacht. Das erste Mal dachte ich, es sei Nervosität, aber das letzte Mal geschah es im Auto, als ich ihr nicht die Süßigkeiten gekauft habe, die sie wollte. Sie drohte, sich auf dem Rücksitz zu beschmutzen, und hat das dann auch gemacht.«

Eileen hielt kurz inne, und ich war mir sicher, dass die Antwort Ja sein würde, wenn auch sicherlich eingeschränkt. Jodies Modus Operandi war zu ausgeklügelt, als dass sie erst bei mir damit angefangen hätte. Die Drohung mit der Defäkation war für sie sicherlich schon eine ganze Weile ein probates Mittel der Erpressung.

»Kann sein, dass da diesbezüglich etwas in ihrer Akte steht. Warum? Ist das ein Problem?«

Wenn ein Kind damit droht, sich zu beschmutzen, wenn es nicht bekommt, was es will, und dass es diese Drohung dann auch umsetzt ... dass eine Sozialarbeiterin das *nicht* als Problem sah, brachte mich fast zum Lachen. Ich konnte die Sorge in

Eileens Stimme hören, dass ich kurz davor wäre, Jodie wieder abzugeben. Irgendwie schien sie zu denken, ich würde überreagieren. Wiederholtes Beschmutzen mochte keine große Sache für sie sein, aber sie musste es ja auch nicht wegputzen.

»Wenn ich die Bedürfnisse des Kindes befriedigen soll«, antwortete ich, »ist es wichtig, dass ich die richtigen Informationen erhalte. Könnten Sie das bitte überprüfen und mir dann berichten?«

»Ich schaue in der Akte nach«, sagte sie, aber ich bezweifelte, dass sie es tun würde. Wenn sie sich bislang nicht damit auseinandergesetzt hatte, gab es keine Notwendigkeit, dies jetzt zu tun, da Jodie nun bei mir war. Ich wusste aus langjähriger Erfahrung, wie so was ablief.

Eileen wechselte das Thema. »Kontakt ist für morgen bestätigt worden«, sagte sie mit dem Fachbegriff für ein Treffen zwischen einem Kind und seinen biologischen Eltern. »Die Begleitung wird um sechs kommen, um sie abzuholen, wenn das okay ist.«

»Das geht in Ordnung. Aber warum so spät?«

»Jodies Vater kann nicht früher aus der Arbeit kommen, und er besteht darauf, sie zu sehen. Bis jetzt hat er noch keinen Termin verpasst.«

Ich konnte Eileens Schlussfolgerung heraushören. Ihrer Meinung nach war das ein klarer Beweis für seine Bindung und für eine starke Zuneigung zwischen Vater und Tochter. Wenn in den nächsten paar Monaten alles gut ging und Jodies Eltern ihr Leben ordnen konnten, dann standen die Chancen gut, dass Jodie zu ihnen zurückkehren würde. In der Regel versucht das Sozialamt, Familien zu rehabilitieren, soweit möglich. Die endgültige Entscheidung würde ein Familienrichter fällen.

»Gab es sonst noch was?« Eileen fragte deutlich in der Hoffnung, dass das alles gewesen war.

»Ihr Verhalten ist wie berichtet.« Ich hatte ihr alles mitgeteilt, was vorgefallen war, wie zuvor auch schon Jill, aber Eileen schien überhaupt nicht auf die Berichte von Selbstverletzung, heftigen Wutanfällen oder die anderen Dinge zu reagieren. Es machte mich ganz mutlos, dass Jodie nicht die Unterstützung von ihr bekommen würde, die ich mir erhofft hatte. »Wollen wir hoffen, dass wir eine Veränderung bewirken können«, beendete ich das Gespräch.

Am nächsten Vormittag wurde ich um fünf Uhr früh von Jodies Stampfen auf der Treppe geweckt. Ich gewöhnte mich so langsam an die gestörte Nachtruhe – sie weckte mich mehrmals in der Nacht auf und schien Albträume zu haben. Und dann waren da noch die unverändert frühen Tagesanfänge. Ich hatte das Gefühl, dass dies mit Jodie zum Muster werden würde. Generell ist es so: Je verstörter Kinder sind, desto schwieriger sind ihre Nächte und desto früher stehen sie morgens auf. Manchmal kann das daher rühren, dass sie es gewohnt waren, die Pflege von jüngeren Geschwistern zu übernehmen und oft ihre Eltern morgens wecken und das Frühstück für die Familie zubereiten mussten. In anderen Fällen ist das so, weil sie in ständiger Alarmbereitschaft und somit nicht dazu fähig sind, viele Stunden durchzuschlafen, weil ihr Überlebensmechanismus immer auf der Hut ist. So war es nicht überraschend, dass Jodie schon im Morgengrauen auf war.

Ich sprang aus dem Bett und folgte ihr zügig. Das Letzte, was ich wollte, war, dass sich Jodie unbeaufsichtigt in der Küche aufhielt. Ich konnte sie dazu bewegen, wieder ins Bett zu gehen, aber dort hielt es sie nicht lange. Und so wiederholte es sich: Jedes Mal, wenn ich glaubte, sie hätte sich dort beruhigt, war sie ein paar Minuten später wieder auf. Beim dritten Mal war ich hellwach, und es war sinnlos, wieder ins Bett zu gehen. Ich saß im Wohnzimmer und versuchte zu lesen, immer mit einem Ohr horchend, was Jodie machte.

Ein paar Stunden später hörte ich, wie Paula aufstand, Lucy kurz darauf und dann Adrian.

Ich hatte mich darangemacht, das Frühstück zuzubereiten, als ich Jodie plötzlich schreien hörte. Ich lief nach oben und fand Paula in der Tür zum Bad stehend mit nicht mehr als einem Handtuch um sich herumgewickelt, während Jodie auf dem Treppenabsatz stand und sie bedrohlich anstarrte.

»Was um Himmels willen ist hier los?«, fragte ich.

»Ich versuche vorbeizukommen, aber sie tritt mich andauernd«, antwortete Paula, offensichtlich frustriert und verletzt.

Daraufhin fing Jodie an zu schreien und hämmerte mit ihren Fäusten und Füßen auf die Dielen. Ich wartete, bis sie sich beruhigt hatte, dann ging ich hinüber und hob sie sanft auf ihre Beine und führte sie zur Treppe.

»Komm schon, Jodie, du kannst mir beim Frühstückmachen helfen. Du musst doch schon hungrig sein.«

Sie weigerte sich zuerst, folgte mir dann aber doch nach unten, wahrscheinlich weil sie meinte, dass sie die Schlacht gewonnen hatte. Paula konnte sich nun in Ruhe fertigmachen.

Unten willigte Jodie ein, den Tisch zu decken, während ich den Wasserkessel anstellte und vier Tassen vorbereitete. Sie war schon sehr nervenaufreibend gewesen heute früh, aber als ich ihr dabei zusah, wie sie den Tisch deckte, bestätigte mir das, wie schwer ihr Leben bisher gewesen war. Sogar bei dieser einfachen Arbeit waren Jodies Einschränkungen deutlich zu erkennen. Sie konnte das Besteck nicht richtig halten, weil ihre Motorik schwach ausgeprägt war; stattdessen presste sie alles an ihre Brust. Wie nicht anders zu erwarten, fiel ihr einer der Löffel auf dem Weg zum Tisch zu Boden. Sie stöhnte frustriert, dann warf sie den Rest des Bestecks einfach auf den Tisch, dass es nur so schepperte. Sie hob den Irrläufer vom Boden auf, leckte ihn auf beiden Seiten ab, wischte ihn am Ärmel trocken und fuhr fort, den Tisch zu decken.

Ihre Unbeholfenheit überraschte mich keineswegs. Schlechte Motorik und Koordination waren auf Entwicklungsverzögerungen zurückzuführen. Ich war keine Expertin, aber ich wusste, dass die fehlende Stimulation eines Kleinkindhirns schwere Folgen für das Wachstum und die Entwicklung haben kann. Schon das Halten einer Rassel hilft einem Baby dabei, zu lernen, wie die Welt funktioniert, und lehrt es die Muskeln und das Gehirn zu aktivieren, damit es seine Umgebung besser meistern kann. Später helfen das Lesen von Büchern und das Lösen von Puzzles dem Gehirn dabei, weiterzuwachsen und zu lernen. Obwohl ich keine voreiligen Schlüsse darüber ziehen wollte, was in Jodies Vergangenheit passiert war, konnte ich nicht umhin zu denken, dass Vernachlässigung und fehlende Stimulation zu ihrer akuten Fehlkoordinierung und Unbeholfenheit beigetragen hatten. Es war jedenfalls nicht das erste Mal, dass ich so etwas erlebte, allerdings noch nie so ausgeprägt.

»Gut gemacht, Jodie«, sagte ich mit übertriebenem Enthusiasmus. »Du bist eine große Hilfe.«

Sie reagierte kaum auf mein Lob. Auch das war ungewöhnlich. Es war seltsam, auf ein Kind zu treffen, das Anerkennung nicht genießen konnte. Sie schien verschlossen und weit weg zu sein; nichts schien sie zu erreichen. Ich hatte so etwas zwar erwartet, aber das Ausmaß verwunderte und besorgte mich.

Ich gab Jodie ein paar Rice Crispies und fuhr fort, Tee aufzusetzen. Paula und Lucy kamen zusammen herunter und setzten sich an den Tisch. Jodies Stimmung kippte sofort, wenn andere Kinder im Raum waren. Ich konnte sehen, wie sie sich versteifte, und ihre Augen wurden schmal vor Wut. Sie sah mit einer schrecklichen Grimasse zu Paula hoch, dann begann sie damit, sie in die Rippen zu stoßen.

»Lass das, Jodie!«, wies ich sie zurecht, aber sie machte einfach weiter. Paula versuchte sie abzuwehren, verlor die Geduld und schubste Jodie. Die fing an zu schreien.

»Paula, so was darfst du nicht machen!«, flüsterte ich, verärgert darüber, dass sie die Kontrolle verloren hatte. »Und jetzt benehmt euch bitte!«

»Tschuldigung, Mama«, antwortete Paula.

»Und jetzt entschuldige dich bitte auch bei Jodie«, sagte ich und fühlte mich ein wenig schuldig. Ich wusste, dass Paula meinte, das sei unfair, mit gutem Grund, aber es war in unser aller Interesse, Jodie klarzumachen, dass man nicht stieß und dass man sich entschuldigte, wenn man etwas falsch gemacht hatte.

»Entschuldigung, Jodie«, murmelte Paula, ohne hochzuschauen. Jodie hielt sich melodramatisch die Seite. Die Chancen, eine Entschuldigung aus ihr herauszubekommen, waren sehr gering; ich beließ es dabei.

»Danke, Paula. Das war sehr erwachsen.«

Die drei Großen gingen in die Schule, und Jodie half mir dabei, den Tisch abzudecken und die Spülmaschine einzuräumen, Gott sei Dank ohne Missgeschicke. Dann setzten wir uns ins Wohnzimmer, und ich versuchte, sie für Spiele zu interessieren. Ich entschied, dass nun ein guter Zeitpunkt war, das Thema Kontaktbesuch anzuschneiden. Sie sollte ihre Eltern zweimal die Woche für eine Stunde im Kontaktzentrum sehen, unter ständiger Beobachtung eines Sozialarbeiters. Treffen mit den leiblichen Eltern werden generell lange vorher arrangiert, aber ich hatte mir angewöhnt, die Kinder erst am Tag des Besuchs daran zu erinnern, da die Erwartung sie beunruhigen konnte. Meiner Erfahrung nach tendieren Kinder dazu, sich kurz vor dem Kontaktbesuch aufzuregen, und deshalb schränkte ich die Zeit für die Aufregung zum Wohle aller so weit wie möglich ein.

»Jodie«, sagte ich heiter, »später am Nachmittag wirst du baden, weil du heute Abend deine Eltern triffst.«

Sie warf mir einen stumpfen Blick zu. Hatte sie verstanden, was ich sagte? Sie spielte weiter, Sticklebricks zusammenschlagend. Nach einer Weile fragte sie: »Werde ich in einem Bus fahren?«

»Nein, die Begleitung wird dich von hier im Auto abholen, genauso wie bei den vorherigen Pflegeeltern. Sie bringen dich zu dem Treffpunkt mit deinen Eltern, und dann bringen sie dich wieder hierher zurück.«

»Nicht in einem Bus. Hasse sie. Blöde Busse«, sagte sie, nun deutlich munterer.

»Ja, Jodie, die Begleitung holt dich in einem Auto ab. Ich weiß, dass dein Vater sich darauf freut, dich zu sehen. Das wird sicher nett, nicht wahr?« Allerdings hatte ich ihre Aufmerksamkeit schon wieder verloren. Sie spielte weiter mit einem entrückten Gesichtsausdruck. Es war schwer zu deuten, was sie aus der Aussicht machte, ihre Mutter und ihren Vater zu sehen.

Wie ich es erwartet hatte, war Jodie für den Rest des Tages schwierig. Vor dem Mittagessen hatte sie zwei Wutausbrüche und versetzte mich in leichte Panik, als sie ein Bild von der Wand stieß und dessen Glas zerbrach und dann versuchte, die Scherben aufzulesen. Am Nachmittag beschäftigte ich sie mit einem Mitsing-Video im Wohnzimmer, während ich das Abendessen zubereitete. Um vier kam Adrian müde nach Hause und war erleichtert, nicht mit einem Tritt von Jodie begrüßt zu werden. Er kam zu mir in die Küche und erzählte mir von seinem Tag. Es fühlte sich an wie eine Ewigkeit, seit wir das letzte Mal die Gelegenheit für ein friedliches Gespräch ohne Geschrei, Wutausbrüche oder heftige Anfälle gehabt hatten, obwohl Jodie noch keine Woche bei uns war. Es war schön, einen Moment mit meinem Sohn zu haben, und ich wusste, wie wichtig es war, jede Gelegenheit zu nutzen, in den oft heftigen ersten Wochen einer neuen Platzierung Zeit mit der Familie zu finden.

Dann machte Adrian sich daran, seine Tasche in sein Zimmer zu bringen, und ich war erfreut, dass er zuerst ins Wohnzimmer ging, um Jodie zu begrüßen. Allerdings war mein Moment der Freude nur kurz, als ich ihn plötzlich rufen hörte: »O Gott! Mama, komm schnell!«

Ich lief in den Flur, als Adrian schnell nach oben ging. Im Wohnzimmer fand ich Jodie auf dem Sofa sitzend, die Beine in der Luft, ihre Unterhose in einer Hand, masturbierend.

»Jodie, lass das!«, sagte ich streng.

»Warum?«, schnappte sie.

»Wenn du das machen willst, dann geh auf dein Zimmer und tu es dort. Es ist privat. Ist das klar? Jetzt geh entweder nach oben oder setz dich bitte anständig hin.«

Sie blitzte mich ein paar Sekunden lang an, und ich bereitete mich auf einen weiteren Wutanfall vor, aber sie zog schließlich ihren Rock herunter und setzte sich aufrecht hin.

Ich war erstaunt und verstört über diesen Vorfall hoch sexualisierten Verhaltens. Ich wusste, dass es selbst für sehr junge Kinder nicht ungewöhnlich war, zu masturbieren, auch wenn man generell nicht darüber sprach. Aber ein Kind im Alter von acht Jahren wusste für gewöhnlich, dass man so etwas nicht in der Öffentlichkeit machte, selbst wenn es Lernschwierigkeiten hatte. *Wollte* Jodie etwa, dass man ihr dabei zusah? Wenn man bedenkt, dass wir immer wieder mal das Wohnzimmer betraten, musste sie damit rechnen, dass wir sie sehen würden. Versuchte sie uns zu schockieren oder war es ein völlig unbewusstes Handeln? Eine Trosthandlung oder eine Gewohnheit, so harmlos wie Daumenlutschen? Ich kannte die Antwort nicht, aber alles, was sexualisiertes Verhalten betraf, musste notiert werden. Ich machte eine mentale Notiz dazu, es im Logbuch festzuhalten und es Eileen zu sagen, wenn wir das nächste Mal miteinander sprachen.

Als die Mädchen aus der Schule kamen, wurden beide mit einem heftigen Faustschlag begrüßt. Ich schimpfte müde mit Jodie. Sie hatte einen weiteren Wutanfall, und ich musste sie wieder festhalten. Schließlich beruhigte sie sich, und ich machte das Abendessen fertig, Spaghetti Bolognese. Wir setzten uns hin, um zu essen, und ich zerschnitt die Spaghetti für Jodie.

»Ich will Burger«, verlangte sie und zog eine Grimasse.

»Wir essen Burger ein andermal. Heute habe ich das hier zubereitet.«

Sie nahm den Teller in die Hand und warf ihn an die Wand. Er schlug mit einem lauten Knall dagegen und fiel in Scherben zu Boden. Ein deutlicher Fleck von dunkler Bolognese-Sauce vermischt mit Spaghettistücken blieb an der Wand kleben. Das Gemisch fing an, nach unten zu rutschen. Einen Augenblick sahen wir schweigend dorthin, dann bemerkte ich, wie die Kinder mich entsetzt ansahen.

Verärgerung und Frust durchfuhren mich. Ich hatte mich den ganzen Tag mit Jodies schlechtem Benehmen herumgeschlagen und war am Ende meiner Geduld. Jetzt hatte sie einfach so eine gute Mahlzeit weggeworfen, eine schreckliche Unordnung verursacht und uns alle aufgebracht, ganz ohne Grund, jedenfalls keinen, der sich mir erschloss.

»Geh auf dein Zimmer!«, fuhr ich sie an. »Ich habe für heute genug von dir!«

Sie kletterte mühsam vom Stuhl, und als sie den Tisch verließ, boxte sie Lucy gegen den Hinterkopf, hart mit der geschlossenen Faust. Dann stürmte sie aus dem Zimmer und schlug die Tür derart heftig zu, dass ein wenig Putz von der Decke rieselte.

Lucy sagte nichts, aber ich konnte die Tränen in ihren Augen erkennen. Ich umarmte sie.

»Es tut mir leid«, sagte ich, verzweifelt, dass ich meinen Kindern so viel zumutete. »Ich glaube, ich habe einen Fehler gemacht. Ich hätte sie nicht aufnehmen sollen. Das ist zu schwierig für uns alle. Ich rede gleich morgen früh mit der Sozialarbeiterin.«

Kurz nach sechs klingelte es an der Tür, und ein zerzauster junger Mann stellte sich als Jodies Begleitung für den Kontaktbesuch vor. Jodie hüpfte die Treppe hinunter und verließ das Haus in guter Laune; sie winkte zum Abschied, als sie den Gartenweg hinunterlief. War sie etwa völlig ohne Reue?, fragte ich mich. War sie sich gar nicht darüber bewusst, wie schlecht ihr Benehmen war, oder über die traurige Atmosphäre, die im Haus herrschte?

Zum ersten Mal in dieser Woche hatten wir jetzt ein paar echte Momente des Friedens. Die Kinder waren oben und machten ihre Hausaufgaben. Ich saß im Wohnzimmer und hatte den Fernseher eingeschaltet, obwohl ich ihm kaum Beachtung schenkte. Stattdessen kreiste ein Strudel von Gedanken in meinem Kopf. Das Leben mit Jodie war nicht nur nicht leicht, es war im Grunde unmöglich, und zum ersten Mal hatte ich das Gefühl, dass ich vielleicht nicht zu ihr durchdringen könnte. Jodie war das mit Abstand verstörteste, forderndste Kind, dem ich jemals begegnet war. Sie war so kalt und unempfänglich, nicht einmal mit dem Hauch von einem Wunsch, gemocht zu werden. Es war nicht möglich, einen Weg zu finden, um mit ihr zu verhandeln, da sie nicht bereit war, mir auf halbem Weg entgegenzukommen. Es schien, als ob sie sich gar nicht ändern wollte, sondern mit ihrem Außenseiterstatus zufrieden war, eingeschlossen in ihrer eigenen Welt, in der sie sich durch Wutausbrüche und Gewalt ausdrückte.

Meiner Erfahrung nach beruhen alle menschlichen Beziehungen auf dem Prinzip des Gebens und Nehmens und darauf, dass einvernehmliche Bedürfnisse für Zuneigung und Anerkennung befriedigt werden. Wenn eine Partei absolut kein Bedürfnis nach dem zeigt, was die andere Partei anzubieten hat, wie kann dann ein Kompromiss gefunden werden? So war es mit Jodie. Ich hatte noch nie ein Kind kennengelernt, das so verschlossen war und so ganz und gar ohne Wunsch nach Wärme und Zuneigung. Es schien, als ob die Aufgabe, für Jodie zu sorgen und irgendwie die Barrikade von emotionaler Kälte zu durchdringen, sich ums Hundertfache erschwert hätte. Ich befand mich in einer Situation, in der ich nicht gewinnen konnte. Ich konnte Jodie nicht bei mir behalten, weil es meinen anderen Kindern gegenüber unfair war; ihr Benehmen war zu destruktiv. Ich ertrug es nicht, das Leben meiner Kinder und ihre Sicherheit zu Hause untergraben und zerstört zu sehen, da sie doch genauso viel Liebe und Stabilität brauchten wie Jodie, es bloß weniger stark ausdrückten.

Allerdings wusste ich natürlich auch, was es bedeuten würde, Jodie wegzuschicken. Es wäre nicht nur eine weitere Zurückweisung und ein weiterer schlechter Vermerk unter ihrem Namen, der sie in ein Objekt von faszinierendem Horror verwandeln würde – »Sechs Pflegeeltern in vier Monaten! Wie bösartig muss sie sein!« –, sondern es würde sie auch dazu verurteilen, in einem Kinderheim untergebracht zu werden. Ich wusste, dass ein Kinderheim für Jodie nicht die richtige Umgebung war. Aber wenn ich sie aufgab, wäre ihre letzte Chance, in einer normalen Familie zu leben, für immer verwirkt. Wenn ich sie nicht bei uns behielt, dann würde sie niemand mehr aufnehmen. Und was war man für eine Pflegemutter, wenn man gerade den besonders verstörten Kindern nicht helfen konnte?

Wie ich so dasaß und mich grämte, hörte ich drei Paar Füße

die Treppe runterkommen. Lucy und Paula kamen herein und setzten sich mir zu beiden Seiten, während Adrian in die Küche verschwand, um uns einen Tee zu kochen. Ich war gerührt; die Kinder waren gekommen, um mich wegen meines Versagens zu trösten. Adrian kam zu uns mit einem Tablett, beladen mit Tassen. »Hier, Mama«, sagte er.

»Danke, Liebling.«

Adrian blickte die Mädchen an, dann räusperte er sich. »Mama, wir haben nachgedacht«, sagte er und wartete kurz.

»Ach ja?«, antwortete ich und erwartete eine weitere Bitte, ihre Ausgehzeit zu verlängern.

»Ja. Wir wollen, dass Jodie bleibt, zumindest für eine Weile. Wir glauben, wir sollten abwarten und sehen, wie sie sich entwickelt.«

Einen Moment konnte ich nicht antworten, während ich verarbeitete, was er gerade gesagt hatte, da ich von ihrer Großzügigkeit so überwältigt war. In der letzten Woche war das Leben ein echtes Elend gewesen und ihr Zuhause, weit davon entfernt, ein Ort der Sicherheit und Zufriedenheit zu sein, war plötzlich angefüllt mit bösen Tritten, Schlägen und plötzlichen Angriffen, untermalt von haarsträubendem Brüllen, schrillen Schreien und gestörten Nächten. So sah im Moment unser aller Alltag aus. Waren meine Kinder wirklich gewillt, das auf unbestimmte Zeit auf sich zu nehmen? Gerade zu einem Zeitpunkt, als ich hatte durchblicken lassen, Jodie zurückzuschicken und wieder Ruhe in unser Heim einziehen zu lassen? Erneut war ich von ihrer außergewöhnlichen Güte und Reife beeindruckt, wenn es darum ging, Kinder zu betreuen. Ich schaute zu Lucy und Paula. »Seid ihr euch sicher?«, fragte ich ängstlich. Ich wollte nicht, dass sie das später bereuen würden. »Wollt ihr das wirklich? Ihr Benehmen wird sich vorerst sicher eher verschlechtern als verbessern.«

»Wir wollen alle, dass sie bleibt«, sagte Lucy mit fester

Stimme. »Wir wissen, dass sie sich ändern wird. Und wenn nicht, können wir sie immer noch loswerden. Beim nächsten Mal.« Sie grinste schelmisch.

Ich war unglaublich erleichtert und empfand große Bewunderung für meine Kinder. Ich weiß, dass ich voreingenommen bin, und ich bin mir sicher, dass andere Eltern das Gleiche für ihre Kinder fühlen, aber in Momenten wie diesen konnte ich nicht umhin, vor Stolz schier zu platzen.

Es war schon nach acht Uhr, als Jodie vom Kontaktbesuch bei den Eltern zurückkam. Sie war gut aufgelegt. Das waren wir auch. Wir hatten fast drei Stunden zur Erholung genutzt und eine neue Übereinkunft geschlossen. Jodie zeigte uns stolz die Puppen und Süßigkeiten, die ihr Vater ihr geschenkt hatte. Sie sagte mir zweimal sehr bestimmt, dass er ihr Burger und Fritten gekauft hatte. Ich lächelte. Inzwischen war ich es gewohnt, gegen die Eltern meiner Pflegekinder ausgespielt zu werden. Ohne Zweifel erfuhren die Eltern die gleiche Behandlung. Abgesehen von dieser Angeberei hatte Jodie nichts zu berichten über das Treffen mit den Eltern.

Es war weit nach ihrer üblichen Schlafenszeit, und so brachte ich sie mit meiner routinierten Mischung aus Nachdruck und Drängen ins Bad; dann sah ich zu, dass sie zu Bett ging. Sie wollte ihre neuen Puppen nicht, wählte stattdessen einen großen Panda, den sie mitgebracht hatte, und kuschelte sich an ihn. Ich las ihr eine kurze Geschichte vor, dann sagte ich Gute Nacht. Das Licht ließ ich an, trat aus dem Zimmer und schloss die Tür. Ich war optimistischer als sonst. Jetzt, da Jodie ihre Eltern gesehen hatte, würde sie sich vielleicht etwas beruhigen, mit den beiden Hälften ihres Lebens Seite an Seite. Im Wohnzimmer nahm ich ein Buch zur Hand, das ich schon seit vierzehn Tagen zu lesen versuchte. Um halb zehn rief Paula vom

Treppenabsatz, dass sie fertig sei, damit ich sie zudeckte. Es war ein Ritual, für das sie noch nicht zu alt war, solange ihre Freunde nicht davon erfuhren.

Als ich eintrat, bemerkte ich, dass ihre geliebte Schlafanzugtasche nicht auf dem Bett lag. »Wo ist Betsy?«, fragte ich.

Sie sah mich mit großen, flehenden Augen an. »Mama, bitte reg dich nicht auf, aber ich glaube, es hat einen Unfall gegeben.«

»Was für einen Unfall?«

Sie nickte zum Schrank hinüber. Ich ging hin und schob die Tür auf. Auf dem Boden lag Betsy, den Kopf abgerissen und die Füllung aus ihrem Hals hervorquellend.

»Das war kein Unfall, Liebling.« Ich hob die zerstückelten Teile auf. »Warum hast du mir das nicht eher gesagt?«

»Ich wollte nicht, dass du dich noch mehr aufregst, Mama. Es ist nur ein Spielzeug. Wirklich. Es macht nichts.«

Ich saß an ihrem Bett und wurde erneut daran erinnert, wie viel meine Familie ertragen musste. »Es tut mir leid, Liebes. Ich hab heute aufgepasst wie ein Schießhund, abgesehen von dem kurzen Moment, als ich auf dem Klo war. Ich versuche eine andere zu finden, aber in Zukunft musst du mir so was sagen. Ich weiß, dass sie dir leidtut, aber wenn wir auch nur eine kleine Chance haben wollen, ihr zu helfen, dann muss sie lernen, okay?«

Sie stimmte zu, wir umarmten uns, und dann ging ich, damit sie noch ein wenig lesen konnte, und fuhr fort mit meiner Nachtrunde. Ich klopfte an Lucys Tür und wartete, bis sie leise »Komm rein!« rief. Sie trug ihren Schlafanzug und saß an die Kissen gelehnt.

Ich merkte sofort, dass etwas nicht stimmte. »Du etwa auch?«, fragte ich.

Sie öffnete den Nachtschrank und holte ihren Make-up-Koffer hervor. Ich betrachtete die verschmierte Masse von schwarzem Mascara, blauem Lidschatten und Grundierung.

»Es ist meine Schuld«, sagte sie schnell. »Ich hätte es nicht auf dem Bett liegen lassen sollen.«

»Natürlich sollst du das! Du hast jedes Recht darauf, deine Sachen in deinem Zimmer herumliegen zu lassen, wie es dir passt. Ich werde morgen früh mit ihr reden.« Dann wiederholte ich, was ich Paula gesagt hatte – dass ich die Sachen ersetzen würde, aber sie müsste es mir sofort sagen, wenn wieder etwas passieren sollte, sodass ich Jodie gleich dafür zur Rede stellen konnte. Offensichtlich hatte sich Jodie meine Erklärungen zur Privatsphäre nicht zu Herzen genommen.

Lucy nahm meine Hand und drückte sie. »Cathy, war ich auch so ungezogen, als ich ankam? Ich kann mich nicht mehr erinnern.«

»Nein. Du hattest deine wilden Momente, aber ich hätte auch nichts anderes erwartet. Du musstest oft von einer Familie zur anderen ziehen, aber du hast dich schnell eingelebt. Was wir hier mit Jodie erleben, ist ein extrem gestörtes Verhalten.«

Sie sah weg. »Ich weiß, ich sollte das nicht sagen, aber manchmal bringt sie mich zum Schaudern. Wenn sie mich anstarrt, ist es so kalt, dass ich glaube, sie bringt mich um.«

»Ich verstehe das. Sie hat nicht viel Liebe erfahren, und ich kann nur hoffen, dass wir das ändern werden. Jetzt geh aber schlafen. Du hast einen Test in Naturwissenschaften morgen, nicht wahr?«

Sie grinste schelmisch. »Ja. Und danke, dass du dich meiner angenommen hast. Ich hab dich lieb, das weißt du, nicht wahr?«

Es war das erste Mal, dass sie das sagte, und ironischerweise hatte es des Hasses eines verstörten Kindes bedurft, um unsere Beziehung zu festigen. »Ich liebe dich auch, meine Süße. Du machst das super. Jodie könnte kein besseres Beispiel haben als dich.«

8
Julie

Jodie lebte eine gute Woche bei uns, als sich ihr achter Geburtstag ankündigte. Ich hatte mich schon daran gewöhnt, sie als Achtjährige zu betrachten, weil das Sozialamt sie mir so vermittelt hatte, aber in Wirklichkeit war sie erst sieben, als sie zu uns stieß. Mit ihren Eltern sollte sie ihren Geburtstag in der nächsten Kontaktstunde feiern; den eigentlichen Geburtstag verbrachte sie mit uns.

Als sie später von der Feier mit ihren Eltern zurückkam, war Jodie beladen mit mehreren Tüten, angefüllt mit großen, billigen, glitzernden Spielsachen von der Art, die gerade mal fünf Minuten halten und das Interesse nur für die Hälfte der Zeit fesseln. Aber der Menge nach zu schließen war es Jodie auf alle Fälle gewohnt, viel von dem zu bekommen, was sie wollte. Dennoch konnten die neuen Sachen und das Spielzeug sie genauso wenig begeistern wie die Sachen, die sie vom vorherigen Besuch mitgebracht hatte. Es schien, als ob es ihr gefiel, sie zu bekommen, sie aber sofort ihren Wert und ihre Bedeutung verloren.

Ich fragte Jodie, was sie an ihrem Geburtstag unternehmen wollte, und sie wünschte sich kegeln zu gehen, was mich überraschte. Kegeln schien mir nicht die Art von Beschäftigung, die ein Kind mit schlechter Koordination genießen würde, aber es war ihr Geburtstag, und wenn das ihr Wunsch war, dann würden wir es machen. Da Jodie nicht die Schule besuchte, gab es keine Freunde, die wir hätten einladen können, also gingen Jodie, Paula, Lucy und ich.

Zuerst packten wir zu Hause ihre Geschenke aus. Ich hatte gut darüber nachgedacht, was man ihr geben könnte. Ich wusste, dass sie Sachen für Puppen mochte, und sie schien ihre lebensgroße Puppe Julie zu schätzen. Also kaufte ich ihr einen Autositz für die Puppe, der aussah wie ein echter, und einen Puppenhochstuhl. Sie packte ihre Geschenke ohne die Begeisterung aus, die ich von einem normalen Kind erwartet hätte, begutachtete sie und schob sie ohne einen Kommentar zur Seite. Ich fühlte mich leicht gekränkt, war aber vor allem verwundert. Es war nicht so, dass sie die Sachen nicht mochte – es war nur so, dass für sie nichts einen Wert zu haben schien, und ich konnte nicht verstehen, warum das so war. Aber ich vergaß diesen Tiefschlag schnell, und wir machten uns alle auf den Weg zum Kegeln.

Wie ich vermutet hatte, konnte Jodie überhaupt nicht mit den Kugeln umgehen, dennoch schien sie ihre Freude daran zu haben, obwohl sie wie gewöhnlich herumstampfte, ihre Hände in die Hüften stemmte und alle herumkommandierte. Es gab jedoch keine Wutanfälle, weder auf der Kegelbahn noch später bei McDonald's, wo sie zum Essen hingehen wollte. Es war ihr Geburtstag, und wir machten alle brav, was sie wollte. Und sie belohnte uns damit, kein Geschrei zu machen und keine Hiebe auszuteilen. Schließlich fuhren wir alle wieder nach Hause, zufrieden, dass Jodies Geburtstag so gut wie möglich verlaufen war.

Eines Morgens, als Jodie ungefähr vierzehn Tage bei uns lebte, es war ein Folgetag auf ein Treffen mit ihren Eltern, ließ ich sie in ihrem Zimmer spielen, bis die anderen Kinder in die Schule gegangen waren. Es gefiel ihr nicht, aber ich musste eine Arbeitsroutine einführen, und ein ruhiges Frühstück würde ein guter Start sein. Sobald die anderen auf dem Weg waren, ging ich nach oben, sagte Jodie, dass sie sich anziehen solle und fragte sie, was sie zum Frühstück haben wolle.

»Nichts. Ich hasse dich«, fuhr sie mich an und streckte mir die Zunge raus. »Verpiss dich.«

»Das ist aber schade«, sagte ich und ignorierte ihr Schimpfwort. »Denn ich mag dich, und ich freue mich auf jeden Tag, den wir zusammen verbringen.«

Sie starrte mich an, als ob ich den Verstand verloren hätte. »Warum? Warum magst du mich?«

»Weil sich eine nette und glückliche Jodie hinter der wütenden Jodie verbirgt, die nur darauf wartet, herauskommen zu dürfen. Und jetzt zieh dich an und komm runter zum Frühstück.«

Das tat sie dann auch. Ohne zu streiten. Ich lobte sie sehr und gab uns beiden gedanklich einen Goldstern.

Die Hauslehrerin sollte an diesem Tag kommen, um Jodie zu unterrichten, aber das war erst um halb zwei, und so gingen wir am Vormittag einkaufen, um Paulas Schlafanzugtasche und Lucys Make-up zu ersetzen. Im Auto erklärte ich Jodie, wo wir hingingen und warum. Sie gab keinen Kommentar ab, und ich erwartete auch keine Beichte, sondern wiederholte lediglich die Regeln, was die Zimmer der anderen im Haus und deren Sachen betraf. Dabei beließ ich es. In einem Kaufhaus fand ich, was ich suchte, dann nahm ich die Rolltreppe zum obersten Stockwerk und steuerte das Café an. Wir aßen beide ein Stück Apfelkuchen und saßen am Fenster, von wo aus wir auf die Straße blicken konnten. Wir hätten Mutter und Tochter sein können, die einen Tag in der Stadt genossen, und ich fragte mich nicht zum ersten Mal, was Jodie so aus der Bahn geworfen hatte. Sie schien sehr viel geschädigter zu sein, als die Fallgeschichte in dem Platzierungsgespräch hatte vermuten lassen. Wann immer ich überlegte, was ihr widerfahren war, gebot ich mir Einhalt. Es war unprofessionell, Vermutungen anzustellen, denn ich wusste, dass es viel zu früh war, irgendwelche Verhaltensmuster zu erkennen. Zudem hielt Jodie mich so sehr auf Trab, dass es mir unmöglich war, einen Schritt zur Seite zu treten, um das Gesamtbild zu erfassen. Zumindest würde ich am Nachmittag ein paar Stunden haben, um mit der Papierarbeit aufzuholen, während sie mit ihrer Lehrerin zusammen war.

Wir tranken aus und sahen uns in den Geschäften im ersten Stock um. Als ich sah, dass Jodie müde wurde, beschloss ich, nach Hause zu fahren und steuerte den Fahrstuhl an. Ich zeigte Jodie, wie man die Knöpfe drückte, und erklärte ihr, wie der Lift funktionierte. Als er kam, warteten bereits eine Menge Leute, aber wir waren die ersten in der Schlange. Wir traten ein und standen hinten. Jodie hielt meine Hand, aber als die Tür sich schloss, zog sie an meinem Arm und begann zu schreien. »Nein! Mach, dass er anhält! Ich will nicht!«

Ich beugte mich schnell zwischen zwei Frauen vor und drückte den Knopf, mit dem sich die Tür wieder öffnen ließ, eine Entschuldigung murmelnd, als ich Jodie hinausführte. Dann beugte ich mich hinunter und legte meine Hand auf ihre Schulter. »Was ist los, Jodie? Man muss keine Angst haben im Aufzug.«

»Ich will aber nicht«, maulte sie. »Ich geh da nicht rein!«

»Das ist okay, wir müssen nicht in den Aufzug, wenn du nicht möchtest. Wir nehmen einfach die Rolltreppe.«

Wir gingen zur Rolltreppe hinüber, und Jodie griff nach meiner Hand, als wir hinunterfuhren. »Ich geh mit meinem Papa da rein«, sagte sie, ihr Gesicht zerknittert.

»Wohin, in den Aufzug?«

Sie nickte. »Da mach ich ihm Angst. Soll er mal sehen, wie ihm das gefällt. Ich zeig's ihm.«

»Warum willst du ihm Angst machen, Jodie?«

Aber sie zuckte nur die Schultern. Sie hatte sich wieder verschlossen, und die Tür in ihre Vergangenheit, die sich für kurze Zeit geöffnet hatte, war schon wieder zugeschlagen.

Jodie erholte sich schnell von ihrem Schreck, und als wir zu Hause waren, war sie schon wieder gut drauf. Ich lobte sie wieder und wieder, beteuerte, wie nett es gewesen war und wie sehr ich ihre Gesellschaft genoss. Sie sagte, dass sie Hunger habe, also ließ ich sie allein im Spiel mit ihrer lebensgroßen Puppe Julie und ging in die Küche. Sie wollte Erdnussbutter auf ihr Brot, und ich trug sie nur dünn auf. Ich wollte unbedingt ihr Gewicht reduzieren. Dann deckte ich einen Platz an der Frühstücksbar, goss ein Glas Saft ein und ging zurück ins Wohnzimmer, um ihr zu sagen, dass das Brot fertig sei.

Aus irgendeinem Grund zögerte ich, bevor ich eintrat. Vielleicht war es die Stille. Ich hörte nicht das gewöhnliche Geplapper, das Jodie immer umgab. Vorsichtig schaute ich durch die halboffene Tür und erstarrte. Sie spielte immer noch mit Julie, aber sie hatte der Puppe das Kleid hochgezogen und leckte sie zwischen ihren nackten Beinen. Dabei machte sie dumpfe Grunzgeräusche, scheinbar aus Vergnügen, und schien sich meiner Anwesenheit gar nicht bewusst zu sein. Ich trat ein, und Jodie blickte auf.

»Das ist aber ein seltsames Spiel, Jodie«, sagte ich ruhig. »Was machst du denn da?« Ich wusste, dass es falsch gewesen wäre, jetzt Besorgnis oder Überraschung zu zeigen und mit ihr zu schimpfen. Das wäre nur kontraproduktiv gewesen. Außerdem musste ich wissen, ob sie verstand, was sie da tat.

Sie schaute hinunter zwischen die Beine der Puppe, dann auf mich. Da war keinerlei Scham. »Küssen«, sagte sie grinsend. »Sie mag küssen, wirklich.«

»Ist das nicht eine seltsame Stelle, an der du sie küsst? Wir küssen uns normalerweise auf die Wange.«

Sie sah mich überrascht an. »Aber du hast ja auch keinen Mann. Männer küssen da.« Sie zeigte auf den nackten Schritt von Julie. »Und Mädchen da.« Sie stach ihren Zeigefinger in ihre Wange.

Ich ging zu ihr und setzte mich neben sie auf den Boden. Ich versuchte ruhig zu bleiben, damit Jodie es auch blieb, und ich musste sie dazu bringen, zu reden, solange sie konnte. Ich musste herausfinden, was sie gesehen hatte, mich damit befassen und die Sozialarbeiterin benachrichtigen. Jodie wäre nicht das erste Kind, das ein Erwachsenenvideo gesehen hatte oder im Zimmer ihrer Eltern ohne Trennwand schlief – ich hoffte, dass es das war, was Jodie dazu brachte, im Spiel nachzuahmen, was sie gesehen hatte. Ich würde es jedoch in meinem Notizbuch dokumentieren, denn es war durchaus denkbar, dass etwas anderes dahintersteckte. Ich versuchte professionell zu bleiben, ruhig, aber bestimmt.

»Jodie, kannst du mir sagen, woher du weißt, dass Männer dort küssen?«

Sie zuckte die Schultern. »Ich weiß es halt. Mädchen mögen es und Männer tun es. Mamis, Papis und Mädchen.«

»Und hast du gespielt, dass Julie eine Mami oder ein Mädchen war?«

»Weiß nicht. Eine Dame.«

»Okay, aber wenn Julie eine Dame war, wer warst dann du?«

»Der Mann!« Sie zog die Stirn in Falten, ungeduldig darüber, dass ich so langsam war.

»Irgendein Mann? Oder hast du an einen bestimmten gedacht?«

Sie zögerte und runzelte die Stirn. »Weiß nicht. Ein Papi. Ein großer, großer Papi.«

Ich konnte da nichts hineinlesen. Alle Männer waren Papis für sie, wie für so viele kleine Kinder. Ich musste sie dazu bringen, zu beschreiben, was sie gesehen hatte und wo, aber bevor ich weiterforschen konnte, sprang sie auf einmal hoch und fing an, die Puppe heftig zu treten.

»Sie ist schuld!«, schrie sie, ihre Augen blitzten. »Sie ist schuld! Ich habe dir Nein gesagt! Sieh, was du getan hast! Ich habe dir gesagt, dass du dein Maul halten sollst!«

Ich fuhr zusammen, als der Plastikkopf der Puppe gegen den Heizkörper knallte. Sie schrie Julie an, als wiederhole sie etwas, das sie früher gehört hatte. Ich nahm ihren Arm, hob die Puppe auf und führte Jodie zum Sofa. »Komm schon, Liebes, beruhige dich. Es bringt doch nichts, Julie wehzutun.«

Sie wiegte die Puppe auf ihrem Schoß und streichelte ihren Kopf. Besänftigende Worte flüsternd, versuchte sie, sie zu trösten. »Hab keine Angst«, sagte sie. »Bei mir bist du sicher. Schsch. Das hätte der Mann nicht tun sollen, nicht wahr?«

»Ja«, sagte ich, unsicher, ob sie zu mir oder der Puppe sprach. »Was der Mann gemacht hat, scheint sehr falsch zu sein.« Ich pausierte. »Jodie, manchmal sehen wir Dinge, die wir nicht verstehen. Es sieht so aus, als ob Menschen sich wehtun würden, und das kann uns traurig machen. Hast du einen Mann gesehen, wie er eine Frau da geküsst hat?« Ich zeigte auf die Beine der Puppe. »Das, was wir den Intimbereich nennen?«

»Ja.«

»Wo hast du es gesehen? Im Fernsehen?«

»Im Schlafzimmer und im Auto«, antwortete sie ganz klar.

»Im Auto? Das verstehe ich nicht. War da ein Fernseher im Auto?«

Sie schüttelte den Kopf.

»Aber du hast es im Schlafzimmer und im Auto gesehen?«

Sie nickte.

»Wem gehörte das Auto?«

»Dem Mann. Es war ein großer Bus.«

Ich pausierte. »War es ein Film, Jodie, oder war es echt?«

Sie verdrehte die Augen, als ob sie das Bild verdrängen wollte. Ihre Antwort war kaum hörbar. »Echt. Er war da. Das Mädchen und der Papi.«

»Und wer war das Mädchen? Weißt du ihren Namen?«

Sie presste das Gesicht der Puppe gegen ihre Brust. »Jodie. Ich. Jodies Zimmer. Papas Auto.«

»Dein Papa?«

»Ja.«

9

Die Enthüllung

Wir saßen eine Weile ruhig da. Ich hatte meinen Arm um Jodie gelegt und sie den ihren um Julie. Mein Herz schlug wie wild, mein Mund war ganz trocken. Das war die Bestätigung meiner schlimmsten Befürchtungen. Die kleinen Puzzleteile an Hinweisen hatten alle in diese Richtung gedeutet, aber ich hatte mich selbst dazu gezwungen, keine falschen Schlüsse zu ziehen, und hatte die Hoffnung genährt, dass nicht eintreffen würde, was ich befürchtete. Ich wusste, dass Jodie mir gerade den Schlüssel zu all ihrem Leid, ihrer Verletzung, ihrem Selbsthass und ihrer Verzweiflung gegeben hatte.

Ich wusste, ich sollte sie weiter befragen und die Gelegenheit nutzen, nun, da sie gewillt war zu reden, aber ich hielt mich zurück. Etwas tief in mir wollte die Antworten nicht hören, nicht wissen, wie sehr dieses arme Kind gelitten hatte – aber meine professionelle, praktische Seite sagte mir, dass das, was sie mir jetzt mitteilte, ausschlaggebend für die Bestimmung ihrer Zukunft sein würde. Nicht nur dahingehend, ob sie zu ihren Eltern zurückkehren würde, sondern auch mit Blick auf ein mögliches Gerichtsverfahren. Im Verlauf meines Betreuungstrainings hatte ich Seminare zum Thema »Sexueller Missbrauch« besucht. Ich hatte gelernt, dass die erste Enthüllung äußerst wichtig ist, da Kinder selten lügen, und was sie sagten, sollte wortwörtlich aufgezeichnet werden, sodass es bei Gericht verwendet werden konnte. Es war wichtig, dass ich die Sache korrekt anging. Im Training hatte ich gelernt, dass ich sie nicht lenken durfte, sondern so befragen musste, dass sie mir in ihren eigenen Worten sagen würden, was passiert war. Leider wusste ich nichts Genaueres über diese Methoden, und ich war noch nie in dieser Situation gewesen. Aber ich hatte gelernt, mit Kindern, die Erlebnisse von Gewalt und Vernachlässigung preisgaben, behutsam umzugehen, und jetzt konnte ich diese Erfahrungen nutzen. Ich hoffte, auf dem richtigen Weg zu sein, um Jodie dabei zu helfen, sich zu öffnen.

Ich schaute auf die Puppe hinunter. Sie hatte sich damit selbst dargestellt, und es war kein Zufall, dass sie ihr einen Namen gegeben hatte, der ihrem eigenen ähnelte. Kinder benutzen manchmal Rollenspiele, um Dinge, die sie verbal nicht ausdrücken können, in Szene zu setzen.

»Jodie«, sagte ich ruhig. »Das war sehr mutig von dir, mir das zu erzählen. Ich weiß, wie schwer es ist. Jetzt möchte ich, dass du mir alles erzählst, woran du dich erinnerst, damit ich dir helfen kann. Okay?«

Sie nickte.

»Sehr gut.« Ich machte eine Pause und atmete tief ein. Ich musste vorsichtig sein. Ich durfte sie nicht lenken, sonst würde jegliches Beweismaterial, das später vielleicht vor Gericht verwendet würde, ungültig sein. »Als ich gerade eben in das Zimmer kam, hast du gespielt, dass Julie du warst und du dein Papa.« Das Wort blieb mir im Hals stecken. »Wenn wir das noch einmal machen, glaubst du, dass du mir zeigen kannst, was passiert ist? Ich weiß, es ist schwierig, Liebes.«

Sie nickte wieder, und ich umarmte sie, dann nahm ich die Puppe aus ihren Armen und legte sie auf das Sofa zwischen uns. Ich zog ihr die Unterhose an und deckte sie mit dem Kleid zu. Wenn das Ganze irgendetwas bringen sollte, musste sie mir Schritt für Schritt zeigen, was passiert war, denn es musste einem Kreuzverhör standhalten.

»Gut. Julie ist jetzt also Jodie. Wo ist sie? Im Auto, im Schlafzimmer, in der Küche, im Garten? Sag du es mir.«

»Nicht im Garten, Dummerchen«, sie grinste. »Im Schlafzimmer.«

»Aha, und in wessen Schlafzimmer?«

»Meinem. Jodies Zimmer. Zu Hause.«

»Und was hat Jodie an?«

»Ihren Schlafanzug.«

»Wir tun also so, als ob dies ihr Schlafanzug ist.« Ich zeigte auf die Hose der Puppe. »Ist Jodie im Bett oder ist sie noch nicht zu Bett gegangen?«

»Im Bett«, sagte sie kategorisch.

»Und ist das Licht an oder aus?«

»Aus.«

»Jetzt sag mir, schläft Jodie oder ist sie wach?«

»Schläft.« Sie verdrehte ihre Augen, um es mir zu demonstrieren.

»Okay, meine Kleine. Jodie schläft also im Bett. Was passiert jetzt?«

Wir sahen beide auf die Puppe. Sie dachte einen Augenblick nach, dann stand sie auf und ging zur Tür. »Ich komme rein«, brummte sie, machte ihre Schultern breit und stampfte über den Boden: ihre Darstellung eines erwachsenen Mannes.

»Du kommst in Jodies Schlafzimmer? Und wer bist du?«

»Der Papi. Mein Papi. Ich bin jetzt in Jodies Schlafzimmer.« Sie stampfte zur Puppe hinüber, zögerte und sah mich an.

»Soll ich weggehen?«, fragte ich.

»Da drüben.« Sie zeigte auf die entfernte Ecke des Zimmers, neben der Tür.

Ich ging zu der Ecke und stand so unscheinbar da, wie ich es vermochte. Ich versuchte sicherzugehen, dass ich mich an jedes Detail erinnerte, um es später so genau wie möglich aufzuschreiben. Ich sah zu, wie sie sich über die Puppe beugte, ihr Kleid hochhob, dann grob die Unterhose runterzog und sie abnahm. Da war keine Befangenheit, als sie die Beine der Puppe spreizte und ihren Kopf tief zwischen die offenen Schenkel schmiegte. Sie machte tiefe Grunzgeräusche, wie schon vorher, dann legte sie sich flach über die Puppe, ihren Kopf überragend, bäuchlings auf das Sofa. Ihr Hintern begann sich auf und ab zu bewegen in einem rhythmischen Stoßen, und sie atmete lauter und lauter. Sie hob ihren Kopf und ließ ein langes Stöhnen hören, bevor sie ganz still dalag. Mir war ganz schlecht.

Im Zimmer war es still. Ich schaute auf die vergewaltigte Puppe und versuchte, meine Abscheu und mein verzweifeltes Mitleid für dieses arme kleine Mädchen zu verbergen. Keine Achtjährige sollte dazu in der Lage sein, so etwas darzustellen oder darüber Bescheid zu wissen. Oder es erfahren haben. Kaum konnte ich die Vorstellung ertragen, was sie durchgemacht hatte, und mich erfüllte eine furchtbare Wut gegenüber dem Tier, das seiner eigenen Tochter so etwas angetan hatte. Meine Augen füllten sich mit Tränen vor Wut und Trauer, aber ich unterdrückte sie.

Ich sog die Luft tief ein. Dies war jetzt nicht der Moment für meine Gefühle. Ich musste ruhig und gleichmütig bleiben, Um Jodies willen. Sie war keineswegs verlegen, sondern stieg von Julie herunter und kam zu mir herüber. »Hab ich es gut gemacht?«, fragte sie unberührt.

Ich lächelte schwach. »Du bist ein tapferes Mädchen, Jodie.«

Aber es bedurfte keinerlei Tapferkeit. Jodie hatte keine Befangenheit oder Zögern gezeigt; es war fast so, als würde sie den Vorgang als normal betrachten. Ich nahm ihre Hand und führte sie zum Sofa, wo wir beide Seite an Seite sitzend Julie betrachteten. Mir war klar, dass es da einige Ungereimtheiten gab, die ich klären musste. Ich drückte leicht ihre Hand.

»Das hast du gut gemacht, Jodie. Es gibt einige Dinge, die ich nicht ganz verstehe. Ich möchte, dass du versuchst, dich zu erinnern und meine Fragen beantwortest. Wenn du etwas nicht weißt oder dich nicht erinnern kannst, dann sag es. Nicht raten oder erfinden, in Ordnung?«

Sie nickte.

Ich hielt ihre Hand fest und drehte mich zur Seite, um sie anzusehen. Ihr Ausdruck war völlig leer. »Gerade eben, da hast du vorgetäuscht, dass du dein Papa bist, nicht wahr?«

Sie nickte wieder.

»Und die wirkliche Jodie hat im Bett geschlafen mit dem Licht aus?«

Wieder ein Nicken.

»Wenn du geschlafen hast, wie konntest du wissen, dass er in dein Zimmer gekommen ist, so wie du es mir gezeigt hast? Er könnte auf Zehenspitzen reingekommen oder gar über den Boden gekrochen sein. Du hast geschlafen mit geschlossenen Augen, nicht wahr?«

Sie dachte einen Moment lang nach.

»Wenn du es nicht weißt oder dich nicht erinnern kannst, sag es«, erinnerte ich sie.

»Aber ich kann mich erinnern«, sagte sie. »Ich habe manchmal geschlafen und andere Male war ich wach.«

»Ich verstehe. Erinnerst du dich, was er anhatte?«

»Jeans und ein Hemd«, sagte sie, ohne zu zögern. »Das trägt er immer.«

»Hat er die Sachen angelassen oder hat er irgendetwas ausgezogen?«

»Er hat den Reißverschluss ausgezogen.«

Ich nahm an, dass sie meinte, er machte den Reißverschluss auf, aber ich musste das noch einmal klären. »Kannst du mir zeigen, was du meinst?«

Sie stand auf, machte den Knopf ihrer Jeans auf und zog den Reißverschluss auf.

»Aha. Und blieb er so, als er auf dir lag?«

»Nein, mehr.« Sie ließ ihre Jeans auf ihre Fußgelenke hinunterfallen und wollte gerade ihre Unterhose runterziehen.

»Okay, lass sie an, sag es mir einfach nur.«

»Seine Unterhosen runter mit den Jeans«, sagte sie.

»Um seine Fußgelenke?«

»Ja.«

»Ich verstehe. Zieh deine Jeans wieder hoch, meine Kleine.« Ich half ihr dabei, den Knopf zu schließen, und bat sie, sich neben mich aufs Sofa zu setzen.

»War Papa böse, Cathy?«, fragte sie. Ihre Stirn legte sich in Falten, als sie darüber nachdachte.

»Ja, das war er, Jodie. Sehr böse.« Ich sollte mir kein Werturteil über Eltern bilden, aber mir war klar, dass Jodie sofort wissen musste, dass das Verhalten ihres Vaters sehr falsch war und dass sie selbst keine Schuld hatte.

»Böser Papa«, sagte sie und hieb sich fest aufs Knie mit der Faust. »Er hat mir wehgetan. Ich will ihm wehtun. Dann kann er ja mal sehen, wie ihm das gefällt.«

Ich legte meinen Arm um sie und zog sie an mich. Ich wünschte, ich hätte die Kraft, all den Schmerz aus ihr herauszuziehen und sie zu heilen. »Es ist gut, Jodie. Hier bei mir bist du sicher. Es wird nicht wieder passieren, das verspreche ich dir.«

»Okay, Cathy«, sagte sie, viel zu schnell beruhigt. Ich wusste, dass diese gelassene Akzeptanz und das Fehlen jeglicher Emotionen bedeuteten, dass wir nicht einmal annähernd die Quelle ihres Leidens erreicht hatten.

»Jodie, du hast gerade gesagt, dass er dir wehgetan hat. Kannst du mir sagen, wie?« Es war eine schreckliche Frage, aber ich wusste, dass der Kinderschutzbeauftragte sie später stellen würde, und es war wichtig, die erste Antwort darauf zu Papier zu bringen.

»Er machte meinen Bauch weh, hier.« Sie drückte ihre Hand auf die Oberschenkel. »Und er hat sich nass gemacht, und es schmeckte grässlich.«

»Schmeckte? Hat er etwas in deinen Mund gesteckt?«

Sie verzerrte ihr Gesicht und machte eine Spuckbewegung. »Als er im Auto war, hat er in meinen Mund gepinkelt.«

Ich drehte mich um, um meine Reaktion zu verbergen. Ich brannte vor Wut und Demütigung, die Demütigung, die Jodie hätte fühlen sollen, aber nicht tat. Ich wollte ihr nicht sagen, dass es nicht Urin war, was sie im Mund gehabt hatte. Aber es hätte keinen Unterschied gemacht, und dass sie in ihrer Naivität die Begriffe benutzte, die sie hatte, machte es nicht nur umso erbarmungswürdiger, es unterstrich auch die Authentizität. Für mich bestand kein Zweifel daran, dass sie die Wahrheit sagte.

Ich drehte mich wieder zu ihr um. »Noch eine Sache, Jodie, ich muss das wissen. Passierte das einmal oder öfter?«

»Öfter, Cathy. Böser Papa. Cathy, warum weinst du?«

Ich konnte mich nicht mehr beherrschen. Ich weinte. »Weil ich etwas sehr Trauriges gehört habe, meine Süße.«

»Warum traurig?«

Die Tatsache, dass sie das horrende Ausmaß dessen, was ihr widerfahren war, nicht verstand, machte es nur umso schlimmer. »Weil das, was dir passiert ist, etwas sehr Schlechtes ist, Jodie. Und es sollte niemandem passieren.«

»Ja. Böser Papa«, sagte sie wieder. »Kann ich jetzt mein Mittagessen haben?«

10
Berichten

Ich überlegte mir, ob ich der Hauslehrerin absagen sollte, aber sie war wahrscheinlich schon unterwegs. Außerdem freute sich Jodie darauf, sie zu sehen, und ich brauchte Zeit, um mit Jill zu telefonieren und ihr zu berichten, was passiert war, ohne dass mir dabei jemand zuhörte.

Viele Gedanken schwirrten nach all den Enthüllungen durch meinen Kopf. Ich konnte nicht verhindern, sie mir wieder und wieder durch den Kopf gehen zu lassen, die schreckliche Wahrheit wiederholt zu hören und mir zu vergegenwärtigen, wie ein unschuldiges achtjähriges Mädchen sie mit Worten und Handlungen dargeboten hatte. Es war schwer, die beängstigenden Bilder aus meinem Kopf zu verbannen, und als ich meiner gewohnten häuslichen Arbeit nachging, um das Mittagessen zuzubereiten, überdeckte der Horror dessen, was ich gerade erfahren hatte, alles. Ich fühlte mich, als ob ein schreckliches Gift in die Atmosphäre entlassen worden war, und ich konnte die Stimmung von Angst und Ekel, die mich umgab, nicht abschütteln.

Jodie dagegen schien sich sehr schnell erholt zu haben und verschlang ihre Brote, die Chips und den Joghurt. Dann wollte sie mehr.

»Du hattest genug«, sagte ich und ignorierte den Protest, der folgte.

Im Wintergarten machte ich einen kleinen Tisch frei, der als Schreibtisch dienen sollte, und legte etwas Papier und Bleistifte für Nicolas Ankunft zurecht. Jodie folgte mir und war begeistert, ihre Lehrerin wiederzusehen. Als es an der Tür klingelte, rannte sie hin, um aufzumachen, aber dann erinnerte sie sich an meine Warnung und wartete, bis ich bei ihr war.

»Gut gemacht«, lobte ich, und sie umarmte mich.

Ich hatte Nicola kurz bei der Vorbesprechung getroffen und war schon da beeindruckt gewesen. Ihr ruhiger, bestimmter Ansatz war genau das, was Jodie brauchte. Jodie teilte eindeutig meine Begeisterung, als sie Nicola wie eine lang vermisste Freundin begrüßte. Nicola schien sich auch darüber zu freuen, sie zu sehen, und unterhielt sich freundlich mit Jodie, als sie ihren Mantel ablegte und ihre Sachen zusammensuchte.

Wir gingen durch zum Wintergarten, wo Jodie auf ihren Stuhl kletterte und anfing, wie verrückt auf dem Papier herumzukritzeln, das ich ausgebreitet hatte. In einer guten Mary-Poppins-Improvisation beugte Nicola sich zu ihrer Tasche hinunter und zog eine beachtliche Reihe an Arbeitsbüchern heraus, Zettel und bunte Lernhilfen. Jodie war gebannt.

»Wir fangen jetzt an«, sagte Nicola bestimmt. Und zu mir gewandt: »Ich mache normalerweise eine Pause zwischendrin. Vielleicht können wir dann über ihre Fortschritte sprechen.«

»Das geht in Ordnung. Ich bringe in der Pause Getränke und was zu essen.« Ich vergewisserte mich, dass sie alles hatten, was sie brauchten, dann ließ ich sie allein, froh, dass ich die Verantwortung wenigstens für ein paar Stunden abgeben konnte. Oben schloss ich die Tür meines Zimmers, sodass sie mich nicht hören konnten, dann setzte ich mich aufs Bett mit dem Telefon an meiner Seite. Bevor ich anrief, ließ ich mir noch einmal durch den Kopf gehen, was ich sagen wollte. Ich hatte noch keine Zeit gehabt, meine Logbuchnotizen auf den neuesten Stand zu bringen, aber es war alles noch klar in meinem

Kopf und bedrückend lebhaft. Ich wählte die Nummer, die Sekretärin war am Apparat.

»Jill, bitte. Es ist Cathy.«

»Ich stelle Sie durch.«

Ein Klick und da war Jills Stimme. »Hallo, Cathy, ist alles in Ordnung?«

»Nein, das ist es nicht. Jodie wurde sexuell missbraucht. Da bin ich mir sicher. Sie könnte sich das nicht alles ausdenken.« Ich ratterte schnell die Enthüllungen runter, erklärte, wie Jodie die Puppe dazu benutzt hatte, mir alles zu erklären, und wiederholte beinahe Wort für Wort, was sie gesagt hatte.

Jill war eine Sekunde lang still und fragte dann: »Wie geht es dir damit, Cathy? Niemand hat irgendetwas geahnt.«

Nicht geahnt? Mit dem Wissen, das ich nun hatte, konnte ich nur schwer glauben, dass niemand erraten hatte, was vor sich gegangen war – aber ich musste dem Sozialamt einen Vertrauensbonus geben. Wenn jemand vermutet hätte, was sich abgespielt hatte, wäre Jodie früher aus der Familie geholt worden. Aber wie konnten sie die Anzeichen so lange übersehen? Vielleicht fokussierten sie sich auf die offensichtlichen Anzeichen von physischer Misshandlung wie Prellungen, Verbrennungen und gebrochene Knochen, statt auf das tiefer liegende, grausamere Böse zu achten.

Jetzt musste ich meine Gefühle nicht mehr kontrollieren, ich konnte spüren, wie der Schock und der Zorn in mir hochkamen. Meine Augen brannten, und mein Blickfeld verschwamm, als heiße Tränen aufstiegen. Ich fühlte an Jodies Stelle eine schreckliche Mischung von machtloser Wut und tiefer Traurigkeit. Aber ich konnte mir nicht erlauben, dass ich zerbrach. Ich musste stark sein, für Jodie. Ich atmete tief durch. »Ich bin natürlich entsetzt. Aber wenigstens ist es jetzt offengelegt. Und es erklärt, warum sie so verstört ist. Es erklärt eine Menge Dinge, wenn ich ehrlich bin – kein Wunder, dass sie sich verletzen will und dass sie sich vor der Welt verschlossen hat. Und Jill, es klingt so, als ob das über Jahre so ging. Sie ist recht sachlich in ihrer Art, wie sie es beschrieben hat, als ob es ganz normal wäre.«

Eine weitere Pause. Ich wusste, dass Jill betroffen war von dem, was ich ihr mitgeteilt hatte. Aufdeckung von sexuellem Missbrauch ist etwas, was jedem im Arbeitsfeld der Betreuung von Kindern begegnen kann, aber es hat dennoch keineswegs die Macht des Schocks und Horrors verloren. Zudem war Jodies Geschichte besonders abstoßend. Die Vorstellung, dass ein kleines Kind diese Art von Tortur über einen Zeitraum von Jahren erfahren haben könnte, war fast zu grauenhaft, um sie zuzulassen.

Nach einem Moment der Stille brachte Jill die Dinge in Gang. »Gut, ich kontaktiere Eileen, wenn wir fertig sind. Wir müssen sobald wie möglich Kontakt aufnehmen. Ich brauche deine Notizen. Kannst du sie aufschreiben, solange die Lehrerin da ist, und mir eine Kopie mailen?«

»Ich versuche es.«

»Jodie vertraut dir offensichtlich, Cathy, mehr als allen anderen bisher. Sie ist seit vier Monaten in Betreuung und hat nichts gesagt. Was ich nicht verstehe: Wo war die Mutter, als das alles vor sich ging?«

»Du hast recht, so wie Jodie es erzählt hat, ist es schwer vorstellbar, dass die Mutter nichts davon wusste. Aber ich weiß es schlichtweg nicht. Sie hat sie nicht erwähnt.«

»Würde Jodie eine direkte Frage beantworten, wenn man sie etwas fragt?«

»Ich bin mir nicht sicher. Sie hat mit mir zwar darüber gesprochen, aber es ergab sich aus dem Spiel mit der Puppe. Ich glaube, der Aufzug war der Auslöser.«

»Der Aufzug?«

»Ja, als wir einkaufen waren. Sie hatte Angst im Aufzug, so sehr, dass ich ihn anhalten musste und wir die Rolltreppe genommen haben. Es schien so, als hätte die Angst mit der Furcht vor ihrem Vater zu tun, und ich denke, dass das der Auslöser für die Enthüllungen war. Willst du, dass ich sie über ihre Mutter befrage?«

»Ja, aber erzwing es nicht. Es kann sein, dass jetzt alles ans Licht kommt, da sie einmal angefangen hat, aber es kann auch dauern. Sieh zu, was du herausfindest und dass du möglichst viele Informationen bekommst. Natürlich so sanft wie möglich.« Ich hörte, wie Jill die Luft scharf einsog. »Verdammt noch mal, sie ist seit ihrer Geburt auf der Risikoliste, und nie wurde etwas bemerkt! Dafür wird jemand zur Verantwortung gezogen.«

Jill war wütend, verständlicherweise. Ich auch. Obwohl ihre Rolle vorwiegend aufsichtsführend war, sorgte sich Jill zutiefst um die Kinder, die wir betreuten. Diese Arbeit kann man nicht machen, ohne emotional involviert zu sein. Jedenfalls nicht gut.

»Weißt du, Jill«, ergänzte ich noch, »sie redet eine Menge Unsinn mit ihren imaginären Freunden. Manchmal ist es schwer, eine sinnvolle Antwort aus ihr herauszubekommen. Aber ich habe sie nie so klar und fokussiert gesehen wie eben, als sie das beschrieben hat. Es war, als wäre sie ein anderer Mensch.«

»Gott sei Dank ist sie bei dir. Ich bringe die Dinge ins Rollen und melde mich später noch einmal. Wenn noch was anderes anfällt, ruf mich sofort an.«

»Okay.«

Ich legte den Hörer auf und ließ mich zurücksinken, überwältigt von der Verantwortung. Nun, da Jodie sich geöffnet hatte, konnte ich die Platzierung auf keinen Fall beenden, was auch immer sie mir noch offenbaren würde. Ohne es zu bemerken, hatte Jodie eine Menge Vertrauen in mich gesetzt, indem sie es mir verraten hatte. Ich konnte nicht zulassen, dass sich das für sie als Fehler erweisen würde. Ich stand auf und ging nach unten. Als ich durch die Diele ging, konnte ich Nicola eine Reihe von kurzen Worten lesen hören, die Jodie in ihrer kindlichen Stimme wiederholte. Jodie klang wie eine Vierjährige.

Ich ging den Flur entlang, nahm das Betreuerlogbuch heraus und fing an, meine Notizen aufzuschreiben. Ich schrieb schnell, versuchte alles so genau wie möglich zu dokumentieren und hatte bereits eineinhalb Seiten gefüllt, als das Telefon klingelte. Ich nahm ab in der Erwartung, dass es Jill oder Eileen wären.

»Hallo?«, fragte ich.

Keine Antwort.

»Hallo?«, sagte ich noch einmal.

Wieder nichts. Aber die Verbindung war offen, da war jemand am anderen Ende der Leitung. Ich horchte und glaubte ein Rascheln zu hören, als ob jemand am Hörer gerissen hätte. Vielleicht war es ein Kind, das versuchte durchzukommen, zögernd, sich wundernd, ob es die richtige Nummer gewählt hatte. Vielleicht war es meine Freundin Pat, die jetzt in Südaustralien wohnte und einmal im Monat anrief – es gab oft Probleme mit der Verbindung. Ich versuchte es noch einmal. »Hallo?«

Die Verbindung wurde unterbrochen. Ich legte auf und wählte die 1471. Eine automatische Ansage: »Sie wurden heute um 14 Uhr 20 angerufen. Wir haben keine Nummer für den Anrufer.«

Ich stand einen Moment nachdenklich da, dann ging ich zu meinem Schreibtisch zurück. Waren das vielleicht Jodies Eltern gewesen? Eigentlich sollten sie meine persönlichen Daten nicht bekommen, aber Jahre der Betreuungsarbeit hatten mich argwöhnisch gemacht. Ich beendete meine Notizen, dann tippte ich sie noch mal in ein Word-Dokument.

Einige Minuten später hörte ich Jodie den Flur hinunterlaufen. »Cathy! Es ist Pause. Wo sind meine Turnschuhe? Wir gehen in den Park.«

»In den Garten«, verbesserte Nicola vom hinteren Zimmer.

Ich klickte auf »Speichern«, dann ging ich in den Flur und half Jodie in ihre Turnschuhe und in den Mantel. Sie rannte in den Wintergarten, und ich machte die Tür auf, um sie rauszulassen. Nicola kam zu mir zur Terrassentür; wir standen da und sahen Jodie bei ihren unkoordinierten Versuchen zu, die Schaukel in Bewegung zu setzen.

»Armes Kind«, meinte Nicola, dann drehte sie sich zu mir um. »Cathy, sie sagte mir vorhin etwas, was sehr beunruhigend war, und ich denke, Sie sollten es wissen.« Ich suchte ihren Blick. »Es war, als wir mit dem Buchstaben H gearbeitet haben. Eines der Worte, die ich ihr gab, war Hose. Ich zeigte ihr ein Bild von einer Hose, und sie reagierte verärgert und wollte es nicht ansehen. Dann sagte sie: »Mein Papa hat die Hose ausgezogen. Das ist sehr böse, nicht wahr?«

»Ich weiß, woher das kommt«, sagte ich, und ich erklärte kurz den Charakter von Jodies Anschuldigungen, ohne spezifische Details zu nennen. Die Schweigepflicht muss respektiert werden, auch gegenüber einem Lehrer. »Ich habe ihren Sozialarbeiter schon benachrichtigt«, fügte ich hinzu. »Ich nehme an, nichts dergleichen ist jemals zuvor gesagt worden?«

»Nicht zu mir, aber es gab eine Episode bei Hilary und Dave. Ich nehme an, das hat man Ihnen gesagt.«

»Nein.«

»Oh. Nun, ich bin mir nicht so ganz sicher, was passiert ist, aber Dave berichtete dem Sozialarbeiter, dass Jodie sich benahm, als ob sie in ihn verliebt wäre. Sie flirtete mit ihm und ging in sein Schlafzimmer, wenn Hilary nicht da war. Soweit ich weiß, haben sie auch deshalb gebeten, Jodie wieder abgeben zu können, weil sie versucht hat, ihn durch die Hose zu berühren.«

»Nein, das hat man mir nicht gesagt«, sagte ich mit einer belegten Stimme. »Aber man hätte es mir sagen sollen. Ich habe einen siebzehnjährigen Sohn im Haus. Das ist ein sehr schlechtes Vorgehen vom Sozialamt.«

Ich wusste aus Erfahrung, dass sich bei der Arbeit mit dem Sozialamt eine lange Reihe von kleinen Fehlern oder Katastrophen anhäufte. Allein die Größe des riesigen Apparats und die Anzahl der involvierten Mitarbeiter bedeuteten, dass sich Fehler ansammelten. Ich verstand, dass menschliches Fehlverhalten vorkam und dass bei so vielen Fällen, die bearbeitet werden mussten, Fehler gemacht wurden. Trotzdem wollte ich darauf vertrauen können, dass die Leute dort spezielle Vorsicht walten ließen und auf ein korrektes Verfahren achteten. Vor allem dann, wenn etwas Wichtiges vorgefallen war, was einen direkten Einfluss auf den psychischen Zustand oder die Gesundheit eines Kindes hatte. Oder wenn folgenschwere Entscheidungen getroffen werden mussten.

Im Nachhinein konnte ich offensichtliche Signale von sexualisiertem Verhalten vor der heutigen Enthüllung erkennen: Ich hatte Jodie mit den Händen in ihrer Unterhose gesehen, heftig in der Öffentlichkeit masturbierend, wie keine normale Achtjährige das tun würde. Ich hatte gesehen, wie sie versuchte, zu Adrian ins Bett zu klettern, und manchmal schmiegte sie sich an ihn, versuchte neben ihm zu sitzen oder grinste ihn an und zwinkerte in seine Richtung. Flirten war das richtige Wort dafür, wenn ich es mir genau überlegte. Das Problem war, dass Jodie so viel von meiner Zeit, Energie und mentalen Kraft in Anspruch nahm, dass ich selten die Gelegenheit hatte, innezuhalten, sie objektiv zu beobachten und ihr Verhalten zu analysieren. Doch tatsächlich war es offensichtlich, dass sie Adrian in einer sexuellen Manier gegenübertrat, weil sie durch die Erfahrungen mit ihrem Vater alle Männer vorwiegend als Sexual»partner« ansah.

Alles fing an, Sinn zu ergeben. Jetzt verstand ich, dass das Teil eines Musters war und dass andere es auch bemerkt hatten.

Wenn es vorher Hinweise gegeben hatte für ihr sexualisiertes Verhalten, warum war dann niemand zu dem offensichtlichen Schluss gekommen – nämlich dem, dass Jodie sexuell missbraucht worden war? Und warum zum Teufel hatte man mir nichts von ihrem Verhalten in der vorherigen Pflegefamilie gesagt?

Ich unterdrückte meinen Ärger. Nichts davon war Nicolas Schuld, und ich wollte meine Frustration nicht auf sie abladen.

Nach fünfzehn Minuten riefen wir Jodie wieder vom Garten herein. Ich half ihr, die Turnschuhe auszuziehen, dann ging ich zurück ins Wohnzimmer und fuhr mit meinen Aufzeichnungen fort, während Nicola und Jodie mit dem Unterricht weitermachten. Sobald ich fertig war, mailte ich Jill das Dokument. Perfektes Timing! Ich machte gerade den Computer aus, als Jodie ins Zimmer marschierte.

»Wir sind fertig! Komm und schau dir meine Arbeit an!«

Ich ging in den Wintergarten und bewunderte die Buchstaben und Zahlen; dann setzten wir das nächste Treffen auf Donnerstag fest, und Jodie und ich begleiteten Nicola nach draußen. Sobald sie gegangen war, klingelte das Telefon und hörte den ganzen Nachmittag nicht auf zu klingeln. Jill sagte mir, dass der Gruppenvorstand ein Notfalltreffen einberufen wollte; Zeit und Ort würden noch bekannt gegeben, sie werde mich informieren, sobald sie mehr wisse.

Als Nächstes rief Eileen an. Ich war froh, von ihr zu hören, erhielt aber nicht wirklich die Antwort, die ich mir erhofft hatte. Irgendwie schien sie nicht besonders schockiert zu sein von dem, was das Kind in ihrer Obhut erlitten hatte.

»Ich habe gehört, was passiert ist«, sagte sie etwas neutral. »Hat Jodie seitdem noch mehr gesagt?«

»Nicht viel, aber sie machte heute ihrer Lehrerin gegenüber eine Bemerkung«, sagte ich und teilte ihr mit, was Jodie zu Nicola gesagt hatte. Ich rief mir in Erinnerung, dass Sozialarbeiter oft eine gewisse Distanz wahren müssen und zwischen sich und ihren Fällen Mauern errichten, um sich selbst zu schützen. Wenn sie emotional zu sehr involviert sind, können sie ihrer Arbeit nicht mehr nachgehen. Trotzdem konnte ich mich des Verdachts nicht erwehren, dass es Eileen schlichtweg egal war oder dass sie überhaupt keine Empathie für Jodie empfand.

»Gut«, sagte Eileen und seufzte, als sie aufschrieb, was ich ihr mitgeteilt hatte. Es schien geradezu, als ob der bedauerlichste Aspekt die zusätzliche Arbeit war, die das für sie bedeutete.

Ich atmete tief durch und befragte sie über Jodies Beziehung zu ihrem vorherigen Betreuer Dave.

»Das wird alles in der Akte stehen, wenn da was war«, antwortete sie, die gleiche Ausrede benutzend wie beim letzten Mal.

Ich wollte schon fauchen: »Dann lesen Sie doch mal die verdammte Akte!«, aber ich beschloss, diplomatischer vorzugehen. »Ich wäre Ihnen dankbar, wenn Sie mir die relevanten Hintergrundinformationen geben könnten. Es ist jetzt wichtiger denn je.«

Dann legte ich frustriert auf. Das hätte wirklich nicht von mir kommen sollen. Warum hatte Jodies Sozialarbeiterin sich nicht schon selbst mit dem Fall vertraut gemacht? Sie hatte die Akte offensichtlich noch nicht gelesen – und sie war ja bis jetzt noch nicht einmal vorbeigekommen, um Jodie zu besuchen. Die beiden kannten sich kaum, obwohl gute Sozialarbeitspraxis verlangte, dass sie eine Beziehung zu dem Kind aufbauen sollte, für das sie juristisch die Verantwortung hatte. Sie hatte selbst jetzt nicht angeboten vorbeizukommen, um Jodie ihre Unterstützung anzubieten. Kein Wort der Besorgnis, nichts!

Nun, Gott sei Dank hatte ich Jill. Sie schien die Schwere der

Situation zu verstehen und rief erneut an, um mir zu sagen, dass das Strategietreffen auf später verlegt worden war, jedoch noch am gleichen Tag stattfinden sollte. Weil Jodie nicht in die Schule ging und nicht genügend Zeit war, einen Babysitter zu organisieren, sagte Jill, dass sie meinen Platz einnehmen und mir berichten würde, was beschlossen worden sei.

Sally, die Prozesspflegerin, die vom Gericht eingesetzt worden war, um Jodies Interessen zu vertreten, rief als Nächste an. Ich mochte Sally von Anfang an: Sie zeigte die richtige Mischung von Professionalität und Besorgnis, was mich dahingehend beruhigte, dass die richtigen Schritte für Jodie unternommen werden würden. Sie rief an, um von mir selbst im Detail zu hören, was Jodie widerfahren war. Und sie sagte, wie leid es ihr täte und wie schrecklich es sei, dass der Missbrauch nicht schon vorher entdeckt worden war. Sie musste natürlich objektiv bleiben, aber es war deutlich zu sehen, dass Jodies Fall sie berührte. Ich war ihr dankbar dafür, dass sie dies nicht verbarg. Ich wiederholte erneut die Details von Jodies Enthüllungen. Sally dankte mir für alles, was ich tat, und gab mir ihre private Telefonnummer, sollten noch weitere Details ans Licht kommen.

Endlich hörte das Telefon auf zu klingeln. Ich schaltete den Wasserkocher an und versuchte Jodie mit Knete zu beschäftigen, aber sie hatte keine Lust. Sie war angespannt durch den Taumel der Ereignisse, zu Recht vermutend, dass es hier um sie ging. Glücklicherweise kamen Paula und Lucy bald darauf von der Schule nach Hause und lenkten sie lange genug ab, dass ich meine Gedanken sammeln konnte.

Eine Weile später klingelte das Telefon erneut. Es war Jill.

»Hallo, Cathy. Ich rufe nur an, um dir vom Strategietreffen zu berichten. Der Kontakt zu den Eltern von Jodie ist ausgesetzt, mit sofortiger Wirkung und bis auf Weiteres. Kannst du das Jodie bitte selbst sagen?«

»Sie wird auch ihre Mutter nicht treffen?«, fragte ich erstaunt.

»Nein. Nicht, solange wir nicht mehr wissen. Sie sind jetzt ziemlich vorsichtig.«

»Okay, ich erkläre es ihr. Keine Ahnung, wie sie das aufnehmen wird.«

»Wie schon gesagt, es wäre gut, wenn du herausfinden könntest, wo die Mutter während des Missbrauchs war.«

»Ich versuche es.«

»Ganz im Vertrauen, es sieht nach einem riesengroßen Pfusch des Sozialamtes aus. Hier ist die Hölle los, da sie nun versuchen herauszufinden, wie das hat passieren können.«

Ich legte auf und schaute auf die Uhr. Es war schon halb sechs, und ich hatte noch nicht mal ans Abendessen gedacht. Müde ging ich durch den Wintergarten, wo Paula und Lucy Jodie wunderbar dabei halfen, etwas aus der Knete zu formen. Ich beschloss, zuerst den Kontaktbesuch anzugehen. Auf keinen Fall sollte Jodie das Gefühl bekommen, sie sei dafür verantwortlich, dass sie ihre Eltern nicht mehr sehen konnte.

»Ich muss mit Jodie reden«, sagte ich zu den Mädchen. Ich erklär es euch später.« Sie verstanden und gingen. »Danke für eure Hilfe!«, rief ich ihnen nach.

»Ich erklär es euch später«, wiederholte Jodie. Ich hörte die Mädchen lachen.

Ich setzte mich neben sie und begann damit, ihr zu versichern, dass sie bei uns in Sicherheit sei, nicht zuletzt bei mir.

Brav antwortete sie: »Bei Papa war ich nicht sicher, oder, Cathy?«

»Nein, das warst du nicht, Liebes. Und deshalb meint Eileen, es wäre besser, wenn du deine Eltern eine Weile nicht mehr triffst. Bis das alles in Ordnung gebracht worden ist.«

»Okay, Cathy«, sagte sie ohne jegliches Anzeichen von Beunruhigung. »Ich sag es ihr.« Dann stand sie auf und fing eine Unterhaltung mit sich selbst an, in der sie Jodie sagte, dass sie ihre Mama und ihren Papa nicht sehen würde, weil es nicht sicher war.

Das war viel zu leicht, dachte ich. *Das ist nicht normal.* Ich habe viele Kinder betreut, die vernachlässigt worden waren, auch missbraucht. Aber was auch immer sie durchgemacht hatten, sie hatten immer eine emotionale Bindung zu ihren Eltern. Diese Reaktion hatte ich noch nie zuvor gesehen. Dann ging ich die zweite Sache an, die Frage nach der Mutter während des Missbrauchs. Jodie setzte sich wieder hin und nahm einen Klumpen bunte Knete in die Hand.

»Jodie, weißt du noch, was du mir vorhin erzählt hast? Kannst du dich daran erinnern, wo Mama war, als Papa bei dir im Zimmer war?«

»Guck mal, eine Katze!«, rief sie, während sie den Teig in eine längliche Birnenform zog.

»Wirklich? Das ist toll.« Ich rückte näher an sie heran. »Jodie, als Papa in deinem Zimmer war und böse Sachen gemacht hat, wo war die Mama?«

Sie zuckte mit den Schultern und rollte ihre Zunge hochkonzentriert über ihre Oberlippe.

»War sie im Haus, Jodie, oder war sie weg? Hast du ihr gesagt, was passiert ist?«

»Ich habe es ihr gesagt«, sagte sie und schlug den Teig mit der Handfläche. »Ich habe es ihr gesagt. Ich will eine Katze. Hol mir eine Katze, jetzt.« Dann rannte sie weg, um Toscha zu suchen. Ich forschte nicht weiter nach. Ich musste warten, bis sie so weit war.

11

Kochen und putzen

Mitten in der Nacht wurde ich von einem schrecklichen Geschrei geweckt. Da war keine Zeit für Bademantel und Schlappen. Ich wühlte mich schnell aus dem Bett, lief zum Treppenabsatz, schwindelig vom zu schnellen Aufstehen. Ich riss Jodies Tür auf. Sie lag auf dem Boden, schlug um sich und schrie sich die Seele aus dem Leib, als würde sie von einem Panikanfall geschüttelt.

»Jodie!«, rief ich und versuchte sie aus ihrem Albtraum zu reißen. »Jodie, ich bin's, Cathy!« Aber ihre Schreie übertönten meine Rufe.

Ich sank auf die Knie und ergriff ihre Hände. Ihr Gesicht war ganz verkniffen, und sie kratzte an ihren Augen, als wollte sie sie ausreißen. Ich presste einen ihrer Arme unter mein Knie und den anderen über ihren Kopf. Sie kämpfte mit aller Macht, und ihre Kraft war unglaublich, als ob Dämonen in sie gefahren wären, um eine Schlacht gegen sie zu führen.

»Jodie! Mach die Augen auf. Ich bin's, Cathy. Du bist bei mir, in Sicherheit.«

Sie knirschte mit den Zähnen und trommelte mit beiden Füßen auf den Boden. Unbeirrt hielt ich sie fest und redete weiter. »Jodie! Du bist in deinem Zimmer, es ist alles in Ordnung. Du hast nur schlecht geträumt. Hier kann dir nichts passieren.«

Die Schreie erreichten ihren Höhepunkt, dann ebbten sie ab, und ihr Körper erschlaffte. Ich hörte ein Plätschern, und auf ihrem Schlafanzug entstand ein nasser Fleck. Ihre Augen blinzelten, ihr Kopf drehte sich langsam. Sie sah zu mir auf, unbeweglich und starrend, dann drehte sie den Kopf zur Seite und übergab sich. Es war wie ein Anfall.

»Gut, Jodie. Es ist gut. Alles wird gut.«

Sie murmelte etwas, und ihre Augen wurden klarer. Ich entspannte meinen Griff und drückte sie an mich. Der Geruch von Urin und Erbrochenem löste einen Würgereiz in mir aus. »Du bist hier in Sicherheit, Jodie. Nichts kann dir hier passieren. Ich bin für dich da. Mach dir keine Sorgen, Liebes.« Ich wiegte sie sanft hin und her.

Sie wimmerte, dann schloss sie die Arme eng um meine Taille. »Ich will es nicht in meinem Mund. Sag's ihm. Sag ihm, mir wird schlecht davon, Cathy.«

»Es wird nicht mehr passieren, Liebes. Ich verspreche es. Du bist hier sicher.«

»Ich hab ihr gesagt, sie soll machen, dass es aufhört. Hab ich. Aber sie hat nicht zugehört.«

»Wer, Jodie? Wem hast du das gesagt?« Sie fing wieder an zu weinen. »Es ist okay. Ganz ruhig. Du kannst es mir sagen, wenn du so weit bist. Nur dann, Liebes, nur wenn du so weit bist.«

Ich hielt sie im Arm, bis sie sich ganz beruhigt hatte, dann brachte ich sie ins Bad. Ich wusch uns beide und half ihr in einen sauberen Schlafanzug. Sie war still und erschöpft. Ich führte sie über den Treppenabsatz und brachte sie ins Bett; dann saß ich auf dem Boden neben ihr und streichelte ihr Haar.

Schließlich schlief sie ein. Ich ließ das Licht an, schlich mich aus ihrem Zimmer und schloss die Tür. Leise ging ich in mein Zimmer zurück, um mir ein sauberes Nachthemd zu suchen, meinen Morgenmantel und die Schlappen, dann stieg ich hinunter. Es war drei Uhr morgens. Jodies Schreie mussten auch die anderen aufgeweckt haben, aber sie schienen wieder eingeschlafen zu sein.

In der Küche füllte ich einen Eimer mit heißem Wasser, gab Desinfektionsmittel dazu und unsere Nachtwäsche zum Einweichen hinein. Es machte nicht viel Sinn, jetzt noch mal ins Bett zu gehen. Ich würde ohnehin nicht schlafen können – Jodies Leid bedrückte mich zu sehr, und ich erwartete fast, dass sie jeden Moment wieder aufwachen würde. So etwas hatte ich noch bei keinem meiner Pflegekinder erlebt. Ich fühlte mich benommen und ausgelaugt. Schwer an die Arbeitsfläche gelehnt, sah ich der Uhr am Ofen zu, wie die Zeiger sich Minute um Minute bewegten. Toscha strich schnurrend um meine Beine, sicher fragte sie sich, ob es schon Zeit fürs Frühstück war. Ich gab etwas Milch in ihre Schale und machte mir selbst einen Tee.

Meine Gedanken richteten sich auf die Packung Zigaretten über dem Besenschrank. Ich hatte sie dorthin gelegt, als ich vor sechs Monaten aufgehört hatte zu rauchen. Ich hatte es geschafft, indem ich nur rauchte, wenn es unbedingt nötig war, und sie dort verstaut, wo sie schwer zu erreichen waren. Jetzt zog ich den Frühstückshocker heran und kletterte hinauf. Als ich die Packung öffnete und eine Zigarette herausgleiten ließ, hatte ich ein stechendes Schuldgefühl. Die Streichhölzer waren in dem kindersicheren Schrank unter der Spüle; die Feuerzeuge hatte ich alle weggeworfen. Ich schloss die Hintertür auf und ging nach draußen. Im Haus habe ich nie geraucht.

Die Nacht war kalt und klar. Der Mond war nicht zu sehen, aber der tiefschwarze Himmel war mit funkelnden Sternen übersät. Die frische Luft war eine Erleichterung nach der schweren Atmosphäre, die im Haus Einzug gehalten hatte. Das Streichholz flammte in der Dunkelheit auf, als wollte es meinen Fehltritt erhellen. Ich hielt es an die Spitze der Zigarette und inhalierte, fühlte den bekannten Rausch, zugleich belebend und beruhigend, dann einen weiteren Schub von Schuldgefühl, aber ich inhalierte noch mal, konzentrierte mich auf das Ritual und gestattete mir nicht, an etwas anderes zu denken. Als ich die Zigarette zu Ende geraucht hatte, war ich mir nicht sicher, ob ich mich besser oder schlechter fühlte.

Drinnen räumte ich die Streichhölzer zurück in ihr Fach und versteckte die Zigaretten in einer leichter erreichbaren Schublade. Da oben alles still war, ging ich ins Wohnzimmer und machte den Fernseher an. Auf Kanal 5 kam Eishockey. Ich drehte den Ton leise und schaute abwesend hin, während meine Gedanken schneller rasten als der Puck. Was hatte dieses Kind erlitten? Ich konnte es nur erahnen. Und wer war diese »Sie«, der sie es erzählt hatte? Ihre Mutter? Eine Tante? Eine Lehrerin in der Schule? Ich war erstaunt, dass bisher nichts bemerkt worden war. Jodie war seit ihrer Geburt auf der Risikoliste, also mussten Sozialarbeiter sie alle paar Monate besucht haben. Ich konnte nicht glauben, dass keiner von ihnen etwas Ungewöhnliches bemerkt hatte in ihrer Beziehung zu ihrem Vater, zumal es so klang, als ob der Missbrauch jahrelang stattgefunden hatte. Ihre Mutter musste es ebenfalls gewusst haben – aber das war eine andere Frage, der ich nicht jetzt nachgehen wollte.

Irgendwann muss ich eingeschlafen sein, denn als ich wieder die Augen aufmachte, hatte sich die Eisbahn in eine Wetterkarte verwandelt. Dunkle Regenwolken bedeckten einen Großteil von Südengland. Die Uhr in der Ecke des Bildschirms sagte mir, dass es fast halb sieben war. Das Haus lag still. Vielleicht war es kathartisch gewesen für Jodie, mir von ihrem Missbrauch zu erzählen. Vielleicht wurde sie dadurch ruhiger. Ich schlich mich nach oben und nahm die Gelegenheit wahr, eine lange, entspannende Dusche zu nehmen. Während das heiße Wasser auf meinen Nacken und meine Schultern rieselte, fühlte ich die Anspannung schwinden und konnte mich auf einen neuen Tag vorbereiten.

Kaum war ich angezogen, fühlte ich mich wie neu und bereit

zu neuen Taten. Ich hängte die Handtücher auf und hörte Jodie aufwachen. Innerhalb von wenigen Minuten legte sie los, schrie Ungezogenheiten und brachte ihr Zimmer in Unordnung. Ich ging hinein und versuchte sie zu beruhigen. Als das erfolglos blieb, schimpfte ich mit ihr, und als auch das nicht funktionierte, nahm ich ihr zur Bestrafung den Fernseher weg.

Da ich Angst hatte vor dem Schaden, den sie anrichten könnte, wenn sie unbeaufsichtigt blieb, erlaubte ich ihr, zum Frühstück mit Lucy und Paula herunterzukommen. Das stellte sich als ein riesengroßer Fehler heraus. Von dem Moment an, da sie sich setzte, begann sie die Mädchen zu piesacken, indem sie sie schubste und trat, ihren Löffel in deren Frühstück steckte und sich allgemein so unangenehm wie möglich machte. Paula ließ die meisten ihrer Weetabix stehen, um der Situation zu entkommen, während Lucy ihr schließlich einen Klaps auf die Hand gab und davonmarschierte, um ihren Toast in ihrem Zimmer zu essen. Als Adrian kam, war ich mit den Nerven am Ende. Der morgendliche Gleichmut war wie weggeblasen.

»Was glotzt du so?«, verlangte sie von ihm zu wissen, als er sich setzte. Jodie schien eine spezielle Furcht davor zu haben, angeschaut zu werden, und war nie glücklich darüber, wenn sie beobachtet wurde. Sie regte sich über jeden auf, der sie ansah. Ich bemerkte, dass sie Blickkontakt vermied und eher die Brustgegend ihres Gegenübers mit den Augen anpeilte, wenn man mit ihr sprach. Zudem war es ihr nie möglich, sich zu entspannen. Sie zuckte immer zusammen, wenn jemand ins Zimmer kam, als wäre sie in ständiger Bereitschaft zu fliehen. Ich hatte bisher nicht näher darüber nachgedacht, aber nun, mit dem Hintergrundwissen, das sie mir gegeben hatte, erhielt alles eine schwerwiegende Bedeutung.

Adrian rutschte unbehaglich hin und her und konzentrierte sich auf sein Frühstück.

Ich sah sie grinsen, ein grauenhaft verzogenes Gesicht; dann nahm sie blitzschnell eine Handvoll Porridge auf und bewarf ihn damit.

»Jodie, lass das!«, rief ich und zog ihr die Schüssel weg. »Das war sehr ungezogen. Jetzt muss ich sein Jackett saubermachen. Schau dir die Unordnung an, die du gemacht hast.«

Sie spöttelte: »Dafür bist du doch da. Um zu putzen und zu kochen. Sieh zu, dass du fertig wirst, du dumme Kuh.«

Adrian konnte nicht glauben, was er da hörte, und ich auch nicht.

»Wie bitte?«, sagte ich. Sie sah so aus, als wollte sie es wiederholen, also unterbrach ich sie. »Wag es nicht, so etwas noch einmal zu sagen. Wenn du glaubst, dass ich nichts Besseres zu tun habe, als hinter dir herzuputzen, dann hast du dich gewaltig geirrt. Du hast den Fernseher für heute verloren, und wenn es noch mehr Benehmen dieser Art gibt, dann gibt es ihn auch nicht für den Rest der Woche.«

Ich wusch ihr die Hände, wischte Adrians Jackett ab und räumte die Frühstückssachen weg. Ich sprach nicht mit Jodie und stellte auch keinen Blickkontakt zu ihr her. Ich wollte, dass sie meine Missbilligung spürte. Zwar verstand ich, dass sie sehr gelitten hatte in ihrem Leben, aber die einzige Hoffnung für ihre Zukunft war, dass sie versuchte zu verstehen, wie eine normale Familie funktionierte. Sie musste lernen, welches Benehmen akzeptabel war und welche Konsequenzen es hatte, wenn sie sich danebenbenahm.

Erst als ich das benutzte Geschirr in die Spülmaschine stellte und Adrian, Lucy und Paula in die Schule geschickt hatte, machte ich ihr ein Friedensangebot. »Kein Fluchen und kein Herumwerfen von Sachen. Verstehst du? So was ist ungezogen, und du bist doch nicht ungezogen.«

»Nein. Es tut mir leid, Cathy«, sagte sie, kurzzeitig zerknirscht.

»Okay. Willst du, dass ich dir jetzt eine Geschichte vorlese?«

»Ja, bitte, Cathy.«

Ich umarmte sie, und wir gingen ins Wohnzimmer, wo sie ein halbes Dutzend Bücher aufhob und in meinen Schoß fallen ließ. Wir saßen Seite an Seite auf dem Sofa, und Jodie bat um eine weitere Umarmung. Ich legte meinen Arm um sie und dachte, dass dies eine gute Gelegenheit war, sie nach ihrer Mama zu fragen, da sie ruhig und relativ kooperativ war.

»Bevor wir anfangen, Jodie, wollte ich dich noch wegen letzter Nacht fragen. Erinnerst du dich, dass du sehr aufgeregt warst und ich in dein Zimmer gekommen bin?« Sie sah mich mit stumpfem Blick an, was nicht ungewöhnlich war, also beschloss ich fortzufahren. »Du hast gesagt, du hast jemandem erzählt, was dein Papa macht. Du hast gesagt, sie sollte ihn dazu bringen, aufzuhören.« Sie sah mich immer noch an, und ihre Stirn legte sich in Falten bei dem angestrengten Versuch, sich zu erinnern. »Jodie, wem hast du es gesagt? Kannst du dich erinnern? Ich weiß, es war eine Frau, denn du hast ›sie‹ gesagt.«

Sie rückte ein kleines Stück von mir ab und nahm das oberste Buch vom Stoß. »Drei kleine Schweinchen. Ich sagte es den drei kleinen Schweinchen, und sie bliesen mein Haus zusammen.«

Ich lächelte innerlich über diese clevere Ablenkung. »Nein, das hast du nicht. Konzentrier dich. Es ist wichtig.«

»Kann mich nicht erinnern. Kann nicht. Ehrlich, ich kann nicht, Cathy.«

»Ist gut, Liebling, lass uns lesen.«

Am Nachmittag rief ich Jill an und sagte ihr, dass ich keinen Erfolg gehabt hatte. »Sie erinnert sich wirklich nicht. Ich muss warten, bis sie so weit ist.«

»Okay. Du tust ja schon, was du kannst, Cathy. Das ist nicht ungewöhnlich. In manchen Fällen, wenn ein Kind emotional so stark traumatisiert ist, schaltet das Gehirn ab, um das Kind vor den schrecklichen Erinnerungen zu schützen. Sobald es sich wieder sicher fühlt, wird es mehr herauslassen, aber immer nur so viel, wie die Seele verkraftet.«

Das klang nach einem Mechanismus, mit dem ich zurechtkommen würde, dachte ich mir. Ich beendete das Gespräch mit Jill und fühlte mich etwas getröstet. Ich hoffte nur, dass dies ein Wendepunkt für Jodie war. Jetzt, da sie bereit war zu offenbaren, was mit ihr passiert war, würde sie sich eventuell besser fühlen.

Ich hätte mich kaum mehr irren können.

12
Monster

Es dauerte Wochen, bis Jodie sich sicher genug fühlte, um mir mehr zu offenbaren. In dieser Zeit wurde ihr Verhalten nicht etwa besser, sondern immer nur noch schlimmer. Sie wurde zunehmend gewalttätig – nicht gegen mich oder die anderen Kinder, aber gegen sich selbst. Aus irgendeinem Grund verzweifelte sie oft beim Essen am Tisch. Mitten während der Mahlzeit zerkratzte sie ihr Gesicht oder riss sich an den Haaren. Ein andermal kratzte oder kniff sie sich am Arm, und zwar so stark, dass Flecken oder Kratzer zurückblieben. Ich bändigte sie dann natürlich schnell, indem ich so lange meine Arme um sie legte, bis sie sich beruhigt hatte.

Sie machte auch wieder in die Hose. Nach den ersten zwei Malen hatte das aufgehört, aber jetzt fing sie wieder damit an, und es war schlimmer als zuvor. Nun verteilte sie den Kot über ihren ganzen Körper, und wenn ich sie nicht schnell genug erreichte, auch im Haus. Es gab kein offensichtliches Muster oder Motiv, aber sie schien zu verstehen, dass sie eine größere Standpauke bekam, wenn sie Stoffe beschmierte im Gegensatz zu glatten Oberflächen (wie Wänden oder dem Treppengeländer). Also schien sie das Sofa und die Vorhänge zu vermeiden. Wie schon vorher war es unmöglich, Jodies Beweggründe zu verstehen. Und es blieb auch unklar, ob sie sich selbst bewusst über das war, was sie da tat.

Aufgrund ihrer Aktionen roch es im Haus ständig nach Desinfektionsmittel. An einem Abend, als ich mich fürs Bett fertig machte, sah ich, dass die Haut an meinen Händen rissig und gerötet war und dass meine Fingerspitzen runzelig waren von dem vielen Desinfektionsmittel. Diese Gewohnheit von Jodie war für alle im Haus schwer zu ertragen, um es milde auszudrücken, und das, obwohl wir wohl eine ungewöhnlich hohe Toleranz für mangelnde Hygiene hatten, da wir schon einige Pflegekinder mit vielerlei Problemen betreut hatten. Ich glaube nicht, dass ich jemals den Tag vergessen werde, als ich mich in dem Zimmer eines Mädchens im Teenageralter umsah, um den Grund für den ständig schlechten Geruch auszumachen. Als ich hinter ihren Schrank blickte, fand ich eine Ansammlung von gebrauchten Damenbinden, die sich über sechs Monate angehäuft hatten, seit der Zeit ihrer Ankunft.

Trotz der Gewalt, der Beleidigungen, der Exkremente, des Schlafmangels und der vielen weiteren Schwierigkeiten waren meine Kinder erstaunlich geduldig mit Jodie. Kurz nach den ersten Enthüllungen setzte ich mich mit ihnen an einem Abend hin, erzählte ihnen von dem Missbrauch und warnte sie vor zusätzlichem verstörtem Benehmen, das eventuell zu erwarten war. Es war wichtig, ihnen das zu sagen, da Jodie ihnen gegenüber Dinge enthüllen könnte, wie auch mir, und sie mussten vorbereitet sein. Außerdem waren ihnen bereits Dinge zu Ohren gekommen, die Jodie gesagt hatte. Genau wie bei Nicola begann sie nebenbei Bemerkungen darüber zu machen, was ihr widerfahren war. Ich musste ihnen erklären, worüber sie sprach.

Da Paula erst dreizehn Jahre alt war, gab es bestimmte physische Aspekte des Missbrauchs, die ich ihr im Detail erklären musste: Wenn Jodie erwähnte, dass ihr Vater in ihren Mund gepinkelt hatte, mussten die anderen Kinder wissen, dass damit oraler Sex gemeint war. Das war nicht nur schwierig für uns alle, sondern ich wurde auch wieder einmal daran erinnert, was für einen potenziell negativen Effekt meine Tätigkeit als Pflegemutter auf meine Kinder haben konnte. Wie fühlte es sich für Paula an, in diesem Kontext mehr über Sex zu erfahren? Lag hier möglicherweise ein Risiko für ihre zukünftigen Beziehungen?

Die Kinder waren, so wie ich erwartet hatte, schockiert und erschüttert. Auch ich wünschte, dass ich derartige Informationen nicht hätte in ihre Welt tragen müssen. Es war schrecklich mitzuerleben, wie sie wortlos dasaßen, als sie das verarbeiteten, was ich ihnen sagte. Die Tatsache, dass Jodies Vater ihr dies angetan hatte, war für sie fast unmöglich zu begreifen. Sie waren es bereits gewohnt, von den schwierigen Hintergründen der Kinder zu hören, die ich aufgenommen hatte. Oft waren solche Informationen wichtig für ihren eigenen Schutz. Aber dies übertraf alles bisher Dagewesene.

»Wie ihr wisst, ist das alles streng vertraulich«, mahnte ich sie, und sie nickten mir mit ernsten Gesichtern zu. Sie verstanden immer, dass das, was sie im Haus hörten, dort bleiben musste und niemand anderem offenbart werden konnte. Ich vertraute ihnen völlig.

Nach diesem Gespräch wurden die Kinder sogar noch toleranter gegenüber Jodies Verhalten. Sie versuchten, mehr Zeit mit ihr zu verbringen, und zeigten Verständnis, sogar wenn sie sie anschrie: »Verschwinde aus meinem verfickten Haus!«, oder wenn sie ihnen einen Tritt verpasste. Doch ihre Geduld hatte Grenzen, und als Jodie einmal ausgerechnet beim Essen in allen Einzelheiten beschrieb, wie Blut aus ihren Fingern getropft war, nachdem die Mutter sie absichtlich geschnitten hatte, verlor Lucy die Nerven. »Das ist ekelhaft!«, rief sie, nahm ihren Teller und ging damit ins Wohnzimmer.

An einem Nachmittag im Sommer, als Jodie ungefähr vier Monate bei uns war, kam Jill zu einem unserer regelmäßigen Treffen. Obwohl sie als Verbindungsbeauftragte nicht verpflichtet war, uns zu besuchen (im Gegensatz zu Jodies Sozialarbeiterin, die sich nicht blicken ließ), war es gute Praxis, dass sie alle vier bis sechs Wochen vorbeischaute, um zu sehen, wie es uns ging, und um Unterstützung anzubieten. Bei dieser Gelegenheit las sie auch meine Einträge im Logbuch durch.

Da es ein wunderschöner sonniger Tag war, beschlossen wir, mit Jodie den Park zu besuchen. Obwohl Jodie wegen der Albträume und ihrer generellen Unruhe fast die ganze Nacht auf gewesen war, wie so oft, war sie voller Energie und konnte es kaum erwarten, in die Sonne zu gehen. Ich dagegen war völlig erschöpft.

»Nun, wie kommt sie voran?«, fragte Jill, als wir durch den Park mit den wunderbar gepflegten Blumenarrangements spazierten. Jodie marschierte ein paar Meter vor uns, sehr darauf bedacht, zum Spielplatz zu kommen, und ignorierte das bezaubernde Spiel von Farben und Düften.

»Es wird schlimmer«, antwortete ich. »Sie hat mehr und mehr hysterische Schreianfälle ohne ersichtlichen Grund, und wenn sie sich erholt hat, scheint sie kaum zu wissen, was sich abgespielt hat. Deshalb ist Nicola heute auch nicht zum Unterricht geblieben; ungefähr einmal die Woche ist Jodie einfach nicht zu beherrschen, und wir müssen den Unterricht absagen.«

»Und wie schläft sie?«

»Nicht gut. Sie wacht um fünf auf, manchmal noch früher. Sie hat gelernt, in ihrem Zimmer zu bleiben und leise zu spielen. Aber seit ein paar Wochen hat sie furchtbare Albträume, die eher Halluzinationen gleichen. Sie sind völlig real für sie, und manchmal reichen sie bis ins Wachsein hinein. Es ist schrecklich! Ich wache auf von ihren Schreien, finde sie sich auf dem

Boden windend vor, und dann geht es mit Unterbrechungen den Rest der Nacht so weiter. Es ist so weit gekommen, dass ich einen Sessel auf dem Treppenabsatz vor ihrer Tür stehen habe. Sobald sie sich das erste Mal wieder beruhigt hat, sitze ich da und warte. Wenn ich Glück habe, schlafe ich für ein paar Minuten ein, bis sie erneut anfängt.«

»Du musst total erschöpft sein.«

Wir kamen am Spielplatz an, wo Jodie auf die Schaukel sprang und anfing, höher und höher zu schaukeln.

»Vorsicht, Jodie«, warnte ich, dann stellte ich mich mit Jill an die Grasumrandung, sodass Jodie mitbekam, dass ich ihr zusah. Sie hatte keine Vorstellung von Gefahr und nicht den Instinkt, sich zu schützen. Das hieß, wenn ich es dazu kommen ließe, würde sie schaukeln, bis alles außer Kontrolle geriet und sie abstürzte.

»Wie war es beim Hörtest?«, fragte Jill. Ich hatte Jodie die Woche zuvor zu einem Hörtest mitgenommen, da es vorkam, dass sie nicht zu hören schien, was um sie herum geschah.

»Ich glaube, der war okay. Wir warten auf den Brief vom Arzt, aber die Schwester meinte, dass ihr nichts fehlt.«

»Sie schaltet also ab?«, fragte Jill und bezog sich darauf, wie einige schwer missbrauchte Kinder einfach ihre Sinne ausschalten, um sich selbst zu schützen. Wenn man nicht sehen, hören oder fühlen kann, ist vielleicht gar nichts passiert. Wenn sie sich so abschalten, sind diese Kinder sich ihrer Umwelt weniger bewusst und nehmen nicht wahr, was wir normalerweise empfinden, wie den angenehmen Geschmack von Essen oder ein zu heißes Badewasser.

»Ich glaube schon«, antwortete ich. »Das sind sicherlich Anzeichen. Kaum etwas macht ihr Freude, und sie scheint Temperaturschwankungen gegenüber nicht sehr empfindlich zu sein: Auch als es wirklich kalt war, hatte ich Mühe, sie davon abzuhalten, jeden Tag nur ein T-Shirt und Shorts zu tragen. Es gibt Tage, an denen sie relativ gelassen ist, obwohl ich nicht mal diese Tage als gute Tage beschreiben würde. Wenn wir ohne einen mächtigen Wutanfall durch den Tag kommen, können wir uns relativ glücklich schätzen. Aber das ist sehr selten.«

Jill sah mich mitleidig an. »Du arbeitest sehr schwer, das weiß ich. Du machst deinen Job wirklich gut, ehrlich.«

Ich lächelte schwach. Komplimente waren nett, aber was ich wirklich brauchte, war eine gute Nachtruhe. Ich war ständig erschöpft, und obwohl ich sehr geduldig war, fühlte ich mich am Ende meiner Kräfte.

Wir machten uns auf den Rückweg, zufrieden darüber, dass der Ausflug ohne Zwischenfälle verlaufen war. Die Sonne stand noch hoch, aber ich war darauf bedacht, Jodies gutes Benehmen zu nutzen. Wenn wir ohne Drama nach Hause kamen, hatte ich einen Anlass, sie zu loben und zu belohnen. Vielleicht würde der Tag dann auch positiv zu Ende gehen. Jill und ich nahmen sie an beide Hände, als wir langsam durch den Park flanierten.

»Ich muss zugeben, dass mich der Mangel an Verbesserung beunruhigt«, sagte ich absichtlich vage, damit Jodie nicht bemerkte, dass wir über sie sprachen. »Die Unruhe wird stärker, besonders nachts.«

»Und haben irgendwelche Enthüllungen sich mit der mütterlichen Anwesenheit befasst, wie wir besprochen hatten?«

»Nein. Sie erzählt mir über diese Begebenheiten wieder und wieder, aber da ist kaum etwas Neues dabei. Ehrlich gesagt sorge ich mich sehr, dass die Dinge eher schlechter werden als besser. Hast du keinen praktischen Rat für mich?« Ich versuchte den Grad meiner Verzweiflung aus meiner Stimme zu bannen.

»Nicht mehr als das, was du ohnehin schon machst«, sagte Jill mitleidsvoll. »Und ehrlich gesagt, es sollte eine Grenze geben für das, was man von dir erwarten kann. Es ist gut möglich, dass das emotionale Trauma so schwer ist, dass nur eine stationäre Therapie helfen kann. Weißt du, ich schaue mal, was es gibt. Ich werde nichts unternehmen, sondern einfach nur mal schauen.«

Wir kamen zur Straßenecke, und ich erlaubte Jodie vorwegzulaufen, während Jill und ich weitergingen, ohne etwas zu sagen. Ich hatte gehofft, Jill könnte mir einen Rat geben, aber der Grad von Jodies Verstörtheit schien auch Jills Erfahrung zu überfordern. Ich war enttäuscht, doch ich schwor mir, weiterzumachen. In diesem Moment bemerkte ich, dass Jodie ein Stück vor uns stehen geblieben war und sich mit dem Rücken zu mir hinhockte, ernsthaft fokussiert auf etwas im Straßengraben. »Jodie«, rief ich. »Was machst du da? Komm her.«

Sie drehte sich um, grinste, dann hielt sie eine tote Taube hoch und präsentierte sie stolz wie eine Trophäe. Der Kopf des Vogels war zur Seite gefallen, und die Brust war aufgerissen, sodass die blutigen Innereien freilagen. Jodie starrte den Kadaver fasziniert an.

»Jodie! Leg das weg, sofort!«, sagte ich streng. Sie starrte mich an, dann drehte sie sich langsam um, stocherte mit dem Finger im Fleisch der Taube herum und warf sie schließlich in den Straßengraben.

»Igitt«, sagte Jill.

Ich fasste Jodies Ellbogen mit meinen Händen von hinten und steuerte sie dem Haus zu, mit ausgestreckten Armen. Jill stieg sofort in ihr Auto, ohne noch einmal hereinzukommen, da sie zu einem anderen Termin musste. Ich geleitete Jodie durch die Haustür und zur Spüle. Sie sah auf, als ich die Schüssel mit heißem Wasser und Seife füllte.

»Wir hatten eine schöne Zeit im Park, nicht wahr, Cathy?«

Ihr Gesicht war gerötet, glücklicher, als ich es in den vergangenen Wochen gesehen hatte. Ich lächelte zurück. Ich konnte nicht verärgert sein; immerhin hatte sie nicht wirklich etwas angestellt. Aber ihre schaurige Faszination, die der tote Vogel hervorgerufen hatte, beunruhigte mich.

Am nächsten Morgen war schon früh klar, dass etwas anders war. Jodie schrie nicht um fünf, nicht um sechs, nicht um sieben. Ich hatte Zeit für eine Dusche, mich anzuziehen und mein Haar zu trocknen. Ich machte den Kindern einen Lunch zum Mitnehmen und trank sogar in Ruhe einen Kaffee.

Dann fing ich an, mir Sorgen zu machen. Ich schlich die Treppe hinauf, ging auf Zehenspitzen zu Jodies Tür und horchte. Alles war still. Sie redete nicht mit sich selbst, was sie sonst andauernd tat, auch in ruhigeren Momenten. Ich klopfte an und trat ein. Sie lag auf ihrer Bettdecke, flach auf dem Rücken, Augen weit geöffnet, und starrte die Decke an. Sie war so still, dass ich einen Augenblick lang glaubte, sie wäre tot.

»Jodie?« Ich schüttelte sie an der Schulter. »Jodie?« Sie zeigte ein kleines Zucken im Augenwinkel. »Jodie? Was ist los? Bist du krank?«

Sie bewegte sich nicht. Ihre Arme und Beine waren gerade, so steif, als wären sie in Beton eingegossen. Ich wusste, dass das kein Anfall war, zumindest keiner, den ich schon mal gesehen hätte. Ich legte meine Hand auf ihre Stirn. Sie war warm, aber nicht fiebrig.

»Jodie? Kannst du mich hören?«

Ich schüttelte sie erneut, diesmal fester. »Jodie, sieh mich an. Sag mir, was los ist. Ich bin's, Cathy. Jodie? Kannst du mich hören?«

Sie blinzelte, dann drehte sie sich langsam zu mir herum. Ihre Pupillen waren geweitet, und ich sah große dunkle Ringe um ihre Augen. Als sie sprach, hörte es sich flach und monoton an. »Er kam hierher letzte Nacht. Du hast gesagt, er würde nicht kommen, aber er war da. Ich weiß es, ich weiß, wer es war.«

Ich kniete mich hin und hielt ihre Hand fest in meiner. »Nein, Liebes, niemand ist gekommen. Das ist nur eine sehr, sehr lebhafte Erinnerung.«

»Ich habe nichts gesagt. Ich habe nichts gesagt, weil sie es gesehen hat. Sie hat es gesehen, Cathy. Sie hat es gesehen und nicht verhindert.«

»Jemand hat gesehen, wie Papa böse Sachen mit dir gemacht hat?«

Sie nickte.

»Wer, Liebes? Wer war es?«

Sie starrte mich direkt an, die Augen groß vor Entsetzen, ihre Wangen bleich wie der Tod. Ich konnte ihren Puls am Hals rasen sehen.

»Mama. Mama hat es gesehen. Ich sagte, mach, dass er aufhört, aber sie hat nichts gemacht. Sie hat gelacht und zugesehen. Alle haben sie zugesehen.«

Mir wurde kalt. »Alle? Da waren andere dabei?«

»Onkel John und Ken und Tante Bell. Sie haben Fotos gemacht, als Onkel Mike es gemacht hat.«

»Onkel Mike?«

Ihr Gesicht war leer. Sie sah mich an, während sie sprach, aber sie schien wie benommen.

»Er lag auf mir, genauso wie Papa. Ich wollte das nicht. Es tut weh. Papa hat mich festgehalten, als Onkel Mike an der Reihe war. Ich schrie und brüllte, aber da hat Papa sein Ding in meinen Mund gesteckt. Tante Bell sagte: ›Das wird sie zum Schweigen bringen.‹ Und dann haben sie alle gelacht.« Sie zitterte vor Angst.

Ich versuchte meinen Horror zu verbergen und konzentrierte mich auf das, was ich hörte. Ich musste sichergehen, dass ich alle Namen und Details im Gedächtnis behielt, um so viele Beweise wie möglich zu sammeln. Ich wusste nicht, wann oder ob sie sich wieder öffnen würde. Ich streichelte ihre Stirn und flüsterte tröstende Worte.

»Jodie, du bist jetzt in Sicherheit. Die Türen sind abgeschlossen und verriegelt. Wir haben ein sehr gutes Alarmsystem. Niemand kann hereinkommen. Was sie gemacht haben, ist das Schrecklichste, was ein Erwachsener einem Kind antun kann. Das sind sehr schlechte Menschen, Jodie.«

Sie nickte, aber ohne Überzeugung. »Sie haben mir eine Menge Süßigkeiten und Spielsachen gegeben.« Sie schaute auf ihre Spielzeugkiste, die übervoll war.

»Haben sie dir all diese Sachen gekauft?«, fragte ich. Sie nickte wieder. Das war es also – es sind keine Geschenke, keine Sachen, die Freude bringen sollten; es waren Bestechungen, um ihr Schweigen und ihre Willfährigkeit zu erkaufen. Kein Wunder, dass sie ihr nichts bedeuteten. »Jodie, gute Erwachsene kaufen Kindern keine Geschenke, weil sie schlechte Sachen mit ihnen gemacht haben. War das, um dich davon abzuhalten, etwas zu sagen?«

»Es war unser Geheimnis. Sie sagten, schreckliche Dinge werden passieren, wenn ich was sage. Ich werde in eine dunkle Höhle gebracht, und ein Monster kommt und beißt mir die Arme ab. Wird das Monster kommen, Cathy?« Ihre Stimme stieg angstvoll an. »Wird es kommen und mir die Arme abbeißen?«

»Nein, bestimmt nicht. Die einzigen Monster sind diese Leute, und sie werden nicht mehr in deine Nähe kommen, nie mehr. Das verspreche ich dir, Jodie.«

Sie dachte darüber nach, und dann kam ein trauriges Lächeln über ihre Lippen. »Tante Bell war nett. Sie hat nichts gemacht. Sie hat nur zugesehen.«

Mir schauderte bei dieser abstrusen Logik. »Das ist genauso schlecht, Jodie. Sie hat zugesehen, wie man dir wehgetan hat, und hat dir nicht geholfen. Sie hätte es beenden sollen. Das hätte ich getan. Wo waren sie, als sie zugesehen haben?«

»In meinem Zimmer.«

»Und im Auto? Du hast mal was von einem Auto gesagt. Wer war im Auto, Jodie?«

»Mama und Papa. Mama hat Fotos gemacht von Papa und mir. Es war ein sehr großes Auto. Wir waren hinten drin. Es war dunkel. Ich mag es nicht, wenn es dunkel ist. Die Kamera hat Licht gemacht. Wird man mit ihm schimpfen, Cathy?«

»Das hoffe ich doch sehr, Liebes. Mit allen. Ich sag es deiner Sozialarbeiterin, und sie wird es der Polizei sagen. Die Polizei wird dann mit uns reden wollen, aber mach dir keine Sorgen, ich werde bei dir sein.«

Ich hielt immer noch ihre Hand fest und streichelte ihre Stirn. Am liebsten hätte ich nie damit aufgehört. Es war weit nach sieben Uhr, und ich hätte längst die anderen wecken sollen, damit sie sich für die Schule fertig machten. »Ist da noch etwas, was du mir jetzt sagen willst? Du warst sehr tapfer, und es ist wichtig, dass du es mir sagst, wenn da noch etwas ist.«

Sie schüttelte den Kopf. Ich umarmte sie, dann legte ich sie sanft ins Bett zurück und versuchte, meine Gedanken zu ordnen.

»Cathy?«, sagte sie plötzlich.

»Ja, Liebes?«

»Hat dein Papa auch diese Sachen mit dir gemacht?«

»Nein. Auf keinen Fall«, sagte ich. »Nie und nimmer. Er ist ein guter, netter Mann. Die meisten Erwachsenen sind gut.«

»Und Paulas und Lucys Papa?«

»Nein. Paulas Papa würde ihr nie wehtun. Lucys Papa hat Lucy geschlagen, deswegen ist sie hier. Aber so etwas würde er ihr nie antun.«

»War es meine Schuld, Cathy? Ich wollte das nicht. Mama

hat gesagt, ich bin ein glückliches Kind. Sie hat gesagt, er macht das, weil er mich so lieb hat. Sie hat gesagt, ich sollte den Mund halten und es genießen. Und ich sei Papas Mädchen.«

»Das war falsch, Jodie. Eltern umarmen ihre Kinder, um ihnen Liebe zu zeigen. Sie tun ihnen nicht weh. Und es war nicht deine Schuld, Jodie. Das darfst du niemals glauben.« Ich umarmte sie noch einmal, dann bat sie um ihren Fernseher, und zum ersten Mal, seit sie bei uns war, war sie zufrieden damit, im Bett zu bleiben, während die anderen aufstanden.

Ich verließ das Zimmer, blieb einen Augenblick auf dem Treppenabsatz stehen und versuchte, mich zusammenzureißen. Mir war eiskalt, ich zitterte vor Wut. Ich hatte das Bild vor Augen, wie Jodie von ihrem Vater runtergedrückt wurde. Ich konnte sehen, wie die anderen zusahen. Ich konnte das Gelächter hören. Kein Wunder, dass sie in diesem Zustand war. Ich wusste jetzt, wo ihre Angst herrührte, und ich musste das jetzt mit jemandem teilen. Ich hatte nicht glauben wollen, dass es schlimmer sein konnte, als dass ihr Vater ihr Furchtbares angetan hatte. Doch jetzt verstand ich, dass es noch sehr viel schlimmer war, als alle vermutet hatten. Sie war Opfer der schrecklichsten Art von Missbrauch geworden, die man sich vorstellen kann. Nicht nur, dass ein Elternteil sie so schändlich behandelte, sie waren beide daran beteiligt gewesen. Und nicht genug damit, auch andere Erwachsene waren dabei gewesen. Ich fühlte ein Würgen in mir aufsteigen, als ich verstand, dass es nicht nur ihre Eltern gewesen waren, die Menschen, die sich innig um sie kümmern und denen sie vertrauen sollte. Viele andere hatten dabei mitgemacht, Jodies Welt in einen Albtraum des Leidens und der Perversion zu verwandeln. Sie hatten alles kaputt gemacht, was im Leben eines Kindes hätte gut sein sollen, haben es in etwas so Arges und Höllisches verwandelt, dass ich keine Worte finden konnte, um auszudrücken, was ich davon hielt.

Kein Wunder, dass das arme Kind sich von der Welt abgeschottet hatte. Kein Wunder, dass Jodie nicht wusste, wie sie anderen Menschen gegenübertreten sollte, wenn alles, was sie erfahren hat, nur Grausamkeit und Schmerz war. Kein Wunder, dass sie versuchte, sich zu schlagen, zu verstümmeln, dass sie sich mit Schmutz beschmierte – was sonst hatte sie denn je erfahren?

Irgendwie schaffte ich es, das Frühstück zuzubereiten und Adrian, Lucy und Paula in die Schule zu schicken. Sobald sie gegangen waren, rief ich Jill an und erzählte ihr alles.

»Es ist viel schlimmer, als wir angenommen haben«, eröffnete ich. »Viel, viel schlimmer.«

Als ich berichtete, was Jodie gesagt hatte, konnte ich spüren, wie Jill das Ausmaß dessen, was passiert war, erkannte. Sie zog scharf die Luft ein, als ich ihr erzählte, dass Jodie von einer Gruppe von Erwachsenen missbraucht worden war, die die Tat fotografierten, dabei zusahen und sich gegenseitig anspornten.

»O mein Gott, Cathy. Ich kann nicht glauben, was das Kind mitgemacht hat. Das sollte reichen, um ein polizeiliches Verfahren einzuleiten«, sagte sie. »Ich weiß, wie schrecklich das alles ist, aber du hast wunderbare Arbeit geleistet.«

Ich fühlte mich nicht so, als ob ich gute Arbeit geleistet hätte. Ich fühlte mich, als ob ich Anteil hätte an Jodies Leiden. Ich schämte mich, erwachsen zu sein.

»Wissen wir, wie lange das so ging?«, fragte sie.

»Ich glaube, eine ganze Weile. Sie fragte, ob mein Vater mir so etwas auch angetan hat, und war überrascht, dass dem nicht so ist. So wie sie es beschreibt, schien es normal zu sein, Teil des alltäglichen Lebens, und sie begreift erst jetzt, dass es falsch war.« Ich machte eine Pause. »Jill, ab welchem Alter werden Kinder vergewaltigt?«

»Ab jedem Alter. Es gibt Fälle von Kindern im Alter von sechs Monaten.«

Ich schauderte.

»Cathy, das weist alle Anzeichen eines Pädophilenrings auf. Wurden ihr die Fotos jemals gezeigt?«

»Nicht, soweit ich weiß. Sie hat nichts davon gesagt.«

»Gut, schreib alles auf, wenn du die Gelegenheit hast. Eileen ist im Urlaub …«

»Schon wieder?«

»Ja, darum werde ich mit Dave Mumby reden. Sie werden eine rechtsmedizinische Untersuchung anfordern und eine richterliche Vernehmung beantragen. Ich melde mich wieder. Wie geht es dir, Cathy?«

»Auf alle Fälle besser als Jodie. Diese Schweine!«

13

Integration

Es gibt einen Witz unter Pflegeeltern, der geht ungefähr so: Wie viele Sozialarbeiter braucht es, um eine Glühbirne zu wechseln? Dreizehn. Einen, um die Birne zu finden, und die anderen zwölf, um eine Konferenz abzuhalten darüber, wie man sie am besten wechselt. Es ist kein guter Witz, aber er zeigt, wie oft wir die Unfähigkeit des Sozialamtes zu spüren bekommen, in Aktion zu treten, wenn es am nötigsten ist.

Nach Jodies Offenbarungen wollte Dave Mumby ein Treffen einberufen, aber erst, wenn Eileen wieder da war, was erst in einer Woche sein würde, da sie wirklich im Urlaub war. Als Jodies Sozialarbeiterin war Eileen verpflichtet, Jodie alle sechs Wochen bei ihren Pflegeeltern zu besuchen, doch bislang hatten sich die beiden noch nicht getroffen. Obwohl Eileen immer wieder mal anrief, um sich über Jodies Fortschritte Bericht erstatten zu lassen, hatte ich den Eindruck, dass es ihr dabei eher darum ging, sich die Mühe zu sparen, uns zu besuchen, als ein wahres Interesse an dem Fall zu zeigen. Vielleicht hatte sie zu viel zu tun – aber hatten das nicht alle Sozialarbeiter? Vielleicht war sie auch besser als alle anderen darin, die Dinge nicht zu stark an sich herankommen zu lassen. Was auch immer es war, es stimmte mich nicht nur traurig, dass Jodie keinen Sozialarbeiter hatte, der sich für ihren Fall interessierte und ihre Sache vertrat, sondern auch, dass Eileen sich höchst unprofessionell verhielt. Ich fragte mich, ob Dave Mumby, ihr Teammanager, davon wusste.

Jill teilte mir mit, dass ich bei dieser Besprechung nicht erscheinen musste und sie uns beide vertreten würde. Gleichzeitig richtete sie mir von Dave aus, ich möge bitte versuchen, eine Schule für Jodie zu finden. Ihre Eltern hätten eine formelle Beschwerde eingereicht über ihre mangelnde Schulbildung. Jodie hatte ihre vorherige Schule verlassen, als sie in Pflege genommen worden war, und die vielen Umzüge wie auch ihr Verhalten hatten es verhindert, eine neue Schule für sie zu finden.

Ich war verblüfft. Jodies Eltern sollten eigentlich wissen, wessen sie beschuldigt wurden. Wenn ein Kind eine derartige Anschuldigung machte, wurden die Eltern immer davon informiert. Zudem mussten Gründe dafür angegeben worden sein, warum jeder Kontakt zwischen Jodie und ihren Eltern plötzlich abgebrochen wurde. Ich war sehr erstaunt darüber, dass Dave die Sache mit der Schule als Priorität behandelte und die Besprechung verschob.

Jill schlug vor, dass ich es bei Harvestbank versuchen sollte, einer lokalen Schule mit einer guten Erfolgsbilanz, was die Aufnahme von Kindern mit Lern- und Verhaltensauffälligkeiten anging. Jodie hatte bereits eine Feststellung von Bildungsbedürfnissen; dabei handelt es sich um ein Dokument, das die besonderen Ansprüche eines Kindes erfasst und nach der Beurteilung durch einen Schulpsychologen ausgestellt wird. Jodies Probleme waren so ernst, dass die Schule, egal welche, die Finanzierung einer vollen Hilfskraft beantragen konnte. Das bedeutete theoretisch zumindest einen zusätzlichen Anreiz für eine Schule, sie aufzunehmen.

Ich rief bei Harvestbank an und sprach mit der stellvertretenden Schulleiterin. Sie war eine angenehme Frau, die mir sehr freundlich erklärte, dass sie bereits mehr als ihre offizielle Quote an Kindern mit speziellen Bedürfnissen aufgenommen hatten und bis zum Limit gefordert waren. Sie schlug vor, dass ich es in sechs Monaten noch mal versuchte. Ich dankte ihr und legte auf.

Dann schlug ich die Gelben Seiten auf, markierte jede Grundschule im Umkreis mit einer akzeptablen Anfahrt und begann herumzutelefonieren. Die nächsten vier Schulen hatten die gleiche Antwort parat: Alle hatten ihre Quote überschritten; es gab eine Warteliste. So viel zur Versüßung durch zusätzliche finanzielle Unterstützung. Ich legte auf und atmete tief durch. Dann fragte ich mich, ob ich die Schule ansprechen sollte, die Paula und Adrian besucht hatten. Sie hatten nur eine kleine Sonderschulabteilung, aber sie kannten mich und meine Familie, und ich hatte eine gute Beziehung zu den Mitarbeitenden dort. Ich holte noch mal tief Luft, und dann wählte ich die Nummer.

Die Sekretärin erinnerte sich an mich, was nett war, und stellte mich zum Rektor, Herrn Rudman, durch. Wir tauschten ein paar Nettigkeiten aus darüber, wie die Zeit verging, und er fragte, was Adrian und Paula nun machten. Ich erzählte, dass es ihnen gut gehe, und schmeichelte ihm mit den guten Erinnerungen, die wir an die Schule hatten.

»Ich nehme immer noch Pflegekinder auf«, sagte ich und erklärte die Situation von Jodie mit der zusätzlichen Information, dass, obwohl sie verhaltensgestört sei, ich gut damit umgehen könne. Ich hielt mich nicht mit der Darstellung des häufigen Wechsels von Pflegeeltern auf und sagte, dass seine Schule die erste sei, die mir in den Sinn gekommen sei; eine kleine Notlüge für einen guten Zweck.

»Ich werde mir die Papiere ansehen«, versprach er. »Aber Sie müssen verstehen, dass ich Ihnen jetzt noch keinen Platz anbieten kann. Es hängt davon ab, ob wir ihren Bedürfnissen mit unserem Angebot entsprechen können.«

Ich dankte ihm überschwänglich, dann rief ich Jill an, um

das Faxen der Papiere in die Wege zu leiten. Getragen davon und vom Bedürfnis nach frischer Luft nach fast einer Stunde am Telefon, rettete ich Jodie aus dem vermatschten Haufen Papier, Kleber und Farbe, mit dem sie sich beschäftigt hatte.

»Schau mal, ein Hund!«, rief sie.

»Der ist hübsch. Jetzt gehen wir zur Post.«

Ich half ihr dabei, die Hände zu waschen, dann bürstete ich ihr Haar und wechselte ihr Hemd. Als wir das Haus verließen, sah sie recht präsentabel aus in ihrem netten gelben T-Shirt, von dem ich wusste, dass es eines ihrer Lieblingstops war.

Es ging ein angenehmer Wind, als wir die Straße entlangliefen, aber Jodie schien nervös zu sein und fasste mich an der Hand, als ein Auto vorbeifuhr.

»Cathy«, sagte sie.

»Ja, Jodie.«

»Wird mein Papa meiner Mama wehtun?«

»Das hoffe ich nicht, Jodie«, antwortete ich, unsicher darüber, was sie genau meinte.

»Das tut er nämlich«, antwortete sie. »Arme Mama.«

Wir liefen weiter, und ich beobachtete Jodie, wie sie die Stirn runzelte, ohne Zweifel immer noch beunruhigt über diese Vorstellung. Schließlich sah sie zu mir auf.

»Ich will nicht, dass er ihr wehtut«, sagte sie. Dann schob sie ihr Kinn vor und ballte ihre Hand zu einer Faust. »Ich bring ihn um.«

Wieder war ich nicht sicher, was ich sagen sollte. Fühlte sie sich schuldig, weil sie die Mutter alleine zu Hause gelassen hatte, mit dem gewalttätigen Vater? Sollte ich sie korrigieren oder sie dazu ermuntern, sich mit ihrem Zorn auseinanderzusetzen? Es mag nicht sehr professionell gewesen sein, aber persönlich neigte ich dazu zu glauben, dass sie ein Recht darauf hatte, verärgert zu sein. Ja, sie hatte allen Grund, ihn umbringen zu wollen. Ich entschloss mich, ihr Schuldgefühl anzusprechen. »Wenn er ihr wehtut, Jodie, dann sollte sie ihn verlassen und es der Polizei melden. Sie ist erwachsen, und sie kann ihre eigenen Entscheidungen treffen.«

Ich hoffte, dass sie verstand, was ich sagen wollte – aber ich war ja nicht mal sicher, was *sie mir* sagen wollte. Ging es um häusliche Gewalt? Vielleicht hatte sie gesehen, wie der Vater die Mutter schlug. Es konnte aber auch sein, dass sie gesehen hatte, wie die beiden Sex hatten, und dass sie annahm, es müsse ihrer Mutter genauso wehtun wie ihr selbst.

Ich wechselte das Thema zu etwas Erfreulicherem, als wir die Einkaufsstraße erreichten. Wir gingen an verschiedenen Geschäften mit bunten Schildern und einladenden Auslagen vorbei, und ich erinnerte mich daran, wie spannend ich es als kleines Mädchen gefunden hatte, wenn meine Eltern mit mir einkaufen gingen. Ich konnte mich immer noch an meine Aufregung erinnern, wenn ich die seltsamen Waren des Fischhändlers sah oder die mysteriösen Gerüche aus dem Schusterladen wahrnahm. Traurig schaute ich auf Jodie, die stur geradeaus starrte, angespannt auf Gefahren achtete und ihre Umgebung mit all ihren Sinnen gar nicht wahrnahm. Die Welt war kein Ort, den sie genießen konnte wie ein normales Kind; es fehlte ihr an Begeisterung und Stimulation. In ihr war alles abgetötet durch das Leid, das sie erfahren hatte. Es war herzzerreißend.

Ich erledigte, was ich im Postamt zu tun hatte, und weil sie so geduldig in der Schlange an meiner Seite gewartet hatte, kaufte ich Jodie eine Packung Smarties zur Belohnung. Als wir die Einkaufsstraße entlang zurückgingen, bemerkte ich, dass sie sich wieder entspannt hatte.

»Was sollen wir machen, wenn wir nach Hause kommen, Jodie?«, fragte ich.

Sie antwortete nicht, und im gleichen Moment sah ich, dass ihr Gesicht sich verhärtet hatte.

»Was ist los, Jodie?«

»Was glotzen die verfickt noch mal so blöd?«, murmelte sie. »Glotzt mich nicht so an.«

»Wer, Jodie? In der Post?«, fragte ich nach. Da sie mir nicht widersprach, fuhr ich fort: »Aber niemand hat dich angestarrt, Liebes. Sie haben dich sicherlich nur angeschaut, weil du so ein hübsches T-Shirt trägst.«

Da sie immer noch nicht antwortete, beschloss ich, es dabei zu belassen. Man überzeugte Jodie nie wirklich von etwas, und diskutieren konnte man ohnehin nicht mit ihr. Sich um das Mädchen zu kümmern hatte mehr damit zu tun, mit ihren unmittelbaren Bedürfnissen fertigzuwerden und sie abzulenken, bevor sie sich zu sehr aufregen konnte. Wir liefen ein Stück weiter, als uns ein Mann mittleren Alters in Anzug entgegenkam.

»Was verfickt noch mal glotzt der so?«, murmelte Jodie, als er sich uns näherte. Soweit ich sehen konnte, schien der Mann uns nicht mal anzusehen.

»Jodie, nicht unhöflich sein.«

Als der Mann näher kam, sagte sie es noch einmal, jetzt lauter: »Was verfickt noch mal glotzt der so?«

Er musste uns gehört haben. Ich lächelte ihn entschuldigend an, und er sah betreten an uns vorbei.

»Jodie, das war nicht nett. Es gibt keinen Grund, sich zu ängstigen, niemand starrt dich an.«

»Ich zeig's ihnen«, murmelte sie. »Niemand glotzt mich an. Ich bring sie alle um!«

Jodies Stimmung wurde nicht besser, als wir nach Hause kamen. Um etwas Ruhe einkehren zu lassen, erlaubte ich ihr, ihr Lieblingsvideo *Mary Poppins* zu schauen, während ich die Hausarbeit machte. Ich packte Wäsche in die Waschmaschine und begann damit, die Spülmaschine auszuräumen, doch die ganze Zeit fragte ich mich, was es mit Jodies seltsamem Benehmen auf sich hatte. Ich hatte schon vorher bemerkt, dass sie eine spezielle Angst davor hatte, angestarrt zu werden. Deshalb waren die Essenszeiten so unangenehm geworden, da sie andauernd jeden, der auch nur vage in ihre Richtung blickte, anfuhr mit: »Was glotzt du so blöd?« Ich hatte schon vermutet, dass diese Angst etwas mit dem Missbrauch zu tun hatte. Inzwischen, da das Ausmaß aufgedeckt worden war, verstand ich ihre Phobie noch besser. Wenn mehrere Leute dabei gewesen waren und zugesehen hatten, war es ja kein Wunder, dass sie einen Horror davor empfand, wenn jemand sie ansah.

Nach etwa einer halben Stunde war ich fertig und setzte mich zu Jodie ins Wohnzimmer. Ich brachte einen Karton Johannisbeersaft mit. Sie starrte ausdruckslos auf den Bildschirm, während Bert und Mary auf dem Weg durch die magische Kreidelandschaft ihr Lied sangen. Nach einer Weile drehte sie sich zu mir um, sah mich an und setzte sich neben mich aufs Sofa.

»Weißt du, dass du wirklich kleine Augen hast?«, sagte sie.

»Echt?«, sagte ich überrascht. Denn ich hatte immer geglaubt, dass meine Augen mir schmeichelten, und ich war sehr zufrieden mit ihnen.

»Ja, richtige kleine Schweinchenaugen. Wie ein kleines Schweinchen. Grunz! Grunz!« Sie grinste, als ob sie erwartete, dass ich mitmachte bei ihrem guten Witz.

»Es ist nicht nett, so was zu sagen, Jodie. Sei nicht gemein. In diesem Haus gibt es keine gegenseitigen Beleidigungen.«

»Aber es ist wahr. Dumme kleine Augen. Deswegen kannst du nicht sehen, wohin du gehst. Dumm!«

Das war eine seltsame Bemerkung; es klang, als ob Jodie sie bei jemandem aufgeschnappt hatte, eine Beleidigung, die man ihr gegenüber geäußert hatte und die sie jetzt nachäffte. Abgesehen davon, dass es nicht stimmte, war es so detailliert und durchdacht, dass Jodie nie selbst darauf hätte kommen können. War das etwas, was man ihr zu Hause an den Kopf geworfen hatte?

Bevor ich der Sache nachgehen konnte, klingelte das Telefon. Oh nein, dachte ich, es wird die Schule sein, die anruft, um mir zu sagen, dass sie keinen Platz frei haben. Nur eine Ablehnung konnte so schnell kommen. Ich lächelte und versuchte fröhlich zu klingen. »Hallo«, antwortete ich.

»Hallo, ist da Margaret Brown, wohnhaft in Bowham Close?«

Ich sah ängstlich auf Jodie. Es war meine Adresse, aber Margaret Brown war der Name von Jodies Mutter.

»Nein, ist es nicht. Wer ist da, bitte?«

»Oh, das tut mir leid. Mein Fehler. Ich rufe von der Hals-, Nasen- und Ohrenklinik im St. John's Krankenhaus an. Es geht um Jodie Brown.«

»Ja, hier ist Cathy Glass, Jodies Pflegemutter.«

»Entschuldigen Sie bitte, ich habe gerade erst die Notiz in der Akte gefunden. Der Brief des Arztes ist in der Post, zusammen mit der Verschreibung für Ohrentropfen. Der Arzt würde gern einen weiteren Termin mit Jodie in einem Monat machen.«

Ich vereinbarte den Termin, notierte ihn in meinem Kalender und hängte auf. Ich war sehr beunruhigt. Ich hatte ausdrückliche Anweisungen an das Krankenhaus gegeben, dass meine Details vertraulich behandelt werden sollten und, um eine Verwechslung zu vermeiden, immer separat von denen von Jodies Eltern aufzubewahren waren. Offenbar hatte man sich daran nicht gehalten. Diesmal riefen sie mich an und fragten nach Margaret, aber nächstes Mal konnten sie genauso gut Margaret anrufen und nach Cathy Glass fragen. Die brauchte dann nur von der Klinik ihre letzte Adresse bestätigen lassen, und das würde sie und ihren Mann schnurstracks zu meiner Tür führen. Dann würde Jodie sich um mehr sorgen müssen als um meine kleinen Schweinchenaugen.

14

Der Park

Eileen kehrte aus dem Urlaub zurück, und Dave konnte endlich seine Strategiebesprechung einberufen. Jill nahm an meiner Stelle teil, und auf einmal tat sich etwas. Mir wurde mitgeteilt, dass ich für Jodie ein paar Termine machen sollte. Zuerst musste sie von einem Kinderpsychologen untersucht werden, damit das Sozialamt entscheiden konnte, wie in ihrem Fall am besten vorzugehen sei. Es würde auch so etwas wie eine »richterliche Vernehmung« geben. Das ist ein Gespräch mit einem Kinderschutzbeauftragten der Polizei, das aufgezeichnet wurde und in diesem Fall der Ausgangspunkt für eine Strafverfolgung von Jodies Vater und hoffentlich auch den anderen sein würde, die sie missbraucht hatten. Jodie würde auch zum Amtsarzt gehen müssen und eine rechtsmedizinische Untersuchung – eine intime gynäkologische Untersuchung – über sich ergehen lassen müssen, um ihre Anschuldigungen zu verifizieren.

Wegen dieser rechtsmedizinischen Untersuchung machte ich mir große Sorgen. Es war traumatisch genug für eine erwachsene Frau, auf so eine Art und Weise untersucht zu werden, aber für ein missbrauchtes Kind würde es sich wie ein weiterer Übergriff anfühlen. Ich hatte Sorge, Jodie würde annehmen, dass ich mein Wort gebrochen hatte. Dann würde ich ihr Vertrauen verlieren.

In der Zwischenzeit hatte sich in unserem Alltag eine gewisse Routine eingespielt. Montags, mittwochs und freitags kam am Vormittag Jodies Lehrerin, und danach gingen wir für gewöhnlich in den Park. Dienstags und donnerstags gingen wir einkaufen, obwohl Jodie und ich eine unterschiedliche Einstellung dazu hatten. Jodie genoss Einkaufen mehr als alles andere, während es für mich reine Notwendigkeit war. Jodie schien es Spaß zu bringen, eine Szene in der Öffentlichkeit zu machen, da sie wusste, wie wenig ich dagegen tun konnte. Ihre Wutanfälle sollten mich dazu bringen, ihr etwas Bestimmtes zu kaufen, aber ich gab nie nach, da dies ihr schlechtes Benehmen nur noch belohnt hätte. Allerdings hatte Jodie diese Taktik offenbar jahrelang erfolgreich angewendet, und ich erwartete nicht, dass sie schnell davon ablassen würde.

Die Stunden mit Nicola verliefen nun besser, soweit es Jodies Benehmen anging, aber sie machte wenig Fortschritte in ihrer Bildung. Meiner Meinung nach war das nur teilweise Jodies Lernschwierigkeiten und ihrem Entwicklungsrückstand geschuldet und sehr viel mehr das Ergebnis ihres emotionalen Zustandes. Ein weiteres Problem war, dass Jodie kein Interesse am Lernen hatte; sie konnte keinerlei Sinn in Nicolas Übungen erkennen, und es war schwer, sie zu motivieren, da ihr anscheinend so gar nichts daran lag, gelobt zu werden.

Meine Sorgen wuchsen eines Nachmittags noch weiter, als ich endlich einen Anruf von Herrn Rudmans Sekretärin erhielt: Es täte ihm unglaublich leid, aber er könne Jodie keinen Schulplatz anbieten.

»Dann müssen wir noch mal von vorne anfangen«, sagte ich zu Nicola und verbrachte eine halbe Stunde am Telefon, um einen anderen Schulleiter für Jodie zu interessieren. Ohne Erfolg.

»Das Problem ist«, sagte Nicola, »dass sie wirklich in eine Spezialschule gehen müsste, aber wenn ihre sonderpädagogische Feststellung im Amt dahingehend nicht angepasst wird, besteht wenig Hoffnung, dass sie einen Platz bekommt.«

»Wie lange würde es dauern, das zu ändern?«

»Bis zu einem Jahr.«

Wir waren einer Meinung, dass dies keine Lösung war. Also legte ich mehr Papier, Farbe und Kleber zurecht, nachdem Nicola gegangen war, und verbrachte eine Stunde damit, mich durch die Gelben Seiten zu arbeiten. Es war eine nervenzerrüttende Arbeit, aber am Ende fand ich doch einen Schulrektor, der gewillt war, sich ihre sonderpädagogische Feststellung wenigstens anzusehen. Es war die Elmacre Primary, fünf Meilen Weg durch den Stadtverkehr, aber sie hatten wenigstens einen freien Platz.

Die schönsten Momente, die ich mit Jodie hatte, waren unsere Besuche auf dem Spielplatz. Jodie war auf offenen Plätzen nicht so nervös, vielleicht, weil dort weniger Leute zusammengeballt waren. Sie liebte es, zu schaukeln, und ich ermunterte sie langsam dazu, sich mit der Welt um sie herum zu befassen, indem ich sie auf schöne Blumen und Bäume aufmerksam machte und ihr die Namen von Vogelarten nannte.

Wir trafen oft auf Leute, die ich kannte, und ich hoffte, dass dieser freundliche Kontakt hilfreich sein würde für Jodie. Ich lebte nun schon seit zwanzig Jahren in der gleichen Gegend, und so begegneten wir bei unseren Ausflügen oft Bekannten. Ich stellte Jodie dann vor wie auch alle anderen Kinder, die ich in Pflege hatte, aber anstatt »Hallo« zu sagen oder schüchtern zu lächeln, schob sie ihr Kinn vor, verdrehte die Augen und gackerte wie eine Hexe. Sie hatte dieses Gackern erst kürzlich entwickelt, und ich fragte mich, ob es ein Verteidigungsmechanismus war, um die Menschen von sich fernzuhalten. Auf jeden Fall war es effektiv; nur die resolutesten Leute bemühten sich danach noch um eine Unterhaltung. Glücklicherweise wussten die meisten, die ich kannte, dass ich Pflegekinder aufnahm, und waren nicht verletzt.

Trotz meiner diversen Versuche, ihren Horizont zu erweitern – beispielsweise durch Besuche im Zoo, im Kino und in einem städtischen Museum –, schien Jodie nur am Park Freude zu haben, speziell am Spielplatz. Sobald wir das Tor erreichten, lief sie hinein und steuerte sogleich die Schaukeln an. Sie spielte selten mit anderen Kindern beziehungsweise nahm sie gar nicht wahr. Das überraschte mich kaum, da sie auch selten mit mir spielte. Stattdessen schaukelte sie nur, vor sich hin brummelnd oder singend, bis es Zeit war zu gehen. Sie war auch so, wenn wir versuchten, zu Hause Gesellschaftsspiele zu spielen; sie bevorzugte es, sich allein zu beschäftigen, in ihrer eigenen kleinen Welt.

In den wenigen Momenten, in denen sie Kontakt zu anderen Kindern suchte, geschah dies gewöhnlich aus Neugierde. Sie sah dann ein kleineres Kind etwas Spannendes machen oder etwas tragen, was ihr Interesse weckte, sodass sie zu ihm herüberlief und seine Brust anstarrte; sie hatte immer noch eine beharrliche Abneigung gegen Augenkontakt. Verständlicherweise empfanden die anderen Kinder das als recht beunruhigend, obwohl das gar nicht Jodies Absicht war. Dennoch kam es oft zu unglücklichen Zwischenfällen. Die Kinder rannten dann zu ihrer Mutter, um sich über »dieses Mädchen« zu beschweren.

Einmal kam ein junger Vater mit seinen beiden kleinen Töchtern dazu, als wir auf dem Spielplatz waren. Es gibt auf dem Spielplatz ein Gerät, das für sehr kleine Kinder bestimmt ist, und dorthin gingen sie zum Spielen. Aus irgendeinem Grund interessierte das Jodie, sodass sie ihnen folgte und dann dort stand, um ihnen dabei zuzusehen, wie sie auf der Kletterburg herumkraxelten. Ich stand wenige Meter entfernt und beobachtete sie. Einmal sauste eines der Mädchen die Rutsche runter, und Jodie lief hinüber, um ihr zuzusehen, stand aber etwas zu nah am Ende der Rutsche und behinderte das Mädchen. Der Vater kam herüber, legte seine Hände auf Jodies Schultern und sagte: »Na komm schon, mach Platz.«

Meiner Meinung nach war das etwas übertrieben, aber ich beeilte mich, hinüberzulaufen, und entschuldigte mich bei ihm. »Entschuldigen Sie bitte. Komm Jodie, komm und spiel auf der Schaukel.«

Wir drehten uns um und gingen weg, und als wir so abzogen, rief der Mann uns hinterher: »Sie sollten Ihre Tochter besser unter Kontrolle halten.«

Das war alles andere als fair, aber ich antwortete nicht, und Jodie und ich spielten weiter. Einige Minuten später betrat eine gut gekleidete Frau mittleren Alters den Spielplatz und steuerte uns gezielt an.

»Entschuldigen Sie bitte«, sagte sie zu mir. »Ist das nicht Jodie?« Sie beugte sich zu Jodie hinunter und lächelte sie an. »Hallo, Jodie, wie schön, dich zu sehen.« Jodie sah sie an und fuhr damit fort, gemächlich zu schaukeln. Sie streckte mir ihre Hand entgegen. »Hallo, entschuldigen Sie, ich bin Fiona. Ich war Jodies Lehrerin.«

Ich schüttelte ihr die Hand. »Guten Tag, ich bin Cathy. Ich bin Jodies Pflegemutter.« Normalerweise sage ich nicht, dass ich Pflegemutter bin, um das Kind nicht bloßzustellen, aber in diesem Fall schien es sicher, dass Jodies Lehrerin wusste, dass sie in Pflege war. »Wie lange haben Sie Jodie unterrichtet?«

»Ein Jahr«, antwortete Fiona. Sie lächelte Jodie an. Jodie sah sie mit einem stumpfen Blick an. Erkannte sie sie überhaupt?, fragte ich mich.

»Ich muss sagen«, fuhr Fiona fort, »es tut gut zu sehen, dass Jodie so gut und sauber aussieht. Es scheint, dass Sie eine hervorragende Arbeit mit ihr leisten.«

»Oh, danke«, antwortete ich. »Ja, wir arbeiten uns langsam vor, nicht wahr, Liebes?«

Jodie nickte, verstand jedoch nichts.

»Wie lange ist sie schon bei Ihnen?«, fragte Fiona.

»Ein paar Monate sind es jetzt. Sie war bei einer Reihe von Pflegeeltern, bevor sie zu mir kam, aber es sieht so aus, als hätte sie sich jetzt eingelebt.«

»Das ist gut. Ich bin mir sicher, das ist genau das, was sie braucht. Aber ich überlasse Sie jetzt Ihrem vergnüglichen Nachmittag. Jodie, es war wirklich nett, dich wiederzusehen, und auch nett, Sie kennenzulernen.«

Sie ging, und ich stand am Rand der Wiese und sah Jodie beim Spielen zu. Der Vater der beiden Mädchen kam zu mir herüber. Meine Unruhe wuchs.

»Entschuldigen Sie«, sagte er. »Ich will Sie nicht belästigen. Ich wollte mich nur für meinen Ton entschuldigen.«

»Keine Ursache«, erwiderte ich erleichtert.

»Ich habe mit angehört, wie Sie sagten, dass Sie Pflegemutter sind. Ich nahm an, das sei Ihre Tochter.«

»Machen Sie sich keine Sorgen. Es tut mir leid, dass wir im Weg waren.«

Er lächelte verlegen und ging zu seinen Mädchen zurück.

Auf dem Nachhauseweg wunderte ich mich über die Doppelmoral. Als Pflegemutter trifft man oft auf Fremde, die einen schnell für das schlechte Benehmen eines Kindes verantwortlich machen. Wenn sie dann herausfinden, dass man Kinder in Pflege hat, betrachten sie die Situation jedoch von einem anderen Standpunkt. Aber wie kommen sie überhaupt auf die Idee, dass sie einen kritisieren dürften? Mutter oder Vater zu sein ist schon unter normalen Umständen schwierig genug, auch ohne sich mit den Urteilen von Fremden herumzuschlagen.

Ein paar Tage später bekam ich einen Anruf von dem Rektor von Elmacre: Er sagte, dass es ihm sehr leidtäte, aber er könne Jodie keinen Platz anbieten. Meine Stimmung sank, doch dann erklärte er, dass er einen Kollegen an einer anderen Schule habe, der vielleicht helfen könne. Adam West von der Abbey Green School habe meine Unterlagen bereits vorliegen und würde mich in Kürze kontaktieren. Ich dankte ihm überschwänglich, und mit einem Grinsen auf meinem Gesicht überbrachte ich Jodie die gute Nachricht.

»Geh da nicht hin«, antwortete sie. »Ich hasse die Schule. Hasse dich. Hasse alles.« Sie streckte die Zunge raus und stapfte den Flur hinunter.

15
Die Vergangenheit und das Heute

Um zwei Uhr morgens wurde ich von lauten Schreien aus Jodies Zimmer geweckt. Ich zog mir den Morgenmantel über und stolperte den Flur entlang mit dem Gefühl, ich wäre gerade erst eingeschlafen. Wie immer klopfte ich kurz an und trat dann sofort ein. Jodie lag im Bett, hatte sich die Bettdecke über den Kopf gezogen und umklammerte sie fest mit ihren Fingern. Ich setzte mich ans Ende ihres Bettes, und Jodie hörte auf zu schreien. »Was ist denn los, Liebes?«, fragte ich.

»Die Augen!«, klagte sie ängstlich.

»Was für Augen, Liebes? Komm raus da, damit ich dich in den Arm nehmen kann.«

»Nein! Sie sind überall. Die Augen in den Wänden, sie starren mich an.«

Ich legte meine Hand auf die Decke, wo ihre Füße waren, und versuchte sie zu beruhigen. »Jodie, Liebes, ich weiß, dass du Angst hast, aber du bildest dir das alles nur ein. Es gibt keine Augen hier. Niemand beobachtet dich. Bitte, komm in meinen Arm.«

»Sie sind da!«, widersprach sie laut. »Ich kann sie sehen, sie kommen auf mich zu! Ich bin nicht blöd. Mach, dass sie damit aufhören, Cathy!«

»Jodie, still jetzt«, sagte ich streng. »Komm unter der Decke hervor, dann zeige ich dir, dass da nichts ist. Ich verspreche es dir. Ich bin hier bei dir, und ich würde niemals erlauben, dass dir etwas zustößt, das weißt du doch. Ich bin hier, um dich zu beschützen, das ist doch meine Aufgabe, nicht wahr?«

Einen Moment lang war sie still, dann löste sie ihren festen Griff um die Bettdecke. Ich zog die Decke behutsam herunter, und sie kletterte heraus, um mich zu umarmen.

»Schau mal, Jodie. Du siehst, da ist nichts.« Ich ging zur Wand hin und rieb meine Hand darüber. »Siehst du? Niemand ist hier.« Ich setzte mich auf das Bett. Jodies Wangen waren gerötet, ihre Stirn war heiß und schweißnass. Sie hatte wirklich Angst; was auch immer diese Visionen waren, für sie waren sie echt. Was als bloße Albträume angefangen hatte, entwickelte sich langsam zu etwas, was Halluzinationen glich. Immer öfter, wenn ich ihr Zimmer betrat, um sie zu beruhigen, fand ich sie in diesem seltsamen Zustand zwischen Schlafen und Wachen. Manchmal schien es so, als ob sie zwar wach wäre, aber immer noch in ihrem Albtraum gefangen. Ich konnte nicht sagen, ob sie sich dessen, was passierte, wirklich bewusst war, aber es schien so, als würde das, was sie sah, mehr und mehr an Realität gewinnen.

»Liest du mir was vor?«, bettelte sie.

»Ja, sicher, aber dann musst du wieder schlafen gehen, okay?«

»Okay.«

Ich las ihr eine Geschichte vor und brachte sie wieder ins Bett, aber um vier Uhr wurde ich erneut von ihrem Schreien geweckt. Ich ging zurück in ihr Zimmer und beruhigte sie erneut, doch eine Stunde später fing sie wieder an. Jede Chance, sie ins Bett zurückzubringen, war dahin, und damit auch jede Gelegenheit für mich zu schlafen. Also ging ich runter, um mir einen Kaffee zu machen und eine Zigarette zu rauchen. Die hatte ich jetzt wirklich nötig. So stand ich in Morgenmantel und Schlappen auf der Terrasse. Es war noch dunkel, und ich wusste, dass die Sonne erst in einer halben Stunde aufgehen würde. Ich lächelte mir selbst zu und fragte mich, wie viele Mütter wohl genau wussten, wann die Sonne aufging.

Es war ein kalter Herbsttag. Der Sommer war vorbei, und Jodie lebte nun schon über sechs Monate bei uns. Mich an die Zeit vor Jodie zu erinnern oder daran, wie das Leben ohne diese Intensität gewesen war, fiel mir nicht leicht. Jodie und ihre Probleme beschäftigten mich ständig, und es gab wenig in meinem Leben, was nichts mit ihr und ihren Bedürfnissen zu tun hatte. Jetzt, da es kalt geworden war, kam der Kampf dazu, Jodie davon zu überzeugen, dass sie wettergemäße Kleidung tragen musste. Später am Tag verließen wir das Haus, um einkaufen zu gehen, aber als ich die Tür schloss, bemerkte ich, dass ich meine Handschuhe vergessen hatte. Ich ging kurz zurück, um sie zu holen. Plötzlich hörte ich die Tür zuschlagen und Jodie den Flur entlang auf mich zulaufen.

»Was ist denn passiert?«

»Mein Papa. Er ist draußen!«

»Was? Wo ist er?« Furcht stieg in mir auf. Es war nicht ausgeschlossen, dass Jodies Eltern mich fanden, wenn mal wieder die üblichen Fehler gemacht worden waren. Doch ich hatte eine besondere Angst davor, Jodies Vater zu begegnen. Dabei hatte ich nicht um mich Angst – ich glaubte nicht, dass er eine große Gefahr für mich war –, aber der Gedanke, dass Jodies Sicherheit in meinem Haus bedroht sein könnte, wenn sie ihren Vater hier sah, erfüllte mich mit Schrecken. Außerdem wollte ich ihm niemals begegnen. Schon der Gedanke an ihn machte mich krank. »Wo hast du ihn gesehen, Jodie?«

»In seinem Lieferwagen. Er fuhr die Straße runter.«

»Geh ins Wohnzimmer und bleib dort.« Ich ging nach draußen und zog die Tür hinter mir zu. Von dort konnte ich keinen Lieferwagen sehen. Ich ging zum Gehweg und schaute die

Straße hoch und runter. Aus Jodies Erzählungen wusste ich, dass ihr Vater einen weißen Lieferwagen fuhr. In beiden Richtungen entdeckte ich jedoch keinen solchen Wagen. Ich überprüfte die Straße noch einmal und ging dann erleichtert wieder hinein.

»Alles ist gut, Jodie, da ist kein Lieferwagen. Er ist nicht mehr da. Dein Vater weiß nicht, wo wir wohnen. Ich bin mir sicher, dass er es nicht war. Der Lieferwagen muss wohl jemand anderem gehört haben.« Ich umarmte sie. »Wollen wir jetzt einkaufen gehen oder willst du noch ein bisschen warten?«

»Ich komme mit«, sagte sie lustlos.

Ich versicherte ihr noch einmal, dass er nicht da war, und führte sie eng an mich gedrückt zum Auto. Als wir das Einkaufszentrum betraten, wurden wir sofort von einem Märchenland aus beleuchteten Bäumen, glitzernden Girlanden und einem riesigen Weihnachtsmann, der »Ho ho ho!« rief, begrüßt. In mir stieg Panik auf, als ich die festlichen Vorbereitungen in den Geschäften mit meinen eigenen verglich. Ich hatte noch nichts vorbereitet, und als ich nachzählte, stellte ich fest, dass es nur noch sechs Wochen bis Weihnachten waren. Ich nahm einen Korb, und wir gingen durch das Kaufhaus.

Jodie war wie immer eine enthusiastische, wenn auch nicht gerade anspruchsvolle Einkäuferin. Sie griff nach den bunten Paketen, die in ihrer Reichweite lagen. Während wir einkauften, redete ich mit ihr über Weihnachten und erzählte ihr von den kleinen Traditionen, die sie bei uns erwarten konnte: wie wir das Haus und den Baum schmückten, der Familiengottesdienst in unserer Kirche an Heiligabend, die Kissenbezüge, die wir alle an unsere Tür hängten, bevor wir zu Bett gingen. Ich erzählte ihr von dem Glas Sherry und dem Mince Pie, das wir für Santa bereitlegten, zusammen mit der Karotte für das Rentier. Jodie hörte mit mildem Interesse zu, aber sie erwähnte keine eigenen Erfahrungen. Sie sprach nicht einmal über das letzte Weihnachtsfest mit ihren Eltern, was für Pflegekinder gewöhnlich eine sehr schmerzliche Erinnerung ist. Stattdessen hielt sie sich an dem materiellen Aspekt fest und zählte mir die lange Liste von Geschenken auf, die sie dieses Jahr wollte, kurz gesagt, alles, was bunt war – vorzugsweise rosa und glitzernd.

»Was hast du letzte Weihnachten bekommen?«, fragte ich sie und unterbrach sie dabei.

»Schuhe«, sagte sie. »Schwarze für die Schule. Aber sie waren nicht eingepackt.«

»Und was hast du gemacht an Weihnachten? Hast du was gespielt?«

Sie nickte. »Wir sind in die Kneipe gegangen und haben Pfeile geworfen. Mama hat viel Bier getrunken und ist umgefallen, sodass wir nach Hause gehen mussten. Dann sind sie schlafen gegangen. Ich hab dann eine Pizza in den Ofen geschoben. Danach haben sie sich besser gefühlt.«

Ich seufzte. Was für miese Weihnachten – und was für eine Idee, dass Jodie die Pflichten der Eltern übernahm, einfach so, besonders mit ihren Problemen! Ich erriet schnell, dass sie eine große Verantwortung übernommen hatte, was den Haushalt anging, und das als Siebenjährige, trotz ihrer schlechten Koordination und Motorik. Sie hatte mir einmal beschrieben, wie man eine Babyflasche mischte, und sie wusste auch, wie man Fischstäbchen im Backofen zubereitete. Aber ihr freudloses Weihnachtsfest unterschied sich letztlich kaum von dem, was ich von anderen Pflegekindern gehört hatte. Die meisten waren nie aufgeregt gewesen, zu proppenvollen Kissenbezügen und Geschenken unter dem Baum aufzuwachen. »Nun, Weihnachten wird anders sein dieses Jahr, Jodie, und ich weiß, dass es dir gefallen wird.«

»Meinst du, Cathy?«, sagte sie, und ihr Gesicht leuchtete auf.

»Ja, das verspreche ich dir.« Während wir weiter einkauften, beschloss ich, dass sie das beste Weihnachtsfest haben würde, das ich ihr geben konnte – das würde eine Gelegenheit sein, für sie ein Stück Kindheit wiederherzustellen, auch wenn es noch einen Monat hin war.

Ich kaufte Geschenke für meine Nichten und Neffen, und dann entdeckte ich ein Paar Pu-der-Bär-Schlappen für Paula. Da ich die Überraschung nicht verderben wollte, legte ich sie diskret unten in den Korb und lenkte Jodie ab, als ich bezahlte. So machte ich es auch mit den anderen Geschenken, inklusive dem Tweenies-Puzzle für Jodie und einigen besonderen Haarspülungen, die Lucy erwähnt hatte. Ich würde dieses Jahr alle meine Einkäufe zusammen mit Jodie machen, und deshalb musste ich verstohlen und schrittweise vorgehen, aber das würde es wert sein.

Als wir nach Hause zurückkehrten, waren Lucy und Paula uns schon zuvorgekommen. Sie waren im Flur, zogen ihre Mäntel aus und legten die Schultaschen weg.

»Wir waren bei Weihnachten«, rief Jodie aufgeregt.

»Einkaufen«, fügte ich hinzu. »Irgendwo muss ich ja mal anfangen.«

»Ja, einkaufen«, wiederholte Jodie. »Und mein Papa war ungezogen, er hat sich ausgezogen und auf mich draufgepinkelt.«

Die Mädchen lachten unbehaglich. Keine von ihnen wusste, was sie sagen sollte.

»Jodie«, sagte ich, »wir waren diesen Nachmittag einkaufen. Was dein Papa gemacht hat, ist vor mehr als einem Jahr passiert. Vermisch das nicht, sonst verwirrst du die anderen.«

Aber sie machte das oft so, die Vergangenheit und die Gegenwart in einem Kontinuum des Jetzt zu verflechten. Von Anfang an hatte sie keine gute Zeitvorstellung gehabt, aber ihre Unfähigkeit, zwischen der Vergangenheit, der Gegenwart und der Zukunft zu unterscheiden, schien sich zu verschlimmern.

»Willst du ein Spiel spielen?«, fragte Paula.

Jodie starrte sie stumpf an.

Paula gab nicht auf. »Lass uns ein Puzzle zusammen machen.«

»Wie wäre es mit Barbie?«, fragte Lucy. »Ich würde gerne mit deinen Barbiepuppen spielen.«

»Nein!«, sagte Jodie scharf. »Meine Puppen. Cathy, darf ich ein Video gucken?«

»Möchtest du nicht lieber mit den Mädchen spielen, Jodie?«, fragte ich. »Ich bin mir sicher, dass das sehr viel spaßiger wäre, und ich weiß, dass die Mädchen geradezu darauf brennen, alles von deinem Tag in den Geschäften zu hören.«

Jodie seufzte und schien erschöpft von meinen Vorschlägen. »Bitte, Cathy«, bettelte sie. »Ich war doch so lieb.«

Ich stimmte widerwillig zu und ließ sie eines ihrer Vorschulvideos mit hochnehmen. Die Mädchen gingen in ihre Zimmer, und ich konnte sehen, dass sie ein wenig verletzt waren. Natürlich hatten sie kein spezielles Bedürfnis, mit Jodie Barbie zu spielen, aber man wird halt nicht gerne zurückgewiesen. Paula und Lucy hatten versucht, mehr Zeit mit Jodie zu verbringen und sich mit ihr anzufreunden, aber es war unmöglich, zu ihr durchzudringen.

Die meisten Kinder wollen letztendlich gemocht werden und streben danach, die Achtung der Menschen um sich herum zu gewinnen, selbst wenn sie sich schlecht benehmen. Jodie dagegen war das einfach alles egal. Wenn die Mädchen mit ihr spielen wollten, freute sie sich nicht und fühlte sich nicht geschmeichelt. Es kam ihr nicht mal in den Sinn, dass sie eventuell deren Gefühle verletzen könnte. Sie nahm es einfach nicht wahr.

Ihre Beziehung zu Adrian war noch distanzierter. Aufgrund des Missbrauchs, den sie erlitten hatte, betrachtete Jodie alle Männer sexuell und versuchte immer wieder, mit ihnen zu flirten oder sich provokativ an ihnen zu reiben. Ihr war natürlich nicht klar, was sie da tat, es war einfach nur der Umgang, der ihre Beziehungen zu Männern in der Vergangenheit ausgemacht hatte. Und es würde sehr lange dauern, dieses Verhalten zu ändern. Deswegen empfand Adrian sie als sehr schwierig und neigte dazu, ihr aus dem Weg zu gehen.

Als ich anfing, die Kartoffeln für das Abendessen zu schälen, hörte ich oben ein Poltern. Ich war gerade dabei, die Treppe hochzugehen, als mir klar wurde, was der Krach war. Jodies Video enthielt ein Lied und einen Tanz, bei dem die Kinder mitmachen sollten. Jodie tanzte einfach nur zu ihrem Video.

Traurig ging ich zurück in die Küche. Wenn man Jodie vor die Wahl stellte, mit meinen Töchtern zu spielen oder allein ein Video zu schauen, zögerte sie nicht, sich für das Video zu entscheiden. Es war nicht mal so, dass sie die Mädchen nicht mochte; vor die Wahl gestellt, allein zu sein oder mit jemandem Zeit zu verbringen, würde Jodie immer allein sein wollen. Ihre Vergangenheit hatte sie gelehrt, dass das Zusammensein mit anderen Schmerz und Ablehnung bringen konnte, und diese Erfahrung isolierte sie von der Welt.

Ich befürchtete die Folgen, die dieses schreckliche Erbe auf ihr restliches Leben haben könnte. Jodies Feindseligkeit, Abwehrhaltung und verzögerte Entwicklung bedeuteten, dass es nichts gab, was für sie sprach. Sie war weder hübsch noch gescheit oder talentiert. Sie war weder liebenswürdig noch warm oder sensibel. Sie war immer noch übergewichtig, ungeachtet meiner Bemühungen und obwohl ihr Gewicht sich stabilisiert hatte. Sie war ungezogen, unwirsch, aggressiv, gewalttätig, und sie hatte absolut kein Interesse daran, von anderen gemocht zu werden. Das war eine Mischung, die sie zweifellos von ihrer Umwelt entfremden würde. Sie hatte keine Strategien entwickelt, andere Leute für sich zu gewinnen. Es gab keinen Grund, aus dem andere Menschen ihr ihre Zuneigung schenken sollten.

Soweit ich das beurteilen konnte, gab es keine einzige Person in Jodies Leben, die jemals Interesse an ihr gezeigt hatte, außer um ihr wehzutun. Es gab niemanden, der sie liebte. Aber als ich ihrem ungeschickten, unrhythmischen Stampfen, das von oben kam, zuhörte, fühlte ich mich noch mehr zu ihr hingezogen als zuvor. Es konnte doch nicht zu spät sein für sie. Sie war doch erst acht Jahre alt, verdammt noch mal! Sollte ihr gesamtes Leben wirklich schon vorbestimmt sein?

Ich hoffte ganz ehrlich, dass noch genug Zeit zur Verfügung stand, um ihre zerbrochene Persönlichkeit zu heilen. Und ich sehnte mich danach, daran mitzuwirken, damit sie eine Chance hatte, die Kindheit, die ihr so brutal gestohlen worden war, wiederzubekommen. Ich war entschlossen, für dieses Kind mein Bestes zu geben. Und wenn Liebe, Zuneigung, Güte und harte Arbeit irgendetwas bewirken konnten, dann würde ich damit nicht aufhören, bis es ihr besser ging.

16

Das Spinnennetz

Es war ein wunderschöner frischer Wintermorgen Anfang Dezember; die Sonne zeigte sich als weicher goldener Ball an einem klaren Himmel. Jodies sonst so blasse Wangen waren glühend rot von der Kälte und der Anstrengung, Rad zu fahren. Ab und zu hielt sie an, um ihren Schal zurückzuwerfen, Teil eines Sets, das ich ihr gekauft hatte: eine lila Mütze, ein lila Schal und Handschuhe mit einer fellartigen Verzierung. Nur mit Nachdruck konnte ich sie daran hindern, die Sachen im Bett zu tragen. Endlich hatte ich etwas richtig gemacht!

Ich gab ein zügiges Tempo vor, bis wir das Tor des Parks erreichten, und die Gedanken schwirrten durch meinen Kopf. Ich hatte Angst, und diesmal waren meine Sorgen nicht allein Jodies Verhalten geschuldet. Am Tag zuvor hatten wir die Abbey-Green-Schule besucht und uns mit dem Rektor Adam West getroffen. Obwohl der Besuch gut verlaufen war, hatte Herr West gesagt, dass er Jodie erst einen Platz anbieten könne, wenn die Gelder bewilligt seien, was bis zu drei Monaten dauern könne. Jodie würde in der Zwischenzeit weiterhin mit ihrer Lehrerin Nicola arbeiten müssen, aber das war eindeutig nicht genug. Jodie brauchte unbedingt nicht nur eine Schulbildung, sondern auch die Routine der Schule und die Gesellschaft von anderen Kindern.

Ich blieb am Eingang des Parks stehen und rief Jodie zurück. Zwischen zwei Sträuchern hing ein großes Spinnennetz, im Schatten und glitzernd vom Tau.

»Schau her, Jodie! Ein Spinnennetz. Ist das nicht wunderschön?«, sagte ich. »Gerade so wie in den Dekorationen, die wir in den Läden gesehen haben.«

»Wunderschön«, wiederholte sie. »Wirklich schön.«

»Und kannst du das Rascheln hören im Gebüsch? Ich wette, das ist ein Vogel.« Wir standen ganz still da und horchten. Einige Momente später wurden wir belohnt, als eine große Amsel mit einem leuchtend gelben Schnabel über den Weg hüpfte. Jodies Gesicht erstrahlte.

»Wunderschön. Wirklich schön«, sagte sie noch einmal, und ich wusste, dass sie diese Phrase nun den ganzen Tag lang wiederholen würde.

Wir drehten vier Runden im Park, dann gingen wir zurück. Ich fühlte mich nach einem Spaziergang immer besser, und für Jodie war das Ablassen von Energie unbedingt nötig, sonst war sie für den Rest des Tages unruhig und nervös. Sie wartete an dem Tor zum Park, und wir überquerten die Straße gemeinsam, dann raste sie vor zum Ende unserer Straße. Am Gartentor angekommen, zog sie ihr Fahrrad die Treppe hoch. Für einen Fremden, der sie so sah und der nichts von ihrer Vergangenheit wusste, hätte sie ein ganz normales Kind sein können, das nach Hause kam, die Wangen von der kalten Luft gerötet, sich auf die Wärme des Hauses und die Behaglichkeit eines heißen Getränks freuend. Für einen Moment gab ich vor, diese Person zu sein, sodass ich kurz genießen konnte, Jodie so zu sehen, zu sehen, wie sie sein könnte, wenn all unsere Bemühungen sich bezahlt machen würden.

Wir zogen unsere Mäntel aus und schoben das Fahrrad durch zum Wintergarten. Ich wärmte etwas Milch auf und machte heiße Schokolade für uns beide. Dann saßen wir am Küchentisch. Ich gab Jodie die Keksdose, und sie griff hinein, von einem Ohr zum anderen grinsend.

»Einen«, sagte ich. »Du hattest ein großes Frühstück.« Ich nahm einen kleinen Schluck aus meiner Tasse und stellte sie wieder auf den Tisch. Sie tat es mir gleich.

Ich atmete tief ein. Jetzt war der Moment gekommen, in dem ich ihr sagen musste, was mich den ganzen Vormittag über beschäftigt hatte. Die Unschuld unseres Parkbesuchs würde von der Dunkelheit der brutalen Erwachsenenwelt beschmutzt werden.

»Jodie«, sagte ich.

Sie begegnete meinem Blick, die blaugrauen Augen stumpf, wie gewöhnlich.

»Ich muss dir was erklären. Kannst du mir bitte aufmerksam zuhören?«

Sie nickte.

»Wenn wir mit unserem Getränk fertig sind, fahren wir mit dem Auto weg. Erinnerst du dich an Eileen?«

Sie erinnerte sich nicht, natürlich nicht, obwohl Eileen uns endlich ihren ersten Besuch abgestattet hatte. Vor einigen Wochen war sie gekommen, um sich vorzustellen. Es war sehr unwahrscheinlich, dass Jodie sich daran erinnerte, und ich konnte es ihr nicht verübeln, denn Eileen war nur auf einen Sprung vorbeigekommen, um es milde auszudrücken. Nach ein paar unbehaglichen Minuten fand Eileen irgendeine Entschuldigung und ging. Es war offensichtlich, dass sie sich in Jodies Gegenwart nicht wohlfühlte.

Jodie warf mir nach der Frage einen stumpfen Blick zu. Ich fuhr fort: »Eileen ist deine Sozialarbeiterin, erinnerst du dich? Nun, Eileen möchte, dass du zu einer medizinischen Untersuchung gehst, wo ein Arzt dich anschauen wird, aber es ist nichts, worüber du dir Sorgen machen musst. Ich werde bei dir bleiben.«

In einer idealen Welt wäre Eileen selbst gekommen, um Jodie zu erklären, was passieren würde, aber ich erwartete das schon gar nicht mehr.

»Wirklich, Cathy, du bleibst da? Das ist gut.« Sie tunkte ihren Keks ein, dann begann sie die geschmolzene Schokolade abzulecken.

»Der Arzt wird dich untersuchen, um festzustellen, ob du okay bist. Erinnerst du dich, dass du beim Arzt warst, als du in Pflege genommen wurdest? Es wird so ähnlich sein, aber diesmal werden sie ein bisschen genauer hinschauen.«

»Werde ich mich ausziehen müssen, Cathy?«, fragte sie. Sie war ganz offensichtlich mehr an ihrem Keks interessiert als an dem Gespräch.

»Ja, aber es wird eine nette Frau sein, die dich behandelt. Sie ist es gewohnt, Kinder zu untersuchen, du musst dir keine Sorgen machen. Sie wird sich deinen Körper auch da ansehen, wo dein Papa und Onkel Mike dir wehgetan haben. Du weißt schon, was wir den Intimbereich nennen.«

Ich wartete auf eine Reaktion: Angst, Schrecken oder schlichtweg eine Verweigerung. Aber es kam nichts. Sie trank aus, wischte sich mit dem Handrücken über den Mund und stand auf. Sie ließ mich allein da sitzen, und ich fragte mich, ob sie alles verstanden hatte.

»Wenn du irgendwelche Fragen hast«, fügte ich hinzu, »sag es mir, und ich werde dir alles erklären.«

Auf dem Rücksitz angeschnallt, fuhr sie damit fort, über alles und nichts zu schnattern, inklusive medizinischer Untersuchungen generell. Hatte ich jemals eine gehabt? Hatten Lucy und Paula eine gehabt? Musste Adrian das tun? Ich unterband diese Art von Fragen und machte das Radio an. Ein lebhafter Popsong wurde gespielt.

»Meine Mama mag das Lied«, sagte sie. »Sie mag den Sänger. Wir hören es in der Kneipe.«

»Du *hast* es in der Kneipe gehört«, korrigierte ich sie. Wie gewöhnlich konnte Jodie nicht zwischen damals und jetzt unterscheiden, aber ich versuchte ihr den Unterschied klarzumachen, wann immer sie es verwechselte. Irgendwie hoffte ich, dass sie anfangen würde, die Vergangenheit hinter sich zu lassen. Es machte mir Sorgen, dass sie emotional immer noch in den schlechten Verhältnissen lebte, aus denen sie gekommen war. Denn solange das der Fall war, würde ihre Genesung kaum beginnen. »Wir gehen hier nicht in die Kneipe. Das war damals.«

»Warum, Cathy? Warum können wir nicht in die Kneipe gehen?«

»Meiner Meinung nach ist das nicht der richtige Ort für Kinder. Ich bevorzuge den Park als Ausflugsziel.«

»Meine Mama meint, es ist gut. Auch mein Papa und meine Tante Bell glauben das.«

»Das kann ich mir vorstellen.«

»Cathy, muss meine Mama auch eine medizinische Untersuchung machen lassen und ihren Intimbereich zeigen?«

»Nein. Nicht soweit ich weiß.«

Sie hielt inne, als müsste sie gründlich überlegen. Dann erklang ihre Stimme wieder. »Das sollte sie aber. Mein Papa macht auch mit ihr ungezogene Sachen.«

Ich warf einen kurzen Blick in den Rückspiegel. Es war eine Bemerkung nebenbei, aber beladen mit einer Menge Anspielungen, wie so oft bei Enthüllungen. »Woher weißt du das, Jodie?«

Sie zuckte mit den Schultern. »Ich weiß es halt.«

Sie war wieder still, und ich wusste, dass es keinen Sinn hatte, der Sache nachzugehen. Ich war mir sicher, dass sie meinte, sie hätte ihren Vater und ihre Mutter dabei ertappt, als sie Geschlechtsverkehr hatten, und sie konnte nicht unterscheiden zwischen dem, was sie gesehen hatte, und was ihr widerfahren war. Wenn sie sagte, es war »ungezogen«, bedeutete das, dass sie anfing, das, was ihr passiert war, als falsch zu akzeptieren? Oder wiederholte sie einfach nur, was ich ihr gesagt hatte? Es war so schwer zu sagen, wie viel Jodie verstand.

Den Rest der Fahrt verbrachte Jodie damit, die Lieder im Radio mitzusingen, viele von ihnen fast Wort für Wort. Ich fand das immer unglaublich irritierend: Wie konnte sie sich diese dummen Texte merken, aber nicht das ABC?

Das medizinische Zentrum befand sich in einem speziell gebauten Bungalow, und es hatte eine Kinderstation. Ich war schon mit anderen Pflegekindern für allgemeine Untersuchungen dort gewesen, aber nie für eine rechtsmedizinische Untersuchung. Kein Wunder, dass ich mich mulmig fühlte, schließlich hatte ich eine gute Vorstellung von dem, was ihr bevorstand. Ich wusste, dass die Polizei dies nicht so ohne Weiteres mit jungen Kindern machte, die möglicherweise Opfer von Missbrauch waren, da es sich wie ein weiterer Angriff anfühlen konnte. Ich hatte mit Jill darüber gesprochen, und sie hatte mich beruhigt, dass die Untersuchung sofort abgebrochen würde, wenn Jodie sich irgendwie weigerte oder sich quälte. Auf keinen Fall würde man sie zu etwas zwingen.

Es war nicht leicht, einen Parkplatz zu finden, aber ich fand eine Lücke und versuchte mühevoll, einzuparken, während ein Lkw ungeduldig wartete.

»Warst du schon mal hier?«, fragte Jodie und öffnete ihren Sicherheitsgurt.

»Ja. Für Seh- und Hörtests.«

»Haben sie sich deinen Intimbereich angesehen?«

»Nein, mein Liebes. Bleib sitzen, ich lass dich raus.«

Ich lief um das Auto herum und machte ihre Tür auf. Sie hüpfte raus auf den Gehweg und nahm meine Hand. Ich wusste nicht, wo wir hingehen sollten; auf dem Schild am Eingang fand sich kein Hinweis auf eine gynäkologische Abteilung. Ich ging zur Rezeption.

»Jodie Brown«, sagte ich. »Wir haben einen Termin für eine rechtsmedizinische Untersuchung um halb drei.«

Die Angestellte schaute in die Terminliste. »Oh ja. Wir warten noch auf die Amtsärztin. Setzen Sie sich dorthin, sie wird bald hier sein.«

Ich steuerte Jodie zu der kleinen Ecke mit vier Plastikstühlen und einer Kiste mit abgegriffenen Spielsachen und Büchern. Eine Tür mit der Aufschrift »Untersuchungsraum eins« war zu sehen, ein kleines Schild markierte ihn als »frei«. Jodie brachte mir ein Aufklappbuch mit der Geschichte von Aschenbrödel. Ich hatte es gerade geöffnet und angefangen zu lesen, als eine gut gekleidete Dame zu uns herüberkam. Sie hatte die Mitte fünfzig überschritten und trug leuchtend roten Lippenstift und eine Hornbrille.

»Cathy?« Sie lächelte. »Ich bin Linda Marshall, die Amtsärztin. Und du musst Jodie sein.«

Sie war ganz anders, als ich erwartet hatte, und Jodies Gesichtsausdruck nach zu schließen entsprach sie auch nicht ihren Erwartungen. Mit ihrem rot karierten Kostüm, schwarzen Strümpfen und hohen Stöckelschuhen hätte sie gut in die Kosmetikabteilung eines Kaufhauses gepasst.

»Es tut mir leid, dass Sie warten mussten«, sagte sie. »Wie geht es euch?«

»Gut, danke«, antwortete ich für uns beide.

Jodie schaute sie argwöhnisch an. »Bist du eine Ärztin?«, schoss es aus ihr heraus.

»Ja«, flüsterte Linda verschwörerisch. »Aber die Kinder sagen mir immer, dass ich nicht so aussehe wie eine. Wollen wir reingehen?«

Jodie ließ sofort meine Hand los und erfasste die Hand der Medizinerin. Ich folgte ihnen in das Untersuchungszimmer. Dort saß eine junge Frau in einem weißen Arztkittel hinter einem Schreibtisch und sah sehr viel eher so aus, wie wir es erwartet hatten. Sie kam hinter dem Tisch hervor und schüttelte meine Hand.

»Hallo, ich bin Doktor Pratchet«, sagte sie. »Ich werde die Untersuchung heute durchführen, mit der Hilfe von Doktor Marshall. Setzen Sie sich, bitte.«

Ich nahm den einzigen freien Stuhl und sah mich um. Eine lange, zurückgekippte Untersuchungsliege mit Fußstützen dominierte eine Seite des Raumes. An dessen Ende befand sich eine große Spotlampe an einem beweglichen Metallarm, die ausgeschaltet war. Mich schauderte vor dem, was auf uns zukam.

Doktor Pratchet ging zu ihrem Schreibtisch zurück, und Linda Marshall lehnte sich ans Ende der Untersuchungsliege. Jodie steuerte sofort die Spielkiste in der Ecke an, drehte sie um und verteilte den gesamten Inhalt auf dem Boden. Ich warf ihr einen warnenden Blick zu.

»Ich möchte gerne ein paar Fragen stellen, bevor wir anfangen«, sagte Doktor Pratchet. »Es macht dir nichts aus, dort ein bisschen zu spielen, nicht wahr, Jodie?«

Jodie grinste mich an und hielt ein Spielzeug hoch, das sie gefunden hatte. »Schau mal, Cathy!«

»Ja, es ist ein Springteufel, wie der, den wir zu Hause haben. Leg ihn wieder zurück, wenn du fertig bist damit, Liebes.«

Die Ärztin öffnete eine DIN-A4-Mappe und zog ein Bündel Papiere heraus. »Jodie ist jetzt achteinhalb Jahre alt? Und sie ist seit dem dritten April bei Ihnen?«

Ich konnte feststellen, dass die Ärztin gut informiert war über den Inhalt von Jodies Papieren und genau wusste, warum wir hier waren. »Ja, das ist korrekt.«

»Wie ist sie generell so? Essen? Schlafen? Verhalten?«

Ich gab eine kurze Zusammenfassung von Jodies Zustand: dass sie gut aß, aber die Nächte und das generelle Verhalten zunehmend schwieriger wurden.

»Und versteht sie, warum sie hier ist?«

»Ich habe ihr erklärt, dass sie eine medizinische Untersuchung haben wird und dass Sie sich ihren Intimbereich ansehen werden, um sicherzugehen, dass alles okay ist.«

Sie nickte, und ich nahm an, dass sie meine Erklärung guthieß. »Abgesehen davon, was Jodie gesagt hat, haben Sie andere Anzeichen entdeckt? Wundsein, eine Rötung, Ausfluss?«

Pflegeeltern können es sich nicht leisten, zimperlich zu sein. »Nein, aber sie beschmutzt sich oft. Nicht absichtlich, das passierte nur am Anfang. Es ist eher so, dass sie es nicht rechtzeitig zur Toilette schafft. Oder wenn ja, dann macht sie sich nicht gut sauber. Ich muss sie oft umziehen und waschen. Deshalb ist das nicht unbedingt offensichtlich.«

»Genau«, stimmte Linda Marshall mir bei.

Doktor Pratchet machte eine Notiz, und dann sah sie Jodie an. »Okay, dann fangen wir mal damit an, dich zu messen und zu wiegen, Jodie. Meinst du, du könntest auf die Waage springen?«

»Springen« war kein gutes Wort, denn Jodie nahm es wörtlich. Mit einem widerhallenden Sprung warf sie sich auf die Waage. Die gefederte Metallplatte schepperte und zitterte.

»Sachte«, mahnte ich zu spät.

Linda las die Ergebnisse vor, und Doktor Pratchet notierte sie. »Gut gemacht. Kannst du dann auf den Untersuchungstisch klettern? Er ist ein wenig hoch; brauchst du Hilfe?«

Jodie, nicht ahnend, was ihr bevorstand, und eifrig, ihre Fähigkeiten zu zeigen, kletterte hoch. Sie ließ ihre pummeligen Beine über den Rand baumeln und grinste mich stolz an. Ich beobachtete Doktor Pratchet dabei, wie sie die Schublade ihres Schreibtisches öffnete und ein Stethoskop sowie einen Holzspatel herausholte. Sie hängte sich das Stethoskop um den Hals und steckte den Holzspatel in ihre Kitteltasche. Ich rückte meinen Sitz zurück, um ihr Platz zu machen, damit sie vorbeikam. Ich konnte spüren, wie meine Nervosität anstieg.

»Ich schaue zuerst in deinen Mund, Jodie«, sagte sie. »Sag mal aaah.«

Jodie öffnete ihren Mund weit. Doktor Pratchet legte den Spatel auf ihre Zunge, und die beiden Frauen sahen hinein. Ich konnte erraten, was sie suchten. Wenn Jodie zu oralem Sex gezwungen worden war, dann bestand durchaus die Möglichkeit, dass sie sich in ihrem Mund eine sexuell übertragbare Krankheit zugezogen hatte, aber ich hatte keine wunden Stellen oder weißen Ausschlag bemerkt, als ich ihr dabei half, die Zähne zu putzen.

»Sehr gut«, sagte Doktor Pratchet. »Gut gemacht.«

Jodie schloss ihren Mund und grinste mich an. Ich lächelte ihr aufmunternd zu.

»Kann ich mir jetzt deine Brust anhören?«

Linda hob sachte Jodies Pulli an und wartete, bis Jodie die Erlaubnis gab, indem sie ihre Arme hob. Doktor Pratchet horchte sie mit dem Stethoskop ab. Ich war beruhigt: Sie wussten genau, wie man es schaffte, dass ein Kind sich nicht verkrampfte. Auch ich entspannte mich etwas.

»Ausgezeichnet«, sagte sie wieder. »Das machst du sehr gut. Was für ein großes Mädchen du doch bist.«

Jodie strahlte, als ob sie eine Medaille gewonnen hätte, aber ich war mir darüber bewusst, dass wir die nächste Stufe der Untersuchung erreichen würden, und ich betete um Jodies Kooperation. Die Ärztinnen würden sie nicht zwingen weiterzumachen, wenn sie das nicht wollte, aber ohne diesen Beweis gäbe es kaum eine Chance auf eine Strafverfolgung.

»Kannst du dich auf die Untersuchungsliege legen?«, fragte Linda und klopfte leicht auf die Liege.

Jodie ließ sich in ihrer unbeholfenen Art zurücksinken und kicherte laut.

»Wir brauchen dich weiter hier unten«, sagte Linda und half ihr, nach vorne zu rutschen, sodass ihre Beine über den Rand baumelten. Doktor Pratchet machte die Lampe an.

»Wollen Sie herüberkommen und ihre Hand halten?«, fragte Linda und schaute mich an.

Ich schob meinen Stuhl so, dass ich neben Jodies Kopf saß, und hielt ihre Hand. Es war mir ganz recht, dass ich etwas tun konnte. Doktor Pratchet gab Linda eine Decke, und sie deckte Jodies Körper damit zu.

»Ich werde dir jetzt deine Hose und deinen Schlüpfer ausziehen«, sagte sie und nahm sie diskret unter der Decke weg. »Gut so, Liebes. Entspann nun deine Beine, und ich werde sie in die richtige Position bringen.«

Sie hob Jodies Knie an. Es war eine reichlich unelegante und peinliche Position, aber mit der Decke behielt sie wenigstens einen Teil ihrer Würde.

Linda folgte Doktor Pratchet zum Ende des Untersuchungstisches. Beide Frauen zogen Handschuhe an und begannen mit der Untersuchung. Ich streichelte Jodies Stirn und hielt ihre Hand fest in der meinen. Ihre Wangen waren gerötet, und sie biss sich auf die Unterlippe.

»Es dauert nicht lange«, sagte ich. »Und dann gehen wir nach Hause.«

Die Frauen begannen darüber zu diskutieren, was sie sahen. Ich erkannte das Wort »Läsion«, die anderen Begriffe waren mir unbekannt. Ihr Ton war flach und professionell, er ließ nichts durchblicken.

»Es tut weh«, sagte Jodie. Ich drückte ihre Hand und wünschte, dass sie sich beeilten.

Dann richtete sich Doktor Pratchet auf. »Alles fertig. Du bist sehr tapfer gewesen. Du kannst dich jetzt anziehen.«

Ich war erleichtert und half Jodie dabei, sich aufzusetzen und zu bekleiden, während die beiden Frauen ihre Handschuhe in den Eimer warfen.

»Wir schicken den Bericht an die Sozialarbeiterin«, sagte Linda. »Sie können Jodie versichern, dass alles in bester Ordnung ist.«

Das war alles, was man uns zu diesem Zeitpunkt sagen würde. Die Sozialarbeiterin würde mir mitteilen, was ich wissen musste. Jill hatte mir gesagt, dass das zwischen zehn Tagen und einem Monat dauern könnte. Ich dankte ihnen sehr, nahm Jodie an die Hand, und wir gingen raus in den winterlichen Nachmittagssonnenschein.

»Du warst sehr mutig«, lobte ich sie. »Du wirst das nicht noch mal durchmachen müssen. Es ist jetzt vorbei.«

»Ich wünschte, es wäre ein Mann gewesen«, sagte sie und hüpfte neben mir.

»Was? Der die Untersuchung macht?« Ich war überrascht. Ein Mann, der die Untersuchung durchführen würde, war meiner Erwartung nach das Letzte, was Jodie gewollt hätte nach allem, was sie durchgemacht hatte. »Warum?«

»Frauen tun mehr weh als Männer, weil sie keinen Pimmel haben.«

Ich blieb stehen und drehte mich zu ihr um, als die Bedeutung ihrer Worte durchsickerte. »Was meinst du damit? Welche Frauen? Wie haben sie dir wehgetan?«

Ihre Stirn legte sich in Falten, als sie es mit ihrem begrenzten Vokabular zu erklären versuchte. »Meine Mama und meine Tante Bell, sie benutzen Dinge, weil sie keine Pimmel haben.«

»Benutzen Dinge? Was, an deinem Intimbereich?«

»Ja. Wie die Ärztinnen. Sie steckten etwas in mich hinein.«

Ich erstarrte. *Bitte nicht!* Wie viel mehr hatte dieses Kind erdulden müssen? »Was für Dinge, Jodie?«

»Löffel, so einer wie die Ärztin mir ihn in den Mund gesteckt hat. Bloß, der war silbern.«

»Willst du mir sagen, dass Mama und Tante Bell Metalllöffel in deinen Intimbereich gesteckt haben?«

Sie nickte. »Es war kalt. Papa hat ihn erst mit seinen Händen angewärmt. Manchmal war er nett, nicht wahr, Cathy?«

Das war zu viel. Ich konnte meinen Zorn über diese Menschen, die ihr das angetan hatten, nicht länger verbergen. »Nein, Jodie, das war er nicht. Er war böse. Das sind Tiere. Jeder von ihnen ist ein Tier. Ich hoffe, sie werden alle in der Hölle schmoren!«

17

Neugierige Kuh

Ich saß an meinem Schreibtisch und notierte die Details zu Jodies sexueller Erniedrigung in meinem Logbuch. Mir war durch und durch übel. Die aktive Beteiligung der Mutter an Jodies Missbrauch war eine weitreichende verrohte Umkehrung der Mutterrolle und von all dem, wofür nach unserer Vorstellung Mütter stehen sollten. Wir Pflegeeltern sollen neutral bleiben, aber es gibt Grenzen, und für mich waren sie hier erreicht. Ich konnte es kaum ertragen, Jodies kindliche Schlussfolgerung festzuhalten, nämlich dass ihr Vater weniger Schuld trage, weil er das Objekt, mit dem sie geschändet worden war, vorher angewärmt hatte. Dass sie dies als einen Akt der Güte betrachtete, war absolut unerträglich.

Kaum, dass Jill meine E-Mail bekommen hatte, rief sie an. »Herrgott«, sagte sie. »Es ist ein Wunder, dass das Kind überhaupt noch funktioniert bei alldem.«

»Das tut sie ja auch nicht wirklich. Und mit jeder Enthüllung wird es schlimmer.« In dem Moment, als ich das sagte, offenbarte sich mir die Realität. In der täglichen Routine gab es gute und schlechte Momente, schlechte und bessere Tage; aber wenn ich mal kurz einen Schritt zurücktrat und alles genau betrachtete, konnte ich erkennen, dass es in Wirklichkeit eine stetige Verschlechterung war. Es wurde schlimmer mit Jodie. »Ich bin überfordert, Jill.«

Jill konnte die wachsende Panik in meiner Stimme hören.

Sie sagte beruhigend: »Okay, mach dir keine Sorgen. Nächste Woche geht ihr zur Psychologin, nicht wahr?«

»Montag.«

»Frag sie doch mal, ob sie ein paar Strategien weiß, die helfen könnten. Ich weiß, dass sie nicht dafür zuständig ist, aber sie kann vielleicht etwas anbieten. Es ist einen Versuch wert.«

»Danke, Jill. Das ist eine gute Idee.« Ich fühlte mich ein klein wenig gestärkt. »Ich werde sehen, was sie zu sagen hat.«

Jill hatte recht. Die Psychologin war vom Gericht benannt worden, um Jodie für das laufende Verfahren zu beurteilen; es war nicht ihre Aufgabe, mich zu beraten oder eine Therapie für Jodie anzubieten. Dennoch war es ein Schimmer von Hoffnung – sie würde sicher irgendwelche Ideen haben, was ich tun könnte.

Die bürokratischen Mühlen mahlten langsam, als Jodies Fall sich durch das System arbeitete. Jodie war mit einer vorläufigen Pflegeverordnung aus ihrer Familie genommen worden, was bedeutete, dass das Gericht zu einem späteren Zeitpunkt entscheiden würde, ob sie zu ihrer Familie zurückkehrte oder in Pflege blieb. Die Psychologin sollte Jodie mehrmals treffen, bevor sie ihren Bericht einreichte, da er ausschlaggebend war für den Gerichtsbeschluss.

Das Gericht hatte die Termine für zwei »Anordnungsverhandlungen« für Januar und März festgelegt. Ihnen sollte dann eine »endgültige Gerichtsverhandlung« im Mai folgen. Die Anordnungsverhandlungen sollten den Richter in die Lage versetzen, die vorgebrachten Beweise in Betracht zu ziehen, sodass er oder sie eine vorläufige Entscheidung im Interesse des Kindes fällen konnte, ohne die endgültige Verhandlung abwarten zu müssen. Während des Prozesses würde die Prozesspflegerin sich mit allen Parteien treffen, dem Richter eine neutrale Beurteilung geben und Empfehlungen im besten Interesse des Kindes aussprechen. In der Praxis tendieren Richter dazu, sich davon leiten zu lassen. Sie folgen gewöhnlich den Empfehlungen.

Mit der Entscheidung für eine volle Pflegeanweisung bei der endgültigen Verhandlung würde die Gemeinde de facto Jodies Vormund werden, und das Sozialamt würde sie entweder auf Dauer in eine Pflegefamilie geben oder in ein Kinderheim. Oder es würde sich mit ein bisschen Glück eine Familie finden, die sie adoptieren würde. Bedachte man jedoch Jodies Alter, ihr Aggressionspotenzial und ihre Lernschwierigkeiten, war die letzte Option eher unwahrscheinlich.

Vor dem ersten Treffen mit der Psychologin sollte Jodie zu der richterlichen Vernehmung gehen. Dieses Gespräch sollte, wie auch die Pflegevorgänge, in der polizeilichen Untersuchung herangezogen werden mit dem Ziel, Jodies Eltern und andere Missbrauchstäter strafrechtlich zu verfolgen. Jodie sollte von speziell ausgebildeten Polizeibeamten aus der Kinderschutzabteilung befragt werden, und ich hoffte, dass sie ihnen gegenüber genauso offen sein würde wie bei mir.

Zu dem Polizeitermin kamen wir etwas zu früh, was Jodie die Gelegenheit gab, in die Polizeiautos zu schauen, die vor dem Präsidium geparkt waren. Ich drückte die Klingel, um eingelassen zu werden, dann nannte ich dem Beamten am Empfang unsere Namen. Er kam hinter seinem Schreibtisch hervor und führte uns zu der entsprechenden Abteilung. Als wir eintraten, beruhigte ich mich; die Abteilung war eindeutig so gestaltet, dass die Kinder sich entspannen konnten. Der Raum war hell eingerichtet mit einem großen roten Sofa, vielen Spielsachen und einer bunten *König-der-Löwen*-Tapete. Zwei Beamtinnen in Zivil standen auf und stellten sich vor.

»Hallo, du musst Jodie sein«, sagte eine heiter. »Mein Name ist Kelly, und das ist Harriet.«

Jodie grinste, als sie ihnen die Hand gab.

»Kaffee?«, fragte Harriet mich.
»Ja, gerne.«
»Und einen Saft für Jodie?«
»Danke«, sagte ich.

Harriet verließ das Zimmer, während Jodie ein Puzzle aus der Spielzeugkiste hervorzog. Wir begannen zu dritt, es zusammenzusetzen. Harriet kam mit den Getränken und einem Paket Keksen zurück. Wir saßen eine Weile herum, und die Beamtin versuchte, Jodies Aufmerksamkeit zu gewinnen, indem sie sie über ihre Hobbys ausfragte, ihr Lieblingsprogramm im Fernsehen und so weiter. Jodie blieb jedoch unbeeindruckt und zog es vor, in der Ecke zu sitzen und die Spielzeugkiste zu erkunden. Nach einer Weile ging Kelly auf alle viere und versuchte, sich an Jodies Spiel zu beteiligen, aber das war nur zum Teil von Erfolg gekrönt. Ich glaube nicht, dass Jodie absichtlich abweisend war; sie empfand es einfach nur als unnötig, auf die Beamten zu reagieren, obwohl ich ihr am Abend zuvor und am Vormittag die Bedeutung unseres heutigen Besuchs erklärt hatte.

Jodie zu erklären, was sie zu erwarten hatte, war eine heikle Angelegenheit. Ich hatte versucht, ihr klarzumachen, dass ein paar nette, gute Leute sie über die Dinge ausfragen würden, von denen sie mir erzählt hatte, aber es gab nicht sehr viel mehr, was ich ihr hätte sagen können, ohne Gefahr zu laufen, das mögliche Gerichtsverfahren zu unterlaufen. Ich konnte nicht sagen: »Du musst der Polizei von den bösen Dingen erzählen, die dein Papa mit dir gemacht hat«, weil ich damit riskierte, dass ich ihr Ideen in den Kopf setzte. Ich konnte ihr nur sagen, dass sie die Wahrheit sagen sollte. Wenn sich im Verlauf des Gesprächs zeigen würde, dass ich ihr Details vorgegeben hatte, dann könnte das von der Verteidigung dazu verwendet werden, Jodies Anschuldigungen abzuschmettern.

Ich hoffte, dass Jodie verstanden hatte, wie wichtig es war, mit den Beamten offen und ehrlich zu sein, aber wie immer war es schwer zu sagen, wie viel zu ihr durchgedrungen war. Ich hoffte, dass sie in einer entgegenkommenden Stimmung war, so wie bei der medizinischen Untersuchung, und ich hoffte zudem, dass sie es genießen würde, im Mittelpunkt zu stehen. Bei vielen Pflegekindern ist das so: Bevor sie in Pflege kommen, werden sie oft vernachlässigt und ignoriert. Deshalb können sie sich zu kleinen Stars entwickeln, wenn sie auf einmal im Mittelpunkt stehen und eine Reihe von Erwachsenen sich mit ihrem Fall befassen. Manchmal konnte auch Jodie aufblühen, wenn sie im Mittelpunkt stand, sodass ich hoffte, dass es auch heute gut laufen würde.

Weitere zehn Minuten vergingen, und Kelly schlug vor, dass sie nun anfangen sollten. Sie berührte sanft Jodies Arm und sagte: »Wir gehen jetzt mal rüber in den Gesprächsraum. Ich weiß, dass Cathy dir davon erzählt hat. Es ist gleich hier.« Sie deutete auf eine Tür.

Jodie blickte auf. »Kommt Cathy auch mit?«

»Ja, am Anfang, aber dann muss sie wieder rausgehen und hier warten, während wir uns da drinnen unterhalten. Weißt du, während wir uns unterhalten, kommt ein sehr netter Mann rein und wird ein Video von uns machen, sodass wir uns später an alles erinnern können, worüber wir gesprochen haben. Klingt das gut für dich?«

Vielleicht hatte Jodie wirklich das Interesse an den Spielsachen verloren, denn sie stand auf einmal auf, sehr zuvorkommend zu meiner großen Erleichterung, und nahm Kellys Hand. »Na, dann komm«, sagte sie. »Ich will in dem Video sein.«

Ich folgte ihnen durch die Tür ins nächste Zimmer, wo uns ein junger Polizist begrüßte. Auch er war in Zivil.

»Hallo, Jodie«, sagte er. »Ich bin John. Ich bediene die Kamera. Willst du herkommen und sie dir anschauen?«

Der Interviewraum war klein und kahl mit drei Plastikstühlen, einem zentralen Licht und einem abdunkelnden Vorhang vor dem einzigen Fenster. Ich war überrascht, wie streng er wirkte; ich hatte eine kinderfreundlichere Gestaltung erwartet.

John zeigte Jodie und mir, wo die Kamera aufgebaut war und wo er stehen würde, versteckt hinter einer Leinwand. »Wir werden ein Video von dir machen und aufnehmen, was du sagst. Ist das okay, Jodie?«

Ich erinnerte mich an das Foto, das ich von Jodie gemacht hatte, als sie bei mir ankam, und wie sie versucht hatte, sich dafür auszuziehen. Würde sie sich jetzt aufregen über den fremden Mann, der sie filmen wollte? Es schien ihr egal zu sein, als ich es ihr vorab erklärt hatte, und bis jetzt schien sie unbeeindruckt. Nickend gab sie ihre Zustimmung.

»Setz dich bitte auf diesen Stuhl«, sagte Kelly und half ihr hoch, während John diskret hinter der Leinwand verschwand.

»Cathy wird nebenan auf dich warten, während du bei uns bleibst, in Ordnung?«, sagte Harriet.

Jodie zappelte auf ihrem Stuhl herum und winkte mir zaghaft zu; ich verließ den Raum. Als ihre Pflegemutter war es mir nicht erlaubt, bei dem Gespräch zugegen zu sein, weil meine Gegenwart ihre Aussage hätte beeinflussen können. Zeugenbefragungen müssen unter kontrollierten Bedingungen durchgeführt werden, um vor Gericht als Beweis gelten zu können.

Ich ging zurück in den hellen, fröhlichen Raum, der einen großen Kontrast zu dem kleinen, dunklen Gesprächsraum darstellte. Ich setzte mich hin, konnte mich aber nicht entspannen. So entschloss ich mich, rauszugehen, um eine Zigarette zu rauchen. Es blies ein scharfer Wind, und ich stellte mich in einem Türrahmen unter, verstohlen an der Zigarette ziehend, während ich mir Sorgen darüber machte, was in dem Gesprächsraum vor sich ging. Es war entscheidend, was Jodie jetzt sagen würde, denn ohne ihre aufgenommene Aussage waren die Chancen auf eine Strafverfolgung gering. In ihrem Alter und mit ihren Lernschwierigkeiten konnte sie auf keinen Fall in den Zeugenstand treten, um eine Aussage zu machen. Die Natur unseres Rechtssystems, selbst bei Kindesmissbrauch, würde bedeuten, dass sie von einem Anwalt ins Kreuzverhör genommen würde. Es war ausgeschlossen, dass sie damit fertigwerden konnte. Welches Kind von nicht einmal zehn Jahren, das etwas Ähnliches durchgemacht hat wie sie, könnte das schon? War es also ein Wunder, dass so wenige Fälle vor Gericht gebracht wurden, ganz zu schweigen von einer erfolgreichen Strafverfolgung von Missbrauchstätern? Ich rauchte die Zigarette nur halb, dann drückte ich sie aus. Ich klingelte, um wieder eingelassen zu werden, und ging ohne Begleitung in die Abteilung zurück. Ich lief auf und ab, setzte mich kurz hin und lief dann wieder auf und ab. Zwanzig Minuten vergingen, dann wurde die Tür geöffnet, und Kelly steckte ihren Kopf raus.

»Wir geben ihr noch zehn Minuten, dann hören wir auf. Wir hatten leider nicht viel Erfolg.«

Ich nickte niedergeschlagen. Kelly kehrte zu dem Gespräch zurück. Ich lief zum Fenster hinüber, das zum Hinterhof hinausging. Ein Polizeiauto fuhr herein, zwei uniformierte Polizisten stiegen aus und machten einen Witz. Als Pflegemutter hatte ich oft mit der Polizei zu tun, nicht nur in Sachen Kinder- und Jugendschutz, sondern auch mit Teenagern, die wegliefen, oder jenen, die kriminell geworden waren. Die Arbeit dieser Beamten war nicht leicht; ich hatte immer sehr viel Respekt vor der Polizei gehabt, speziell vor dem Team, das sich mit Jugendkriminalität befasste und das eine Engelsgeduld hatte.

Ich fühlte mich niedergeschlagen. Ich konnte mir vorstellen, dass Jodie, wenn sie sich bis jetzt nicht geöffnet hatte, es wohl kaum noch tun würde. Ich wusste, wie sie war, wenn sie nicht reden wollte. Es gab keine Möglichkeit, die Sache zu erzwingen – sie war so unbeweglich wie ein Felsblock. Nur wenige Minuten blieben, um den Beamten zu sagen, was sie hören mussten, wenn es irgendeine Hoffnung geben sollte, die Leute, die sie so schrecklich gequält hatten, zu bestrafen.

Während ich wartete, fragte ich mich zum ersten Mal, was mit Jodies Bruder und Schwester war. Hatten sie ähnlich leiden müssen wie Jodie? Ich hoffte, dem war nicht so, aber es war unwahrscheinlich, dass ich es jemals erfahren würde. Mir wurde nur das mitgeteilt, was sich strikt auf Jodie bezog, und alles, was ich wusste, war, dass ihre Geschwister jetzt bei anderen Pflegeeltern untergebracht waren. Ich hoffte, dass sie verschont geblieben waren von dem, was Jodie durchgemacht hatte, weil sie noch sehr viel jünger waren als sie.

Kurze Zeit später hörte ich Jodies Stimme an der Tür. Sie wurde geöffnet, und Jodie hüpfte heraus. »Wir haben das Video gemacht«, grinste sie. »Es war wirklich gut.« Sie rannte zur Spielkiste hinüber.

Ich schaute hoffnungsvoll zu Harriet und Kelly, die die Köpfe schüttelten. Harriet gab mir ein Zeichen, ihr zu folgen, während Kelly Jodie in ihren Mantel half.

»Es tut mir leid, aber sie wollte nicht reden«, sagte Harriet. »Sie wiederholte mehrmals, dass sie ihrem Vater den Kopf abreißen wollte, aber sie wollte nicht sagen, warum, oder irgendwelche Details geben. Wir werden es nicht erneut versuchen, da sie so jung ist, aber wir werden die Akte offen lassen, falls sich in der Zukunft etwas ergibt. Hoffentlich wird sie eines Tages bereit sein.«

»Danke«, sagte ich, unfähig, meine Enttäuschung zu verbergen. »Es tut mir leid, dass sie nicht kooperativer war, aber es ist keine große Überraschung.«

»Nein, sicherlich nicht, nicht nach all dem, was passiert ist.

Ich habe mich mit der Familie schon vor mehreren Jahren befasst. Weiß der Teufel, warum sie so lange dort geblieben ist.«

Ich horchte auf, aber die Polizistin sagte nicht mehr; die Schweigepflicht erlaubte es ihr nicht. Die Polizei war mit der Familie bis zu einem gewissen Grad beschäftigt gewesen, aber das hätte aus allen möglichen Gründen sein können, von Falschparken bis Kleinkriminalität oder Drogenhandel. Dennoch hatte ich das Gefühl, dass Harriet den Eindruck gewonnen hatte, in dem Haus ginge etwas vor sich ... aber ich konnte mir nicht sicher sein.

Ich knöpfte Jodies Mantel zu, und die zwei Polizistinnen führten uns nach draußen. Kaum dass wir um die Ecke gebogen waren, war Jodies gute Laune dahin.

»Cathy, wird das Monster jetzt kommen? Wird es kommen und tun, was sie gesagt haben?« Ihre Fragen klangen atemlos und von Angst durchsetzt. »Ich glaube, das Monster wird kommen. Es ist unter meinem Bett, und es will meine Hände auffressen, während ich schlafe.«

»Nein, Liebes, das stimmt nicht, ich verspreche es dir. Warum glaubst du das?«

»Mein Papa und Onkel Mike haben gesagt, dass es kommen wird, wenn ich es irgendjemandem sage.« Die Angst in ihrer Stimme steigerte sich, bis sie fast kreischte. »Es wird kommen und meine Arme und Beine abbeißen! Das wird passieren!«

»Nein, Liebes«, sagte ich und versuchte sie zu beruhigen. »Es wird nicht kommen. Du hast dein Bestes gegeben bei der Polizei, das weiß ich. Du hast nichts Falsches gemacht, und niemand wird dir wehtun. Bei mir bist du in Sicherheit, das weißt du doch, nicht wahr? Es gibt kein Monster.«

Als ich versuchte, sie zu beruhigen, verstand ich, dass es diese Angst war, die sie daran gehindert hatte, mit der Polizei zu reden. Sofort brach meine Wut auf die Missbrauchstäter und auf ihre Macht wieder durch. Jodie schützte die Täter unbewusst, weil sie ihr eine derartige Wahnsinnsangst gemacht hatten.

»Bei mir bist du in Sicherheit, Jodie«, versicherte ich ihr, als wir nach Hause gingen. »Das verspreche ich dir.«

Am Abend in den Zehn-Uhr-Nachrichten wurde der Bildschirm von einem Rockstar dominiert, der im Zuge einer weltweiten Ermittlung in Sachen Kinderpornografie im Internet verhaftet worden war. Die Polizei hatte seinen Computer in Beschlag genommen und Bilder von Kindern auf seiner Festplatte gefunden.

Ich schäumte vor Wut. Wie, glaubten diese Perversen, waren die Fotos zustande gekommen? Für jedes heruntergeladene Bild war ein Kind missbraucht worden und ein Leben und eine Persönlichkeit zerstört worden. Das Resultat waren Kinder wie Jodie, zerbrochen, verletzt bis fast zum Zusammenbruch. Soweit es mich betraf, war jeder, der diesen Schmutz kaufte, genauso verantwortlich wie die Missbrauchstäter, und ich hatte kein Mitleid mit diesem Mann. Seine Aussage, er hätte nur für ein Buch recherchiert, glaubte ich keinen Moment.

Unser Termin bei der Psychologin war für Montagnachmittag angesetzt. Obwohl es unser erster gemeinsamer Termin bei Dr. Burrows war, hatte Jodie sie schon mal getroffen, als sie bei anderen Pflegeeltern gewesen war. Aus irgendeinem Grund schien sie nicht begeistert zu sein von der Idee, sie wieder zu treffen.

»Aber Dr. Burrows kann dir helfen«, erklärte ich. »Alle wollen dir helfen, Jodie, aber zuerst müssen wir Dr. Burrows sagen, was wir wissen. Du musst ihr sagen, was passiert ist, damit die Leute alles besser machen können.«

»Das geht die nichts an«, knurrte Jodie. »Neugierige Kuh.«

»Was geht ›die‹ nichts an?«, fragte ich. Aber Jodie war nicht zum Reden zu bewegen. Ich vermutete, dass ihre Eltern sie davor gewarnt hatten, in irgendeiner Weise zu kooperieren. Sie fürchteten sicherlich, dass ein Psychologe eine besonders große Gefahr für ihr schändliches Geheimnis darstellen könnte.

Sie hätten sich keine Sorgen zu machen brauchen. Von dem Moment unserer Ankunft an war Jodie feindselig eingestellt und alles andere als kommunikativ. Sie gab keine Antworten auf ihre Fragen, nicht einmal bei harmlosen Themen wie ihrem Lieblingsspielzeug oder Lieblingsessen. Alle ihre Antworten waren einsilbig oder unsinnig.

Dr. Burrows war professionell und geschäftsmäßig, und sie wusste ohne Zweifel, wie man Kinder erreichte, aber sie machte keine Fortschritte mit Jodie. Nach einer Weile gab sie es auf, direkt zu fragen, und versuchte einen anderen Ansatz. Sie zauberte einen Block Papier und einige Buntstifte hervor.

»Jodie, willst du mal ein paar Bilder für mich malen? Ich würde gerne Bilder von dir sehen – wie wäre es, wenn du mir ein Bild von deiner Mama und deinem Papa zu Hause malen würdest?«

Das schien Jodie milder zu stimmen. Sie nahm einen Bleistift auf und begann in ihrer unbeholfenen, unkoordinierten Art zu zeichnen. Wir sahen ihr zu, wie sie ein Bild zusammenkritzelte. Ich bin keine Psychologin, aber ich konnte nicht erkennen, wie ihre Bilder zu einer Lösung beitragen sollten. Sie zeichnete kindliche Strichmännchen mit übergroßen Köpfen und ohne Details. Jodie war jedoch ganz eindeutig der Meinung, dass es damit genug war, da sie alle weiteren Fragen der Ärztin mit »Ich weiß nicht. Hau ab!« beantwortete.

Endlich war die einstündige Sitzung zu Ende. Es fühlte sich komplett sinnlos an, und ich nutzte die Gelegenheit, die Ärztin zu fragen, ob sie irgendwelche Ideen hätte, die mir helfen würden mit Jodies Bedürfnissen.

»Ihr Hauptbedürfnis ist Primärversorgung«, antwortete sie. »Ich sehe durchaus, dass Sie sich erstaunlich gut schlagen. Sie wird auf Kontinuität und feste Grenzen ansprechen. Ich bin äußerst zufrieden, dass sie bei Ihnen untergebracht ist. Sie machen das hervorragend.«

Komplimente sind schön und gut, aber was ich eigentlich brauchte, war ein Rat. Ich fühlte mich verzweifelt und isoliert. Für diese Aufgabe war ich nicht ausgebildet worden – ich tappte nur im Dunkeln, übermannt von Müdigkeit, Verwirrung und dem Gefühl, hoffnungslos überfordert zu sein. Meine Fähigkeiten und das Training waren unzureichend für Jodie, das war mir allmählich klar. Die Ärztin war sicherlich ausgezeichnet, aber sie schien nicht zu verstehen, dass ich Jodies Primärversorgung nicht von ihrem geistigen Wohlbefinden trennen konnte. Ich befasste mich jeden Tag nicht nur damit, ihr zu essen zu geben, sie zu beschäftigen und sauber zu halten, sondern auch mit ihren Wutanfällen, ihrer Neigung zur Gewalt, ihren Albträumen, den Visionen im Wachzustand, den Halluzinationen und den grauenhaften Ängsten. Diese Dinge konnten nicht so leicht in den Zeitraum einer Sitzung gepresst werden. Ich lebte damit Tag und Nacht.

Als wir gingen, fühlte ich mich so allein wie nie zuvor in meinem Leben.

Bevor ich wusste, wie mir geschah, waren es nur noch zehn Tage bis Weihnachten, aber meine Begeisterung von vor wenigen Wochen war jetzt schwer aufzubringen. Es würden sehr eingeschränkte Weihnachten werden dieses Jahr. Ich hatte schon die meisten Geschenke gekauft und eingepackt und das Haus geschmückt, aber in Gedanken war ich nicht so richtig bei der Sache. Ich versuchte, für die Kinder zuversichtlich dreinzuschauen, aber ich schraubte alle üblichen Traditionen zurück.

Ich war einfach zu erschöpft, um mit dem vollen Umfang der Feierlichkeiten fertigzuwerden. Meine Eltern sollten zu Weihnachten kommen, zusammen mit meinem Bruder und seiner Familie. Ich gab normalerweise eine kleine Party für Freunde und Nachbarn an Heiligabend, aber dieses Jahr war das vollkommen ausgeschlossen. Ich erklärte ihnen, dass ich im Augenblick einfach zu viel zu tun hatte und dass ich sie einladen würde, wenn sich die Lage etwas beruhigt hätte. Ich konnte nur hoffen, dass niemand beleidigt war.

In ruhigeren Momenten, wenn ich Zeit zum Nachdenken hatte, konnte ich sehen, dass ich zu nah dran war an Jodie und ihrem Leid. Ich wurde in den Abgrund ihres emotionalen Tumults gerissen, und obwohl ich mir dessen bewusst war, konnte ich es nicht verhindern. Sie nahm immer mehr Raum in meinen Gedanken ein. Wenn ich versuchte zu lesen, ertappte ich mich dabei, dass ich die Seiten umblätterte, ohne den Inhalt des Buches zu erfassen. Ähnlich ging es mir mit dem Radio oder dem Fernseher. Jodie beschäftigte mich ständig, und mir ging es selbst immer schlechter. Ihre verdrehte Auffassung der Welt färbte auf die meine ab. Es fühlte sich so an, als ob das Böse, das Jodies Welt verdorben hatte, herauskroch und auch mein Zuhause verdarb. Die Atmosphäre schien vergiftet, und Jodie war die nichtsahnende Überträgerin des Gifts. Ich beschloss, dass ich eine Pause brauchte, um die Dinge wieder in die richtige Perspektive zu rücken. Ich rief Jill an.

Ich erklärte ihr, dass ich physisch und geistig erschöpft sei. »Jill, ich meine es ernst, ich brauche eine Pause. Nur ein bisschen Zeit, um mich wieder zu fangen und meine Kraft zurückzugewinnen und für eine Weile an etwas anderes zu denken. Meine eigenen Kinder könnten auch von meiner Zeit und Aufmerksamkeit profitieren. Könntest du das organisieren, bitte? Irgendein Wochenende im Januar wäre gut.«

»Natürlich«, antwortete sie. »Du hast dir einen Urlaub verdient. Und du brauchst ihn, wenn du am Ball bleiben willst. Ich schaue mich diesen Nachmittag mal um. Das einzige Problem ist, Leute zu finden, die der Aufgabe wirklich gewachsen sind. Sie müssen erfahren sein und dürfen keine jüngeren oder ähnlich alten Kinder haben. Ich denke da an ein Paar in Surrey. Ich schaue mal, ob sie Platz haben.

»Danke. Ich wäre dir wirklich sehr dankbar.« Ich legte auf, und meine Stimmung hob sich etwas.

18

Feuer

Am nächsten Tag rief Jill an, um ihren letzten Besuch vor Weihnachten anzukündigen. Wir sprachen eine Weile miteinander. Jill fragte mich, ob Jodie jemals ihre Geschwister erwähnte.

»Manchmal«, antwortete ich, »in einem bestimmten Zusammenhang, wenn sie mir etwas von zu Hause erzählt.«

»Sie will sie nicht sehen?«

»Nein, das will sie nicht.« Und auf einmal wurde mir klar, wie ungewöhnlich das war. Bei Kindern in Pflege ist die Bindung zwischen den Geschwistern durch die Trennung oft besonders stark, auch wenn die Kinder ihre Eltern nicht sehen. Das Sozialamt sorgt normalerweise genau aus diesem Grund dafür, dass der Kontakt zwischen den Geschwistern erhalten bleibt. »Ist denn geplant, dass sie in Verbindung treten?«, fragte ich.

»Nicht im Moment. Es gab Bedenken wegen Jodies Umgang mit ihnen. Ich denke, dass man Grund hatte, zu glauben, sie würde etwas zu hart zu ihnen sein, weswegen sie unterschiedlichen Pflegefamilien zugeteilt wurden.«

Ich konnte das gut nachvollziehen. Jodie schlug oft um sich, wenn sie frustriert war. »Was ist mit Weihnachtskarten und Geschenken?«, fragte ich.

»Die können wir auf alle Fälle weiterleiten, wenn sie welche schicken will.«

Noch am Nachmittag fragte ich Jodie, ob sie einkaufen gehen wolle, um Weihnachtsgeschenke für ihren Bruder und ihre Schwester zu besorgen.

»Nein«, sagte sie. »Will ich nicht.«

»Wie wäre es mit einer Weihnachtskarte? Ich helfe dir dabei, eine zu schreiben, wenn du willst.«

»Nein, ich hasse sie.«

»Warum hasst du sie, Jodie?«

Es dauerte eine Weile, bis sie antwortete. »Mama mochte sie mehr als mich. Sie hat sie immer rausgeholt, wenn Papa zu mir ins Zimmer kam.«

»Okay, Liebling, ich verstehe.« Ich war mir nicht ganz sicher, was sie mir da sagte, aber es war durchaus möglich, dass die jüngeren Kinder irgendwie vor dem beschützt worden waren, was Jodie widerfuhr. Kein Wunder, dass sie sie ablehnte. Vielleicht würde sie sie sogar schlagen, weil sie neidisch war, dass sie verschont geblieben waren. Es war natürlich alles nur eine Vermutung, aber ich hoffte im Interesse der anderen beiden Kinder, dass man sie in Ruhe gelassen hatte.

Jodie war nicht nur von ihren Eltern abgeschnitten, sie war auch von ihren Geschwistern isoliert worden. Ohne Großeltern und mit Tanten und Onkeln als Missbrauchstäter bedeutete das, dass wir die einzige Familie waren, die sie hatte. Ich dachte an meine eigenen Kinder und die weitläufigere Familie, die nicht zögern würde, einzuschreiten und sie aufzunehmen, wenn es nötig wäre. Aktuell war das kein Thema mehr, aber früher war das durchaus akut gewesen. Mein Mann verließ mich, als Adrian in Jodies Alter war, und in den dunkleren Zeiten stützte mich das Sicherheitsnetz, das mich glauben ließ, dass sie genauso geliebt und versorgt werden würden, falls mir etwas zustieße. Jodie dagegen hatte niemanden außer uns in der Welt.

Statt einzukaufen, wollte Jodie etwas malen. Ich legte also

den Tisch mit Zeitung aus und stellte die Farben zurecht, Pinsel und einen Becher mit Wasser. Ich band Jodie eine Schürze um und ließ sie für einige Minuten allein, damit sie ihr Meisterwerk vollbringen konnte. Als ich zurückkam, um nach ihr zu sehen, war ich beeindruckt. Jodie hatte eine Reihe von Bildern angefertigt, die wirklich nach was aussahen.

»Gefallen sie dir, Cathy?«, fragte Jodie stolz.

»Ja, wirklich. Sie sind ausgezeichnet, Jodie. Kannst du sie mir erklären? Sag mir, was sie darstellen.«

»Gut. Das ist ein Haus.«

»Das ist wirklich hübsch. Und das sind die Fenster, nicht wahr?«

»Ja, die Fenster. Das ist ein Auto. Und das ist mein Hund, doofer Hund.«

Ich wurde auf einmal hellwach. Bei der Vorbesprechung hatte ich erfahren, dass Jodie den Hund angezündet und dabei fast das ganze Haus abgebrannt hatte. Es war dieser Vorfall, der letztendlich dazu geführt hatte, dass sie und ihre Geschwister in Pflege genommen wurden. »Ich verstehe«, sagte ich. »Kannst du mir mehr über das Bild sagen?«

»Ja, kann ich. Das ist unser Hund, Sam. Er ist ein großer brauner Hund, er bellt andauernd.«

»Und warum hast du gesagt, dass er doof ist, Jodie?«

»Weiß nicht«, erwiderte sie ungeduldig.

»Es muss doch einen Grund dafür geben, dass er doof ist. Du kannst es mir ruhig sagen.«

»Er ist ganz hässlich und verbrannt. Er ist grässlich.«

»O je. Wie hat er sich denn verbrannt?«, fragte ich und versuchte, meine Stimme leicht und entspannt klingen zu lassen. Wir standen nebeneinander und betrachteten die Bilder, und ich war darauf bedacht, sie nicht zu drängen. Jodie rührte ihren Pinsel im Wasser um, dann probierte sie ihn auf dem Papier aus.

Als sie sah, dass er immer noch nicht sauber war, tauchte sie ihn wieder ins Wasser und rührte noch mal um.

»Jodie, kannst du mir sagen, wie Sam sich verbrannt hat? Ich verspreche dir, dass ich nicht böse werde.«

»Jodie hat das gemacht«, murmelte sie. »Ich hab das ganze Klopapier auf ihn gegeben, und dann habe ich Mamas Feuerzeug benutzt. Er ist gesprungen und gesprungen und hat gebellt, und dann rannte er herum, und alles hat gebrannt.«

»Wo waren deine Mama und dein Papa, als du das gemacht hast?«

»Bei Onkel Mike.«

»Warst du allein?«

»Nein, Ben und Chessie waren da.« Jodies Schwester hieß Chelsea, aber sie konnte es nicht aussprechen. »Ich hab auf sie aufgepasst.«

»Und was ist dann passiert?«

»Ich habe Chessie aufgehoben und bin mit ihr und Ben in den Garten gegangen. Und der doofe Hund kam raus und fing an, sich im Dreck zu wälzen. Er sah ganz hässlich aus, das Haar hing runter, und er hat gestunken. Und dann machte er viel Krach. Ich ging in den Flur und rief die Neun-Neun-Neun an, und die Feuerwehr kam und löschte das Feuer.«

»Das war sehr klug von dir, die Feuerwehr zu rufen. Du hast Chelsea und Ben das Leben gerettet.«

»Ja«, sagte sie und holte ein weiteres Blatt Papier hervor.

»Jodie, kannst du mir sagen, warum du dem Hund wehgetan hast?«

»Der war nicht mein Hund«, schnappte sie. »Der war Papas Hund. Hab ich doch gesagt.«

»Oh, sicher. Kannst du mir sagen, warum du dem Hund von deinem Papa wehtun wolltest?«

Ihre Stirn legte sich in Falten, so sehr konzentrierte sie sich.

Nach und nach verhärtete sich ihr Gesichtsausdruck, und sie machte eine Faust um den Pinsel. »Ich hasse ihn. Ich hasse sie, und ich wollte das Haus abbrennen, um rauszukommen. Es ist ein grässliches Haus.« Sie schlug mit der Faust auf den Tisch. »Und ich will, dass mein Papa verhaftet wird. Er ist grässlich, er hat auf meinem Gesicht gesessen. Sie sollten ihn verhaften. Sie sollen ihn tot machen.«

»Aber warum zündest du den Hund an, Jodie? Warum nicht die Gardinen oder das Sofa, wenn du das Haus anzünden willst, um rauszukommen?«

»Du bist aber dumm. Ich werde doch geschlagen, wenn ich das Sofa dreckig mache. Kann ich jetzt einen Keks haben, Cathy?«

Als ich ihr den Keks holte, fragte ich mich, ob Jodie den Hund angezündet hatte, um ihren Vater zu bestrafen, indem sie jemandem wehtat, den ihr Vater liebte. Oder vielleicht hatte Jodie trotz all ihrer Lernschwierigkeiten und Entwicklungsverzögerungen einen Weg gefunden, aus dem Haus zu kommen. Der beängstigende Gedanke war, dass sie, wenn sie es nicht getan hätte, immer noch dort wäre und der abscheulichen Erniedrigung weiterhin Tag für Tag ausgesetzt wäre.

In den folgenden Tagen distanzierte Jodie sich mehr und mehr. Ich erneuerte meine Versuche, sie in unsere Familie zu integrieren, aber sie weigerte sich beharrlich und verhielt sich so, als ob sie niemanden bräuchte und allein zurechtkäme. Ich hatte dieses Verhalten schon erlebt – Selbstversorgung ist nicht ungewöhnlich bei missbrauchten oder vernachlässigten Kindern, da sie oft widerstandsfähig sein mussten, um zu überleben –, aber Jodie steigerte dieses Verhalten. Auf jegliches Zeichen von Fürsorge oder Sorge von uns reagierte sie mit offener Zurückweisung oder Spott. Sie wollte nicht teilhaben an unserem täglichen Leben oder dem Austausch, der unser Familienleben ausmachte, und baute Barrikaden auf, um ihre Isolation zu betonen. Eines Nachmittags wollten Paula und Lucy mitkommen zum Einkaufen, aber Jodie weigerte sich, mit uns zu gehen, lief stattdessen sechs Schritte hinter uns oder vor uns und sprach kaum mit uns. Am nächsten Tag ging ich mit Jodie ins Kino, um *Lilo & Stitch* zu sehen, und sie setzte sich demonstrativ zwei Sitze entfernt von mir. Sie kam erst zu mir, als die Lichter ausgeschaltet wurden, da sie sich vor dem Dunkeln fürchtete. Sie war nie zuvor im Kino gewesen und zeigte kaum Freude daran, weder davor noch danach. Es war ein weiteres Zeichen dafür, wie abgestumpft sie war. Sie suhlte sich in ihrer Einsamkeit, und ich hatte keine Ahnung, wie ich zu ihr durchdringen konnte.

Meine einzige Hoffnung war, dass unsere Beziehung sich über die Weihnachtsfeiertage verstärken würde. Immerhin war Weihnachten das familienbetonteste aller Feste.

19
Ein besonderes kleines Mädchen

Nicola kam, um Jodie die letzte Stunde vor Weihnachten zu geben. Am folgenden Tag fingen die Ferien in der Schule der Mädchen und in Adrians Gymnasium an. Auf einmal waren wir alle fünf den ganzen Tag über zusammen. Allerdings nur, wenn man den Begriff »zusammen« sehr weit fasste, denn obwohl wir alle unter einem Dach wohnten, wurde das Zusammensein vermieden, nicht nur von Jodie. Adrian, Paula und Lucy verbrachten die meiste Zeit in ihren Zimmern, und wenn sie nach unten kamen, wurden sie mit einem Tritt oder einem Hieb oder einer Tirade von »Was machst du hier? Hau ab. Das ist jetzt mein Haus« und so weiter begrüßt. Völlig unlogisch war, dass Jodie immer eifersüchtiger wurde, je mehr Aufmerksamkeit ich ihr schenkte.

Ich erklärte Jodie wiederholt, dass wir alle zusammenlebten, als eine Familie, doch sie wollte das nicht akzeptieren. Mich wollte sie schon, aber keine Familie. Ihr Besitzanspruch hatte sich in den Wochen, als nur wir zwei tagsüber zusammen waren, verstärkt, und es fing an, mich zu stören. Sie verlangte meine ständige Aufmerksamkeit, und ich sah, dass sie etwas tat, was noch kein anderes Kind bisher geschafft hatte: Sie untergrub die Struktur unserer Familie. Normalerweise hätte ich gegengesteuert, indem ich eine gewisse Distanz zwischen uns aufgebaut hätte, aber das war mit Jodie aufgrund ihrer ausgeprägten Bedürfnisse schlichtweg unmöglich.

Jodies Feindseligkeit und Aggression zogen ihre Spuren

durchs Haus und erzeugten eine unangenehme Atmosphäre. Selbst wenn sie in ihrem Zimmer war, konnten wir sie spüren wie eine negative Präsenz. Wenn wir gemeinsam aßen, führte ich das Gespräch, da die Kinder von Jodies unaufhörlichem Schnappen eingeschüchtert waren und es vorzogen, still zu sein. Wir sahen uns auch weniger häufig an, denn wenn irgendwer in Jodies Richtung blickte, konnte das einen Anfall auslösen. Und niemand wollte verantwortlich dafür sein, auch nicht indirekt, eine weitere Mahlzeit ruiniert zu haben.

Wir redeten weniger häufig miteinander, da Jodies Art von Missbrauch unsere Gesprächsthemen sehr beschränkte. Wir konnten zum Beispiel nicht über Lucys Freund sprechen, obwohl er so ziemlich das Einzige war, was sie beschäftigte. Männer jeglichen Alters waren tabu im Haus; wir waren selbst vorsichtig damit, über Popstars im Fernsehen zu reden.

Nun, da die Mädchen mehr zu Hause waren, wurde mir die Distanz, die Jodie zwischen sich und den anderen Familienmitgliedern aufgebaut hatte, schmerzlich bewusst. In den ersten Monaten nach ihrer Ankunft hatte Jodie viele Umarmungen und Ermutigungen gebraucht, aber in letzter Zeit unterband sie fast jeglichen physischen Kontakt, auch wenn sie nachts schreiend aufwachte. Ich umarmte und küsste die Mädchen ständig, Adrian etwas weniger, und das machte nur umso deutlicher, wie isoliert Jodie war. Ich trachtete natürlich danach, das zu ändern, aber wenn ich versuchte, sie zu umarmen, bevor sie zu Bett ging, oder wenn ich sie bat, sich neben mich aufs Sofa zu setzen, witzelte sie nur darüber, wie sehr sie das anekelte, und schüttelte entweder ihren Kopf oder lief einfach weg.

Es kränkte mich immer, wenn sie das tat, weil es verdeutlichte, wie schrecklich traurig und einsam sie war. Und ich wollte doch nichts mehr, als ihr die Zuneigung und Liebe geben, die für meine Kinder selbstverständlich waren. Ich bin keine Psychologin, aber ich nahm an, dass der Missbrauch in ihrer Vorstellung jeglichen physischen Kontakt beschmutzt hatte, und das machte ihn unangenehm und beängstigend. Es war ein schreckliches Dilemma: Jodie brauchte Zuneigung mehr als jedes andere Kind, das ich gekannt habe, aber die Art, mit der Zuneigung gezeigt wird, vermehrte nur ihre Angst.

Sally, die Prozesspflegerin, besuchte uns und bat mich, ihr zu erlauben, ein wenig Zeit mit Jodie allein zu verbringen. Ich ließ die beiden im Wohnzimmer und nahm die Gelegenheit wahr, Zeit mit Lucy und Paula zu verbringen, während Adrian bei Freunden war. Jodie war den ganzen Vormittag über sehr aggressiv gewesen, und ich fand Paula betrübt auf ihrem Bett sitzend. »Ich wünschte, ich wäre wieder in der Schule«, gab sie zu. »Mir graut vor Weihnachten. Sie wird alles verderben.«

»Nein, das wird sie nicht. Wir lassen das nicht zu. Und vielleicht ist es gerade das, was ihr Herz öffnet. Ich weiß, dass es schwer ist, aber sie kann das nicht ewig aufrechterhalten.«

»Wirklich? Sie hat gute Arbeit geleistet bis jetzt. Ich traue mich ihretwegen nicht mal mehr, meine Freunde einzuladen.«

Ich war bestürzt. Meine sonst so kontaktfreudige Tochter schämte sich, ihre Freunde mit nach Hause zu bringen? Ich ging zu ihr und umarmte sie. »Es tut mir leid. Das wusste ich nicht. Wie wäre es mit einer Schlafanzugparty, wenn sie im Januar weg ist? Videos, Mitternachtsfest, das ganze Programm?«

Paulas Miene hellte sich ein wenig auf. »Okay, Mama. Es tut mir leid.«

»Du brauchst dich nicht zu entschuldigen. Ich verstehe dich ja.«

Ich ging in Lucys Zimmer, aber sobald ich Jodies Namen erwähnte, wurde sie fuchsig. »Wir reden über nichts anderes mehr. Jodie, immer nur Jodie. Es macht mich krank. Ich wünschte, sie wäre nie gekommen. Du wirst sie nicht ändern, Cathy, was auch immer du versuchst. Sie braucht einen Priester, keine Pflegemutter.«

Ich fragte mich, ob Sally die Anspannung im Haus gespürt hatte, denn kurz bevor sie ging, blieb sie im Flur stehen und legte ihre Hand auf meinen Arm. »Cathy, Sie leisten wirklich gute Arbeit, aber bitte, sehen Sie zu, dass Ihre Familie nicht leidet. Diese Kinder können ein großes emotionales Chaos anrichten. Vergessen Sie nicht, dass Jodies Schädigung nicht in Ihrer Verantwortung liegt. Es gibt ein Limit, was Sie tun können.«

Sallys Worte waren ein Trost. Es war gut, jemanden etwas Nettes sagen zu hören und dass sie erkannte, was vor sich ging. Ich respektierte Sally – sie schaffte es, Professionalität mit einem Grad von Empathie zu verbinden, der mir zeigte, dass sie mich verstand.

Später am Nachmittag rief Eileen an. »Hallo, Cathy«, sagte sie in ihrer flachen, schleppenden Art. »Wir haben ein kleines Problem.«

»Ach ja?«, antwortete ich unbeeindruckt. Ich war es gewohnt, dass Sozialarbeiter davon redeten, dass »wir« ein Problem hatten. Es bedeutete für gewöhnlich, dass mir etwas Unangenehmes mitgeteilt werden sollte.

»Als wir eine Kopie von dem Brief des Arztes an Jodies Eltern geschickt haben, hat jemand vergessen, Ihren Namen und Ihre Adresse unkenntlich zu machen.« Wie gewöhnlich klang es nicht so, als ob es ihr leidtäte.

Ich war außer mir vor Wut. Ich hatte mir Sorgen gemacht wegen der möglichen Indiskretion der Hals-, Nasen-, Ohrenabteilung, aber inzwischen hatte das Sozialamt höchstpersönlich meine Daten ausgehändigt. Der Anruf ohne Reaktion, den ich erhalten hatte, als Nicola bei uns war, kam mir in den Sinn; konnten das Jodies Eltern gewesen sein?

»Verstehe«, sagte ich. »Dann wird Jodie sich ja von jetzt an sehr sicher fühlen! Überrascht bin ich jedoch nicht. Wann ist das passiert?«

»Ich weiß es nicht genau. Wir sind erst darauf gekommen, als Jodies Mutter heute angerufen hat und Kontakt verlangte. Sie drohte, zu Ihnen zu gehen, wenn wir keinen Termin ausmachen würden. Wir haben ihr natürlich gesagt, dass sei inakzeptabel, aber ich hielt es für besser, Sie in Kenntnis zu setzen.«

»Danke«, sagte ich kurz angebunden. »Und was hat sie gesagt? Will sie immer noch herkommen?«

»Ich glaube nicht. Sie hat es nicht mehr erwähnt. Aber machen Sie sich keine Sorgen; wenn sie kommt, dann beantrage ich sofort eine einstweilige Verfügung.«

Ja, dachte ich, *aber eine einstweilige Verfügung ist nichts weiter als ein Stück Papier.* Ich hatte schon mal wütende Eltern vor meiner Haustür stehen gehabt und wusste, dass es keinerlei Sinn haben würde, mit einem Stück Papier herumzuwedeln. Wenn ein Kind einer einstweiligen Pflegeverfügung untersteht oder wir auf eine Rehabilitation zuarbeiten, damit das Kind zu den Eltern zurückkehren kann, dann wissen die Eltern – zumindest wenn sie kooperieren –, wo das Kind und ich leben. Manchmal gab es sogar Treffen in meinem Haus für den Kontakt. Aber das war hier ganz bestimmt nicht der Fall. Es war eindeutig, dass man größte Vorsicht hätte walten lassen müssen, um meine Daten zu schützen, und das war ganz offensichtlich nicht geschehen.

Eileen begegnete meiner Frustration gleichgültig, und es gab nicht viel, was ich in diesem Moment unternehmen konnte. Die einstweilige Verfügung, von der Eileen redete, war so nützlich, wie die Stalltür zu schließen, nachdem das Pferd schon weggelaufen ist.

»Okay«, sagte ich kurz. »Danke, dass Sie mich informiert haben.« Dann hängte ich auf.

Ich war natürlich sehr verärgert, aber, wie ich Eileen gegenüber schon angedeutet hatte, nicht wirklich überrascht. Während der Pflegeverhandlungen gehen eine Menge Papiere hin und her zwischen den Eltern, Anwälten, Sozialarbeitern, dem Prozesspfleger und anderen Parteien. Das derzeitige System verlässt sich darauf, dass jemand im Büro des Sozialamtes die privaten Daten auf jedem Dokument unleserlich macht, aber es ist nur eine Frage der Zeit, bis Fehler passieren. Meiner Erfahrung nach erhalten etwa 50 Prozent der Eltern irgendwann meine Adresse, eine Tatsache, die ich nicht akzeptieren kann.

Das Ergebnis eines derartigen Vertrauensbruchs ist, dass wir als Familie spezielle Vorsichtsmaßnahmen treffen müssen. Meine Kinder schauen immer erst durch den Türspion, bevor sie die Tür öffnen, und wenn jemand draußen steht, den sie nicht kennen, öffnen sie nicht; stattdessen holen sie mich. Pflegekinder machen die Tür gar nicht auf. Außerdem haben wir ein teures Alarmsystem, ein Sicherheitsschloss, und ich schaue immer die Straße auf und ab, bevor wir das Haus verlassen. Nach einer gewissen Zeit wurde es zur Routine, und wir haben alle gelernt, dass wir das Risiko einfach akzeptieren müssen. Gott sei Dank ist bisher niemand von uns jemals wirklich in Gefahr gewesen, abgesehen von einigen unschönen verbalen Konfrontationen.

Meine Geduld mit Eileen fand nach einigen Tagen jedoch ihre Grenzen. Aus Gründen, die nur das Amt kennt, beschloss man dort, eine Besprechung einzuberufen, um die Drohung von Jodies Mutter zu besprechen, und sie wollten, dass Jill und ich zugegen waren. Wir staunten darüber, dass sie so kurz vor Weihnachten Zeit für so etwas hatten. Und was würden wir besprechen? Niemand konnte die Daten zurückholen, nachdem sie einmal freigegeben worden waren. Eine einstweilige Verfügung zu beantragen, sodass Jodies Eltern sich meinem Haus nicht nähern dürften, war sinnlos. Die einzige Option war, Jodie in eine neue Pflegefamilie zu geben, was eindeutig in niemandes Interesse war – schon gar nicht in Jodies. Abgesehen davon, dass man wohl kaum auf die Schnelle jemanden finden würde, der sich um ein Kind mit so speziellen Bedürfnissen kümmern konnte.

Die Besprechung verlief so, wie ich erwartet hatte. Wir besprachen alle möglichen Optionen, bevor wir uns auf ein vernünftiges Vorgehen einigten – nämlich nichts zu unternehmen. Ich war erleichtert, da wieder rauszukommen, und schüttelte meinen Kopf über die riesige Zeitverschwendung, als Eileen mich im Flur einholte.

»Cathy, kann ich Ihnen das geben, bevor Sie gehen? Es ist ein Weihnachtsgeschenk für Jodie. Ihr Vater hat mich gebeten, es ihr zu geben.«

Ich starrte sie erstaunt an, als sie mir eine mehrmals verwendete Tescotüte überreichte.

»Ich glaube nicht, dass das wirklich angebracht ist, Eileen«, sagte ich mit erzwungener Diplomatie in der Stimme, mich selbst an meine professionelle Einstellung erinnernd. »Der Kontakt ist ausgesetzt, und ein Geschenk wird gewöhnlich als Kontaktaufnahme angesehen, speziell in einem Fall wie diesem. Jodie ist ihren Eltern gegenüber im Augenblick sehr feindlich eingestellt. Und ich kann sie gut verstehen.«

»Oh, sicher«, antwortete sie, als sie darüber nachdachte. »Soll ich es zurückgeben?« Während sie das sagte, zog sie das nicht eingepackte Geschenk heraus, wohl um mir zu zeigen, wie harmlos es war. Es war ein leuchtend rosafarbenes langärmeliges T-Shirt mit der Aufschrift »Papas kleines Mädchen« in glitzernden Buchstaben. Eileen schaute mich an und hielt es hoch. »Glauben Sie, dass es Jodie gefallen würde?«, fragte sie.

Mir fehlten die Worte, als ich sah, wie sie das T-Shirt hochhielt. Es war schlichtweg die bitterste Ironie, die mir je untergekommen war.

»Eileen«, sagte ich langsam und bestimmt. »Jodie wurde von ihrem Vater sexuell missbraucht, womöglich die meiste Zeit ihres Lebens. Ich glaube nicht, dass ein T-Shirt mit der Aufschrift ›Papas kleines Mädchen‹ da angebracht ist. Was meinen Sie? Wenn ich ihr das geben würde, wäre Jodie schon von dem Anblick stark verängstigt.«

Endlich fiel der Groschen bei ihr. »Oh ja. Klar. Ich verstehe. Nun, dann gebe ich es zurück. Frohe Weihnachten!«

Als ich mein Auto erreichte, schüttelte ich immer noch den Kopf voller Unverständnis über so viel Ignoranz.

20
Weihnachten

Ich hatte mir fest vorgenommen, dass Jodie Weihnachten genießen und damit anfangen sollte, sich als Teil unserer Familie zu fühlen. Ich wusste aus trauriger Erfahrung, dass Pflegekinder in der Vergangenheit oft keine echten Weihnachtsfeste erlebt hatten. Tatsächlich war es so, dass viele Kinder, da sie dann mindestens zwei ganze Tage zu Hause waren und ihre Eltern dazu neigten, an diesen Tagen mehr zu trinken, oft die schlechteste Zeit des Jahres hatten.

Ich erinnere mich an das Pflegekind vor Jodie, Callum, ein lieber, zehnjähriger Junge. Callum hatte bei seiner Mutter gelebt, die Alkoholikerin war und sich nicht richtig um ihn kümmern konnte. Sie konnte überhaupt kein normales Leben führen, sie war zu sehr dem Alkohol verfallen. Zu Weihnachten bei sich zu Hause, bevor Callum zu mir kam, hatte sein Vater ihm einen Scheck geschickt, den die Mutter in Alkohol umsetzte. Am Weihnachtstag wachte sie nach der Mittagszeit mit einem Kater auf und versuchte, ein Weihnachtsessen zuzubereiten. Sie hatte nicht eingekauft, sondern pulte die Panade von ein paar Hähnchen-Nuggets und machte Callum weis, dass es gebratener Truthahn sei.

Trotz ihrer Alkoholprobleme war Callums Mutter ihm gegenüber nie gewalttätig und misshandelte ihn auch nicht, aber ihr Alkoholismus war so ausgeprägt, dass Callum sie versorgen musste, statt umgekehrt. In den vorangegangenen drei Jahren hatte Callum weder ein Weihnachts- noch ein Geburtstagsgeschenk erhalten. Für die Weihnachtstage, die er mit uns verbrachte, kaufte ich ihm ein Skateboard, einen Helm und Knieschützer, und als er die Geschenke auspackte, rannte er aus dem Zimmer, weil er nicht wollte, dass wir sahen, wie er weinte.

An diesem Weihnachtsmorgen war Jodie vor sechs Uhr auf, wie gewöhnlich, aber sie schien ihn zu betrachten wie jeden anderen Tag. Die Nacht davor hatten wir alle Kissenbezüge an die Tür gehängt, und diese waren nun angefüllt mit Geschenken. Ich führte Jodie die Treppe hinunter und zeigte ihr, dass das Glas Sherry, der Mince Pie und die Karotte weg waren, was bedeutete, dass der Weihnachtsmann in der Nacht gekommen war.

»Das ist aber nett, Cathy«, antwortete sie, als ob sie mich bei Laune halten müsste. Am Vormittag, selbst als wir die Geschenke unter dem Baum öffneten, blieb Jodie recht unbeeindruckt, aber sie schien die Bedeutung des Tages ein wenig zu verstehen. Sie benahm sich gut und beteiligte sich an den Familienaktivitäten. Als ich sie beobachtete, hoffte ich, dass die Besonderheit des Tages, obwohl sie nicht viel Enthusiasmus zeigte, eine Wirkung haben würde und dass sie sich in Zukunft mit Freude daran erinnern würde.

Am Nachmittag kamen meine Eltern mit Tom, meinem Bruder, und dessen Frau Chloe und ihrem sechsjährigen Sohn Ewan. Auf einmal war das Haus angefüllt mit Lärm und Aufregung, und mir wurde klar, wie sehr wir von einem normalen Leben abgeschnitten waren. Zum Beispiel hatte ich mehr als eine Woche lang keinen Kontakt zu Erwachsenen gehabt. Jodie hatte bereits meine ganze Familie kennengelernt. Meine Angehörigen kamen gelegentlich zu Besuch, und so ein Besuch schloss immer die Pflegekinder ein. Dennoch schien Jodie etwas überrascht, als sie alle auf einmal reinschneiten, und sie war für den Großteil des Tages eingeschüchtert.

Nachdem ich eine Runde Getränke zubereitet hatte, setzten wir uns alle im Wohnzimmer zusammen, um Geschenke auszutauschen. Wir waren alle aufgeregt, aber ich konnte sehen, dass dies ein weiteres Ritual war, das Jodie nicht kannte. Als die Geschenke verteilt wurden, ließ sie die anderen nicht aus den Augen und nahm sie zum Vorbild dafür, wie sie sich verhalten sollte. Sie beobachtete Ewan, als er sein Geschenk öffnete, und dann folgte sie seinem Beispiel. Sie betrachtete es jedoch ohne Anteilnahme, und ich musste sie dazu bewegen, etwas Begeisterung zu zeigen.

»Das ist sehr schön, Jodie, nicht wahr? Du kannst am Nachmittag damit spielen. Kannst du dich bitte bedanken?«

Sie tat es, aber ohne jede Begeisterung und ohne die glänzenden Augen, die Weihnachten bei Kindern normalerweise hervorruft. Im Laufe des Tages schien sie nicht undankbar für das, was man ihr geschenkt hatte, und sie schien ihre Geschenke auch zu mögen, aber es war traurig zu sehen, wie sie die Begeisterung und Freude, die für andere so natürlich waren, nachahmen musste.

Nach dem Essen saßen wir am Tisch und spielten Spiele, während wir uns langsam von dem Festschmaus erholten. Die Mädchen waren sehr darum bemüht, Jodie einzuschließen, aber sie reagierte zunehmend gereizt; vielleicht war sie müde nach der Aufregung des Tages. Sie tat so, als würde sie mitspielen, aber die Spiele schienen ihr keine Freude zu machen. Wenn sie nicht gewann, ärgerte sie sich und schlug mit der Faust auf die Armlehne des Sofas. Wenn sie gewann, ließ sie das kalt; sie konnte sich nicht daran freuen. Überhaupt konnte sie nicht so richtig mit den anderen feiern. Wenn wir sie ermunterten, dann machte sie mit, aber es schien eine hohle Geste zu sein.

Einige Zeit später schien sie so frustriert zu sein, dass sie begann, ihre Nase zu halten. Ich ignorierte es zuerst, da ich annahm, dass sie einfach nur Aufmerksamkeit suchte, aber als sie nicht aufhörte, fragte ich am Ende, was los sei.

»Meine Nase tut weh«, sagte sie mit einer Stimme, die von ihrer Hand gedämpft wurde.

»Ach herrjemine«, antwortete ich. »Lässt du mich mal schauen?« Sie nahm ihre Hand weg, drehte sich aber weg, als ich versuchte, ihr Gesicht zu berühren. »Ich kann nichts sehen. Kann ich irgendwas machen?«

»Es tut weh!«, jammerte sie.

»Warum tut es weh, Jodie? Hast du etwas gemacht?«

»Es tut weh.« Sie wurde lauter und schien wirklich Schmerzen zu haben.

»Okay, na, dann komm mit mir, und ich leg einen kalten Waschlappen drauf.« Ich nahm sie mit ins Bad und legte einen nassen Waschlappen auf ihr Gesicht. »Kannst du mir sagen, was du gemacht hast, dass es wehtut, Jodie?«

»Er war's. Er hat mir ins Gesicht geschlagen.«

»Wer, Jodie?«

»Papa! Er hat mich gehauen«, schrie sie, und es klang so, als wollte sie gleich zu weinen anfangen.

Ich hatte die ganze Zeit im Wohnzimmer neben ihr gesessen und wusste, dass nichts passiert war. Doch obwohl der Schmerz eingebildet war in dem Sinne, dass sie heute offensichtlich nicht verletzt worden war, schien es für sie sehr real zu sein. Es klang so, als ob sie sich daran erinnerte, in der Vergangenheit geschlagen worden zu sein. Und diese Erinnerung übertrug sie auf die Gegenwart. Wir standen eine Weile im Bad, bis sie sich beruhigt hatte, dann gingen wir zurück ins Wohnzimmer zu den anderen.

Um acht Uhr standen wir an der Tür und verabschiedeten

uns von meinen Eltern und der Familie meines Bruders; sie fuhren alle nach Hause. Ich schloss die Haustür hinter ihnen. Ich war erleichtert, dass Weihnachten vorüber war, obwohl es so gut über die Bühne gegangen war, wie es unter den Umständen hatte gehen können. Jodie war etwas überwältigt von dem großen Auflauf, aber sie hatte sich annehmbar benommen, und ich hoffte, dass ein kleiner Teil von der Wärme dieser besonderen Zeit zu ihr durchgedrungen war. Obwohl von einem Durchbruch keine Rede sein konnte und Jodie emotional nicht so berührt war, wie es bei Callum der Fall gewesen war, hoffte ich, dass sie Weihnachten von nun an mit etwas Gutem verbinden würde. Vielleicht hatte sie ja angefangen zu verstehen, wie andere Kinder das Fest jedes Jahr genossen.

21

Ein neues Jahr

Als das Neujahrsfest nahte, fasste ich mehr Mut. Ein neues Jahr bot einen neuen Anfang, und am 1. Januar scheint alles möglich zu sein. Das Rauchen aufzugeben stand jedoch nicht auf meiner Liste der guten Vorsätze. Ich schlich mich bis zu sieben Mal am Tag nach draußen, mir selbst vormachend, dass ich wieder aufhören könnte, wenn sich die Lage wieder beruhigt hätte. Aber wann würde das sein?

All meinen Hoffnungen zum Trotz zeigte sich bei Jodie auch nach Neujahr keine Verbesserung. Ihr Verhalten war weiterhin schwierig und feindselig, und ihre Nächte wurden zunehmend von Albträumen und Halluzinationen unterbrochen. Die Vorkommnisse, die ihr die Erinnerung von Schmerzen brachte, häuften sich und waren begleitet von weiteren Enthüllungen. Jodie klagte, dass ihr der Arm wehtat, und das brachte sie dazu, sich daran zu erinnern, wie ihre Mutter einen Aschenbecher nach ihr geworfen oder wie ihr Vater sie mit heißem Wasser verbrüht hatte. In all diesen Fällen schienen Jodies Schmerzen für sie real zu sein, obwohl ich versuchte, ihr zu erklären, dass die Verletzungen Monate oder gar Jahre zurücklagen.

Ich glaube nicht, dass sie den erinnerten Schmerz erfand. Aber mir wurde zunehmend bewusst, dass sie bei anderen Gelegenheiten log. Oft wirkte sie so überzeugend, dass ich mich selbst fragte, was ich gesehen hatte, und dass mir die Beweise zweifelhaft erschienen. Wenn ich sie bei einer Ungezogenheit auf frischer Tat ertappte, stritt sie oft vehement ab, dafür verantwortlich zu sein, und ich musste mich selbst bremsen und erneut beurteilen, was ich gesehen hatte. Zu Beginn ihres Aufenthalts hatte sie manchmal gelogen, aber ich nahm an, dass sich das auf frühere Erfahrungen bezog – lügen, um einer Strafe zu entgehen. Das war ja durchaus verständlich. Sie musste mittlerweile aber doch wissen, dass sie nichts zu befürchten hatte, dass kein Risiko bestand, körperlich oder emotional bestraft zu werden. Warum empfand sie es also als nötig, ihre Handlungen so vehement abzustreiten?

Sie begann auch, falsche Anschuldigungen zu machen und Geschichten über die anderen Kinder zu erfinden, selbst wenn ich im Zimmer war und gesehen hatte, dass nichts passiert war. Sie behauptete, dass Lucy oder Paula sie getreten, gezwickt oder gebissen hatten, was absolut lächerlich war. Wenn überhaupt, so hatten sie Angst vor ihr, was absolut nachvollziehbar war. Wenn ich betonte, dass auch ich die ganze Zeit im Zimmer anwesend war und gesehen hatte, dass ihr niemand zu nahe gekommen war, wurde sie wütend.

»Sie war's. Sie war's! Warum glaubst du mir nie?«

Sie war so leidenschaftlich und überzeugend, dass ich mich oft selbst daran erinnern musste, was ich gesehen hatte.

Ein andermal ertappte ich sie dabei, wie sie sich absichtlich Schmerzen zufügte. Es war nicht wie am Anfang, als sie sich so beängstigend geritzt hatte. Wenn sie sich schlug, zwickte oder ihren Kopf an etwas stieß oder sich am Haar zog, wirkte es eher so, als ob sie es aus Wut tat, in einem Anfall von Leidenschaft. Dann machte sie ihre eingebildeten Freunde dafür verantwortlich. Was sind das wohl für Freunde, dachte ich. Ich musste ihr geduldig erklären, dass sie sich selbst verletzt hatte, da sie niemand sonst berührt hatte. Es waren die Selbstverletzungen, die mich am meisten beunruhigten; außerdem ließen das Zwicken,

Kratzen und die Stöße Male zurück, die sie dann anführte, um sich selbst davon zu überzeugen, dass jemand sie angegriffen hatte.

Noch alarmierender war es, als sie eine Woche nach Neujahr damit begann, die unterschiedlichen Stimmen, die sie manchmal produzierte, als ihre eigenen Identitäten anzunehmen. Adrians Mobiltelefon verschwand, und nach längerem Suchen fand ich es endlich in Jodies Spielkiste, die auf einem Regal im Wintergarten stand. Jodie hatte nie zuvor gestohlen, aber sie hatte Probleme damit, anderer Leute Eigentum zu respektieren, und ich hatte versucht, ihr zu erklären, dass wir nicht einfach Sachen an uns nahmen, die wir wollten, ohne den vorher zu fragen, dem es gehörte. »Ich war's nicht, ehrlich«, wiederholte sie in einer babyhaften Stimme und sah mir direkt in die Augen. »Ehrlich. Ich bin doch viel zu klein, um da dranzukommen.«

Adrian und ich schauten beide auf das Regal, auf das Jodie gerade ohne Schwierigkeiten die Spielkiste gestellt hatte.

»Klar bist du zu klein«, sagte Adrian. »Es reicht dir gerade mal bis an die Hüfte.«

»Nein«, beharrte sie und schraubte ihre Babystimme hoch. »Sie war's.« Sie zeigte auf eine freie Stelle neben ihr. »Es war Jodie.«

»Du *bist* Jodie«, sagte ich erschöpft.

»Nein, ich bin Amy. Ich bin erst zwei, und ich komme da nicht dran.« Sie rieb sich die Augen und schmollte wie ein Kleinkind. Ich sagte ihr erneut, dass sie nicht Adrians Mobiltelefon nehmen durfte, und beließ es dabei.

Einen Tag später nahm die Spaltung ihrer Persönlichkeit eine andere, sehr viel dunklere Form an. Sie war um halb sechs am Morgen auf, und ich ging in ihr Zimmer, um sie zu beruhigen. Sie saß auf dem Bett, spielte mit ihrer Spieluhr und klatschte laut dazu.

»Leise, Jodie«, sagte ich. »Such dir eine leise Beschäftigung, wenn du genug geschlafen hast.«

Sie fuhr herum und sah mich an. Ihr Ausdruck war hart und verzerrt. »Nein«, schrie sie in einer groben männlichen Stimme. »Hau ab, oder ich reiß dich in Stücke. Hau ab! Du Miststück!«

Ich trat instinktiv einen Schritt zurück. »Jodie! So was sagt man nicht. Jetzt beruhige dich. Such dir eine leisere Beschäftigung. Ich meine es ernst. Jetzt sofort.«

Sie stand auf, baute sich in ihrer ganzen Größe vor mir auf und kam auf mich zu, die Hände zu Krallen geformt und mit gefletschten Zähnen. »Ich bin nicht Jodie«, knurrte sie. »Ich bin Reg. Hau ab, oder ich mach dich kalt.«

In dieser Stimmung, in der sie gerade war, wollte ich mich nicht mit ihr anlegen. Ich schloss die Tür und wartete auf dem Treppenabsatz. Mein Herz raste. Ich hörte, wie sie auf und ab ging und mich verfluchte, zusammen mit dem Rest meiner Familie. »Wichser. Blöde Wichser. Ich reiß ihnen die Köpfe ab.« Sie knurrte wieder, und dann wurde es ruhig. Ich machte die Tür auf und schaute hinein. Jodie lag im Bett und schaute sich ruhig ein Buch an. Wie es schien, war die alte Jodie wieder da.

Als Pflegemutter hatte ich schon ziemlich heftiges Verhalten bei Kindern gesehen und war bis zu einem gewissen Grad daran gewöhnt – aber so etwas war mir noch nicht untergekommen. Das war neu. Jodies imaginäre Freunde schienen die Oberhand zu gewinnen.

»Wer ist Reg?«, fragte ich sie später am Vormittag, als wir zusammen den Geschirrspüler ausleerten. Jodie sah mich verständnislos an. »Kennst du jemanden, der Reg heißt? Ich glaube, du hast den Namen erwähnt, als ich heute früh das erste Mal in dein Zimmer kam.«

Sie schüttelte den Kopf und fuhr damit fort, das Besteck

zu sortieren. »In Mamas Fernseher gibt es jemanden, der Reg heißt, aber der ist furchtbar.«

»Und es gibt sonst niemanden, den du kennst und der Reg heißt?«

»Nein.«

Ich glaubte ihr das sofort. Reg wie auch Amy schienen ein Eigenleben angenommen zu haben, ohne dass Jodie sich dessen bewusst war.

Als ich Jill davon erzählte, war sie bestürzt. »Das ist sehr ungewöhnlich. Wenn ich recht habe, dann klingt das wie D.I.S. – Dissoziative Identitätsstörung.«

D.I.S. ist eine seltene und komplexe Reaktion bei Stress, erklärte sie, wobei die Persönlichkeit sich in eine Reihe von unterschiedlichen Identitäten aufspaltet, um mit der Situation fertigzuwerden. Oft weiß die eine Identität nicht, was die anderen machen.

»Das klingt genauso wie das, was sie macht«, sagte ich. »Es ist sehr beunruhigend. Warum macht sie das bei uns? Es ist vorher nicht passiert. Warum fängt das gerade jetzt an, wo sie sich sicherer fühlen kann als je zuvor?«

»Vielleicht ist es gerade deshalb, weil sie sich erst jetzt sicher genug fühlt, um sich an den Missbrauch zu erinnern. Ich nehme an, dass sie vorher nicht einmal dazu in der Lage war, zu akzeptieren und zu verarbeiten, was ihr widerfahren ist. Sie hat es einfach verdrängt, um zu überleben. Du sagst, dass sie zuerst ruhig war und alles akzeptiert hat – erinnerst du dich daran, wie sie ganz passiv anfing, sich auszuziehen, als du sie fotografieren wolltest? Es war kein Widerstand in ihr, denn sie musste ja funktionieren. Aber jetzt, da sie aus der Missbrauchssituation herausgenommen wurde, kann sie anfangen, die Erinnerung abzurufen und zusammenzusetzen, was passiert ist.«

Ich erzählte ihr von dem erinnerten Schmerz und wie real er für Jodie war.

»Auch das ergibt Sinn«, sagte Jill. »Sie konnte es sich nicht erlauben, den Schmerz in der jeweils aktuellen Situation zu spüren, und deshalb spürt sie ihn jetzt. Eine Flut von Informationen, physisch und mental, strömt auf sie ein. Weil sie sich an all diese Dinge erinnert, wird ihr Gehirn überlastet, und sie kommt damit nicht zurecht. Indem sie ihre Wahrnehmung aufteilt, kann wenigstens ein Teil ihres Selbst in Sicherheit bleiben. Bis jetzt hast du Baby Amy und den wütenden männlichen Erwachsenen gesehen. Gibt es auch eine erwachsene Frau?«

»Nun, da du es erwähnst, ja. Ich dachte, sie ahmt ihre Mutter nach, aber inzwischen bin ich mir nicht mehr so sicher. Sie versucht Lucy und Paula wie eine verärgerte Hausfrau zu rügen.«

»Gibt sie ihr einen Namen?«

»Keinen, den ich gehört hätte.«

»Das ist die klassische Form. Baby, erwachsene Frau und erwachsener Mann. Wir haben alle diese Komponenten in unserer Persönlichkeit, aber wenn wir mental gesund sind, vereinen sie sich in einer.« Jill hielt inne. »Ehrlich gesagt mache ich mir wirklich Sorgen.«

Ich war ebenfalls besorgt, wenn auch nicht um mich. Jodie reagierte, wie es schien, auf die schrecklichen Dinge, die ihr widerfahren waren. Aber ich wusste nicht, was noch zu erwarten war oder ob ich fähig war, mit den Auswirkungen dieses außergewöhnlichen emotionalen Traumas fertigzuwerden.

Jill fragte: »Hast du es Eileen gesagt?«

»Nein. Sie ist in letzter Zeit nicht oft im Büro.«

»Ich werde versuchen, sie zu erreichen. Und ich unterrichte die Psychologin. Wenn ich recht habe, dann haben wir es hier mit einer schwerwiegenden Persönlichkeitsstörung zu tun.«

»Jill?«, fragte ich vorsichtig, da mir ein Gedanke kam. »Wenn sie in einem dieser Zustände ist, kann sie dann Dinge tun, die sie normalerweise nicht tun würde? Ich meine, dieser Reg scheint eine sehr wütende Identität zu sein, und sie scheint sehr stark zu sein, wenn sie als Reg agiert.«

»Wenn sie etwas älter wäre, würde ich sie bei euch rausholen. Erwachsene mit D.I.S. können übermenschliche Kräfte entwickeln und Dinge tun, die sie normalerweise nicht tun würden. Gehe ich recht in der Annahme, dass du sie bändigen könntest, wenn sie Reg ist?«

Ich hielt inne. »Ich glaube schon.«

»Und willst du noch weitermachen?«

»Ja.« Je weiter ich diesen Weg ging, desto schwieriger schien es mir, noch umzukehren. »Jetzt, da ich weiß, was es ist, kommt es mir weniger beängstigend vor.«

»Gut. Das ist wirklich interessant, weißt du.«

Ja, vielleicht war es interessant, zumindest für Jill mit ihrer Fähigkeit, die Situation aus der Ferne zu beurteilen. Für mich hingegen … nun, *interessant* war nicht wirklich das richtige Wort.

An dem Nachmittag rief ich Adrian, Paula und Lucy zusammen und erklärte ihnen, was Jill mir gesagt hatte. Sie starrten mich mit offenen Mündern an.

»Jodie hat unterschiedliche Identitäten, die zu unterschiedlichen Zeiten von ihr Besitz ergreifen?«, sagte Adrian in dem Versuch, es zu verstehen. »Und sie hat keine Ahnung, dass das passiert?«

Ich nickte. Es klang verrückt.

»Wahnsinn«, sagte Lucy. »Absolut bekloppt. Sie hat wirklich 'ne Schraube locker.«

Paula lachte. »Ich glaube, ich bin die Königin von Saba und ihr müsst mich alle bedienen und mir Geschenke bringen.«

Ich lächelte. »Leider ist es keine Show, mein Schatz. Sie sucht sich das nicht aus. Es passiert einfach – es ist die Art, wie ihre Psyche versucht, mit dem fertigzuwerden, was sie durchgemacht hat.«

»Wird sie in Therapie müssen?«, fragte Adrian, da er wusste, dass wir zu einer Psychologin gingen.

Sie sahen mich alle erwartungsvoll an.

»Erst, wenn die Beurteilungen abgeschlossen sind, was erst dann sein wird, wenn der Termin der Gerichtsverhandlung näher rückt. Jill meinte, dieser Zustand kann sich von selbst wieder lösen, und in der Zwischenzeit ist es das Beste, ihn zu ignorieren. Es ist sinnlos, sie zur Rede zu stellen, denn wie wir gesehen haben, erinnert sie sich an nichts von dem, was die anderen Identitäten gesagt oder getan haben.«

Wir versuchten es also zu ignorieren und so weiterzumachen wie bisher in der Hoffnung, dass es vorbeigehen würde. Aber tatsächlich verstärkte es sich noch. Drei bis vier Mal am Tag nahmen Baby Amy, der wütende Reg oder die namenlose Matriarchin plötzlich Besitz von Jodie. Es war oft ein urplötzlicher Wechsel und dauerte meistens zehn bis fünfzehn Minuten an. Nicht nur Jodies Stimme veränderte sich, jede Persönlichkeit hatte auch ihre eigene Körpersprache. Wenn sie als Reg auftrat, richtete sie sich zu ihrer vollen Größe auf, Schultern zurück, Brust raus, machte sich groß und männlich. Als Amy kauerte sie sich zusammen, und ihr Gesicht wurde kindlich und schmollend. Die verärgerte Hausfrau stand aggressiv mit abgehackten, ärgerlichen Bewegungen und einer unangenehmen Grimasse da. Der Wechsel vollzog sich von einer Sekunde zur anderen und kehrte sich ebenso plötzlich um, wenn Jodie wieder auf den Plan trat.

Wenn Baby Amy bei Tisch auftauchte, konnte Paula es sich nicht verkneifen, ihr das Essen zu zerschneiden und sie zu füttern. »Ich habe nie eine kleine Schwester gehabt«, grinste sie, als sie Jodies Kinn abwischte. Wenn dagegen der wütende Reg auftrat, gingen wir alle in Deckung. Es half, dass wir wussten, was das Problem war. Trotzdem hätte uns wohl jeder, der uns beobachtete, für total verrückt gehalten.

Ich informierte Eileen und die Psychologin über Jodies beunruhigenden geistigen Zustand, aber ich hörte nichts von beiden. Im Fall der Psychologin konnte ich das verstehen – es war nicht ihre Aufgabe, mir mit Rat oder Therapiehinweisen zur Seite zu stehen – aber ich war trotz meiner geringen Erwartungen enttäuscht darüber, dass Eileen immer noch nicht fähig war, irgendeine Unterstützung anzubieten oder auch nur Interesse zu zeigen. Es war schlichtweg ein weiterer kleiner Teil des Dramas um Jodie, nämlich, dass ihr eine, um es milde auszudrücken, unfähige Sozialarbeiterin zugeteilt worden war.

Jill war weiterhin eine Stütze – und das Beste, was wir tun konnten, war hoffen, dass es sich bessern würde.

Das Frühjahrs-Halbjahr an den Schulen begann, und zu meiner großen Erleichterung rief mich endlich die Sekretärin der Abbey Green School an und bestätigte, dass die Gelder zugesichert worden waren und Jodie am folgenden Montag anfangen könne. Sie schlug vor, dass wir am Freitagnachmittag vorbeikommen sollten, sodass Jodie ein bisschen Zeit in ihrer neuen Klasse verbringen und ihre Begleitlehrerin kennenlernen konnte. Ich fragte mich, ob ich sie über die D.I.S.-Vorfälle in Kenntnis setzen sollte. Sollte ich sie vor Jodies unkontrolliertem, bizarrem Verhalten warnen? Würde man in der Schule überhaupt wissen, was D.I.S. ist? Ich beschloss, es nicht zu erwähnen. Jodies schulisches Gutachten für Sonderpädagogik lag ihnen vor, und wenn irgendetwas Unvorhersehbares passierte, würden sie mich bestimmt anrufen. Außerdem wollte ich, dass Jodie ohne Vorbelastung anfangen konnte.

Nun, da Jodie einen Schulplatz hatte, wurde die Hauslehrerin nicht mehr gebraucht. Nicola rief an, um Jodie viel Glück zu wünschen und sich zu verabschieden, und Jodie sprach gute zwanzig Minuten sehr vernünftig mit ihr. Nachdem sie aufgelegt hatte, wurde sie sehr ernst.

»Nicola ist ein guter Mensch, nicht wahr, Cathy?«

»Ja, Liebes, das ist sie. Die meisten Erwachsenen sind das, wie du feststellen wirst.« Vielleicht machte sie wirklich kleine, langsame, aber bestimmte Schritte dahin, ihr Vertrauen in die Menschen wiederzugewinnen.

Später am Nachmittag kam Jodies Sozialarbeiterin Eileen, um uns zu besuchen: ihr zweiter Besuch in fast zehn Monaten. Wie zu erwarten, verlief er ähnlich wie der erste Besuch und war kein großer Erfolg. Jodie war von Anfang an abweisend, und Eileen hatte große Schwierigkeiten, eine Verbindung zu ihr aufzubauen. Normalerweise ließ ich den Sozialarbeiter allein mit dem Kind, damit sie sich privat unterhalten konnten, aber immer, wenn ich mich außerhalb des Wohnzimmers beschäftigen wollte, rief mich eine von ihnen sofort zurück. Jodie wollte noch etwas zu trinken oder ein Puzzle oder den Fernseher, oder Eileen wollte mich etwas Belangloses fragen. Aus irgendeinem Grund wollte Eileen offenbar, dass ich bleibe. Sie war nervös, vielleicht hatte sie auch Angst vor Jodie. Nachdem ich einige Male hin und her gelaufen war, beschloss ich, dass ich auch einfach dableiben konnte, setzte mich mit Jodie hin und versuchte, sie zu beruhigen und dazu zu bewegen, dass sie leiser sprach. Nach einer Viertelstunde nahm Eileen ihre Aktentasche und ging mit einem verkniffenen Lächeln. Sie hatte ihre Pflicht getan.

»Und tschüs«, sagte Jodie, als die Tür hinter der Sozialarbeiterin ins Schloss fiel.

Ich teilte ihre Meinung.

22
Der Fuchs und die Eule

Es war Mitte Januar. Nach einer kurzen Verschnaufpause wurde es mit einem Mal bitterkalt, und wir hatten drei Tage Schnee. Jodie genoss die Aufregung, und wenn wir nicht sofort mit ihr in den Schnee gehen konnten, starrte sie wie gebannt aus dem Fenster.

Die Stimmung der anderen Kinder hatte sich auch gehoben. Jetzt da sie wieder in der Schule waren, schienen sie auch wieder mehr Empathie für Jodie aufbringen zu können. Paula schien es besonders gutgetan zu haben, dass sie vor Weihnachten ihrem Frust Luft machen konnte. Wir hatten noch keine Pyjamaparty organisiert, aber sie brachte eine Reihe von Freundinnen mit und bemühte sich, Jodie in die Gruppe einzuschließen. Gott segne sie.

An einem dieser Nachmittage kam Paulas Freundin Olivia zum Mittagessen, und sie beschlossen, einen Spaziergang im Schnee zu machen. Unsere Straße liegt am Ende eines großen Tals, die Aussicht ist phänomenal. Jodie schmollte, als sie bemerkte, dass sie weggingen, und so fragte Paula, ob Jodie und ich mitgehen wollten. Jodie war begeistert. Wir vier zogen warme Kleidung über, Mantel, Schal und Stiefel, und gingen hinaus.

Als wir zur Hauptstraße liefen, hielten Paula und ich Jodie an der Hand, da der Gehweg vereist war. Jodie rutschte trotz unserer Bemühungen wiederholt aus und setzte sich jedes Mal auf den Hintern. Als es das dritte Mal passierte, blieb sie einfach auf dem Gehweg sitzen. Sie verschränkte die Arme, rollte die Augen und stöhnte theatralisch: »Nicht schon wieder!«

Paula und ich grinsten vor lauter Freude. Gewöhnlich reagierte Jodie auf so ein Missgeschick mit einer bitteren Tirade: »Wer hat das blöde Eis da hingetan? Warum machen die das mit mir? Du bist schuld! Ich hasse dich!« Und so weiter. Stattdessen konnte sie hier die komische Seite sehen und versuchte, uns zum Lachen zu bringen. Es klingt nicht besonders großartig, aber wir verstanden es als Fortschritt und stimmten dankbar in ihr Lachen ein.

Da Jodies erster Tag in der Schule näher rückte, ging ich mit ihr einkaufen, um die neue Schuluniform zu besorgen. Wir kauften zwei dunkelblaue Röcke, zwei Pullover mit dem aufgedruckten Schullogo und drei weiße kurzärmlige Shirts. Jodie benahm sich sehr gut im Geschäft und genoss die Aufmerksamkeit, aber sie reagierte verärgert, als ich Kniestrümpfe statt einer Strumpfhose wählte. Sie wollte Strumpfhosen, wie Lucy und Paula sie trugen, aber ich erklärte ihr, dass es schwierig sein würde, sie nach dem Sportunterricht wieder anzuziehen. Am Ende schlug ich einen brauchbaren Kompromiss vor und kaufte Jodie eine weiße Spitzenstrumpfhose, die sie am Wochenende tragen konnte.

Als wir nach Hause kamen, hatte Jill angerufen und mir bedauernd mitgeteilt, dass das Ehepaar, das sie für eine kurzzeitige Unterbringung von Jodie in Erwägung gezogen hatte, nicht einspringen könne. Einen Grund nannte sie nicht.

»Na, großartig«, sagte ich gereizt. »Mir wurden regelmäßige Pausen zugesagt wegen Jodies besonderer Bedürfnisse, aber eben wegen ihrer besonderen Bedürfnisse ist es unmöglich, jemanden für die Kurzzeitpflege zu finden.«

»Es tut mir wirklich leid, Cathy. Ich werde weiterhin meine Augen offen halten.«

»Ja, bitte. Auch außerhalb der Agentur, wenn nötig.« Das bedeutete, dass Jill sich bei einer anderen Agentur erkundigen sollte. Das war nicht ideal, da die Maßstäbe unterschiedlich waren, aber es war nur ein Wochenende, und ich brauchte wirklich dringend eine Pause.

Am Freitag dieser Woche hatten wir einen Termin in Jodies neuer Schule. Der Besuch sollte erst am Nachmittag stattfinden, aber Jodie war früh auf wie gewöhnlich und zog sofort ihre neue Uniform an. Meiner Meinung nach war das keine gute Idee, aber ich wollte eine unnötige Konfrontation vermeiden, deshalb erlaubte ich ihr, dass sie sie anbehielt, und band ihr zum Essen eine Schürze um. Als sie Frühstück und Mittagessen beendet hatte, waren trotz meiner Bemühungen einige Rückstände von beidem auf der Uniform. Ich wusch die Flecken, so gut es ging, aus, und wir erschienen relativ adrett zum Nachmittagsunterricht.

Abbey Green war nicht meine erste Wahl gewesen, aber als wir ankamen, war ich sofort beeindruckt. Der kleine, mit Teppich ausgelegte Empfangsraum war hell und einladend, und die lächelnde Empfangsdame begrüßte uns herzlich.

»Hallo, Jodie. Schön, dich kennenzulernen«, sagte sie, und dann rief sie den Rektor an, der mit höflicher Promptheit erschien.

»Adam West«, sagte er und schüttelte meine Hand. »Hallo, Jodie. Ich freue mich, dass du zu uns kommst.«

Er konnte höchstens Mitte dreißig sein, aber seine freundliche, informelle Art beruhigte mich sehr schnell. »Ich dachte, wir fangen mit einer Tour durch die Schule an; dann können Sie etwas Zeit in Jodies Klasse verbringen, wenn das für Sie okay ist.«

»Wunderbar«, sagte ich und drehte mich zu Jodie um. »Das klingt gut, nicht wahr?« Sie versteckte sich hinter mir, klammerte sich an meinen Rock, ihr ganzer Wagemut war wie weggefegt.

Er führte uns durch die Doppeltür und einen kurzen Flur entlang. »Es gibt sechs Klassenzimmer, die von der Aula abzweigen«, erklärte er. »Sie dient auch als Speisesaal und als Turnhalle.« Als wir hineingingen, konnte ich die Reste von gekochtem Gemüse und Fleischsaft riechen, diesen Geruch, der in Tausenden von Schulen der gleiche ist. Die Wände in der Aula wie auch die im Flur waren mit Arbeiten der Kinder geschmückt, und Herr West beschrieb stolz die unterschiedlichen Projekte, die diese Arbeiten inspiriert hatten. Es gab Gemaltes, Zeichnungen, Aufsätze, Gedichte und Computerausdrucke; alles basierte auf einer Handvoll Themen wie ferne Länder, Wasser, Tiere und Entwürfen von Häusern. Er war so enthusiastisch und kinderzentriert in seinem Ansatz, dass ich mir dachte: Wenn diese Schule Jodies Bedürfnisse nicht befriedigen kann, dann kann es keine.

Wir gelangten zu Jodies Klassenzimmer, und der Rektor klopfte an, bevor er eintrat. Ein Meer von Gesichtern schaute neugierig auf, bevor es sich wieder der Arbeit zuwandte.

»Caroline Smith«, sagte er und führte uns zu der Klassenlehrerin. »Das ist Cathy Glass, und das ist Jodie.« Wir schüttelten uns die Hände. »Diese Dame hier drüben ist Frau Rice, die Begleitlehrerin. Sie wird Jodie helfen.«

Ich schaute zum Tisch hinüber und lächelte. Frau Rice war eine heimelig wirkende Frau Mitte fünfzig und trug ein Kleid mit Blumenmuster. Sie winkte leicht. Jodies Selbstbewusstsein war während der Tour durch die Schule wieder etwas angewachsen, und sie begann, zwischen den Tischen herumzulaufen und über die Schultern der Kinder zu schauen. Ein Junge rutschte unsicher hin und her.

»Jodie, komm her«, rief ich, aber sie ignorierte mich.

»Schon gut«, sagte Frau Smith. »Wir beenden gerade eine Aufgabe im kreativen Schreiben aus unserer Stunde zur Lese- und Schreibfähigkeit. Sie kann ruhig schauen.«

Herr West verließ uns. »Wenn Sie noch Fragen haben, finden Sie mich später in meinem Büro.«

Ich dankte ihm; dann verbrachte ich ein paar Minuten mit Frau Smith, die mir erklärte, wie die Tische gruppiert waren. Sie bot mir an, dass ich mich umsehen sollte, und das tat ich auch, obwohl ich mich wie ein Eindringling fühlte. Ich kam mir zwischen den Miniaturtischen und -stühlen wie eine Riesin vor. Die blaue Gruppe war zweifelsohne die klügste; sie schrieben sauber und präzise mit wenigen grammatischen Fehlern. Frau Rice' Tisch, die orangefarbene Gruppe, war aus einem anderen Holz geschnitzt. Diese Kinder hatten Mühe, ein paar zusammenhängende Sätze zu schreiben, und ihre Arbeiten waren voller Korrekturen. Dennoch lagen selbst die schwächeren Kinder weit über dem Niveau von Jodie, die ja kaum ihren eigenen Namen schreiben konnte.

»Willst du jetzt zu deinem Tisch gehen, Jodie?«, rief Frau Smith durch den Raum an Jodie gewandt. »Der freie Stuhl neben Frau Rice ist dein Platz.« Sie sprach ihre Bitte sanft, aber bestimmt aus. Jodie, die, wie es schien, nicht wirklich dazu bereit war, musterte sie. Ich konnte sehen, dass sie ihr Na-komm-schon-wenn-du-es-wagst-Gesicht aufgesetzt hatte, und war angespannt. Nicht jetzt, Jodie, dachte ich, bitte, jetzt keine Verweigerung oder einen Wutanfall, nicht an deinem ersten Schultag.

Jetzt sahen auch die anderen Kinder auf. Sie waren es wohl gewohnt, eine Bitte der Lehrerin sofort zu befolgen. Jodie starrte Frau Smith an, aber dann senkte sie zu meiner Erleichterung ihren Blick und ging schwerfällig hinüber, bevor sie sich mit einem dramatischen Seufzer auf den Stuhl fallen ließ.

Frau Rice gab Jodie Papier und Bleistift. Ich schlich zum Ende des Klassenzimmers und setzte mich auf einen Stuhl neben dem Fenster. Von dort blickte man auf den Hof hinaus, wo einige ältere Schüler Sportunterricht hatten. Es war still im

Klassenzimmer, abgesehen von gelegentlichem Rücken eines Stuhles und Frau Rices geflüsterten Anweisungen, wenn sie ihrer Gruppe half. Mir fiel auf, dass mehr Jungen als Mädchen in der Klasse waren, und ich fragte mich, ob die anderen Mädchen Jodie in ihren schon etablierten Freundschaften aufnehmen würden. Das arme Ding brauchte so dringend Freunde wie eine Schulbildung, und Kinder können sehr nachsichtig sein, wenn sie meinen, dass es angebracht ist.

Die Kinder beendeten ihre Aufsätze, und Frau Smith fragte, ob jemand seinen vorlesen wollte. Ein halbes Dutzend Hände schoss nach oben, inklusive der Hand von Jodie. Ein Junge namens James wurde als Erster aufgerufen. Er hatte über die nächtlichen Abenteuer eines Fuchses namens Lance geschrieben. Die Geschichte wies eine klare Struktur auf und enthielt sehr viele Adjektive. Als er fertig war, erhielt er von den anderen Kindern viel Applaus. Danach kam Susie dran. Ihre Geschichte drehte sich sehr klug um die Beobachtungen einer weisen Eule von ihrem Aussichtsort hoch in den Bäumen. Ich schloss aus dem Inhalt der Aufsätze, dass den Kindern aufgetragen worden war, über nachtaktive Tiere zu schreiben. Auch Susie erhielt Applaus, und die Lehrerin sagte, sie hätten Zeit für einen weiteren Aufsatz. Jodies Hand flog nach oben, und sie wedelte mit ihrem Arm, so gut sie konnte.

Frau Smith und Frau Rice tauschten einen Blick. »Na dann komm, Jodie. Lass uns deine Geschichte hören.«

Ich schreckte betreten zurück; ich konnte ja erkennen, dass sie nur ein paar wenige Zeilen gekritzelt hatte. »Hört alle mal zu, das ist Jodie«, sagte die Lehrerin. »Sie wird am Montag zu uns kommen.«

Jodie stand auf und hielt stolz ihr Stück Papier in Augenhöhe, wie sie es bei den anderen beobachtet hatte. Sie gab vor, laut und selbstbewusst zu lesen, aber ihre Geschichte war nichts weiter als eine Aneinanderreihung von unzusammenhängenden Wörtern, die mit den gelegentlichen Wörtern »Eule« und »Fuchs« gespickt waren, ohne viel Sinn zu ergeben.

»Ich sah den Fuchs, zu sehen, und ich sage nicht, und der Fuchs war er selbst, und er … Nein. Und dann die Eule. Wo er war … Er ging weit, und Herr Eule. Pass auf. Ich sagte dir, dort drüben. So ging der Fuchs und in der Nacht, siehst du, sagte ich! Dann gingen sie. Dann der Fuchs war in der Nacht und die Eule, aber er war nicht, und ich sagte. So gehe ich zum Fuchs, und die Eule …«

Glücklicherweise nahm Jodie den Unsinn, den sie produzierte, nicht als solchen wahr. Ich schaute in die nichtssagenden Gesichter der anderen Kinder und hoffte, dass sie sich das Lachen verkneifen konnten. Nach ein paar Minuten, ohne dass ein Ende in Aussicht war, dankte die Lehrerin Jodie und bat sie, sich zu setzen. Es gab keinen Applaus, aber auch kein Kichern, und dafür war ich sehr dankbar. Jodie schien nicht zu bemerken, dass etwas nicht ganz stimmte – tatsächlich war sie sehr gut gelaunt und siegessicher.

In der letzten Stunde befassten sich die Kinder mit selbst gewählten Aktivitäten zu den Wochenthemen. Ich lief wieder durch das Klassenzimmer. Einige Kinder saßen an Computern und führten geschickt die Funktionen Ausschneiden und Einfügen aus, während andere ein Kreuzworträtsel entwarfen, Geschichten schrieben oder Bilder malten, um ihre Geschichte zu illustrieren. Jodie malte eine Reihe von großen Vierecken, die sie orange, blau, grün, rot und gelb ausmalte. Sie erklärte mir, dass diese die unterschiedlichen Klassengruppen darstellten. Ich lobte sie und war beeindruckt, dass sie das so schnell begriffen hatte; dann schrieb ich für sie die Namen der Farben unter die einzelnen Vierecke. Fünf Minuten später klingelte die Schulglocke, die Kinder packten ihre Sachen zusammen und setzten sich vor der Lehrerin auf den Boden. Sie riefen: »Auf Wiedersehen, Frau Smith!«, und die Lehrerin wünschte allen ein gutes Wochenende. Als sie ihre Taschen und Mäntel holten und aus dem Klassenzimmer liefen, fragte die Lehrerin Jodie, ob ihr der erste Nachmittag gefallen habe.

»Toll«, sagte sie. »Ich will jeden Tag kommen. Für immer!«

23
Opa

Eines der bemerkenswertesten Dinge an Jodie, die mir gleich am Anfang aufgefallen waren, war, dass sie absolut keine Vorstellung von Zeit hatte. Sie beschrieb Geschehnisse, die Jahre zuvor stattgefunden hatten, so, als wären sie gerade geschehen. Und wenn wir etwas für die folgende Woche planten, erwartete sie, dass es sofort passierte. An dem Tag nach dem Schulbesuch wollte sie sofort wieder hingehen, und egal, wie oft ich ihr erklärte, dass samstags keine Schule war, konnte sie das nicht verstehen. Stattdessen war sie überzeugt, dass es meine Schuld war.

»Es ist Samstag«, erklärte ich ihr zum fünften Mal. »Niemand geht samstags in die Schule. Sei vernünftig und zieh die Schuluniform aus, wir hängen sie für Montag bereit.«

»Nein! Ich will nicht! Halt die Klappe! Es ist meine, und ich gehe!« Sie saß mit gekreuzten Beinen auf dem Boden, die Arme verschränkt, verärgert und widerstrebend.

Ich beugte mich hinunter. »Ich weiß, dass es deine ist, Liebes, ebenso wie all die anderen wunderbaren Kleider. Wie wäre es, wenn du deine neuen Spitzenstrumpfhosen anziehst und wir später Oma und Opa besuchen?« Ich nahm die Strumpfhose aus der Schublade und legte sie zusammen mit einem Rock und einem Pullover auf das Bett. »Es ist natürlich deine Entscheidung, aber zu deinem Jeansrock sehen sie sehr schick aus.«

Ich verließ das Zimmer und ging hinunter, um Frühstück zu

machen. Eine halbe Stunde später tauchte Jodie in den Kleidern auf, die ich für sie zurechtgelegt hatte.

»Gut gemacht, Jodie. Das war eine gute Entscheidung.«

Jede Situation musste mit äußerster Vorsicht behandelt werden, wenn man Kooperation erreichen wollte. Ich konnte nicht einfach sagen: »Zieh deine Schuhe an, es ist Zeit zu gehen.« Jodie musste glauben, dass es ihre Entscheidung war und dass sie die Kontrolle hatte. Ich wusste, woher das kam. Als Jodie missbraucht worden war, hatte sie keinerlei Kontrolle über ihre Situation gehabt, und deshalb musste sie jetzt ständig die Führung übernehmen, nur um sich sicher zu fühlen. Für mich bedeutete das aber leider, dass selbst die kleinste Bitte auf eine sture Weigerung traf, es sei denn, sie konnte davon überzeugt werden, dass sie selbst die Entscheidung getroffen hatte. Nur mit Diplomatie und sanftem Drängen konnte ich irgendetwas erreichen, und das konnte an den Nerven zerren.

Ein Besuch bei Oma und Opa war genau das, was wir alle brauchten, um die Anspannung in der Familie zu lösen und unsere Moral zu stärken. Jodie schätzte meine Eltern sehr, ebenso wie Adrian, Lucy, Paula und alle früheren Pflegekinder. Mama und Papa waren Anfang siebzig und ein Musterbild aller Großeltern, mit einer grenzenlosen Geduld und aller Zeit der Welt, um die Enkel zu verwöhnen.

Als wir ankamen, war Jodie gut drauf; sie begrüßte meine Eltern herzlich. Wir gingen alle ins Wohnzimmer, aber dort erspähte Jodie auf einmal den Hund meiner Eltern, Cosmo, einen recht traurigen, passiven alten Windhund aus dem Tierheim. Jodie schrie auf, dann rannte sie durch das Zimmer und fing an, ihn mit Fäusten zu traktieren. Der arme Hund winselte, aber Jodie saß auf ihm, und er konnte nicht entkommen. Papa und ich eilten zu ihr, zogen sie herunter, und ich fragte sie, warum sie das gemacht hatte.

»Er hat mich angeglotzt!«, schrie sie und stierte immer noch zu dem verängstigten Hund hinüber. Sie hatte noch nie Zuneigung zu Tieren gezeigt, und am schlimmsten war ihre Abneigung gegen Hunde. Vielleicht lag es an dem Hund ihres Vaters, oder es hatte zur Hackordnung in ihrer Familie gehört, dass sie den Hund treten und verletzen konnte, ohne bestraft zu werden. Sie hatte bestimmt nie Empathie für ein Lebewesen gezeigt, das schwächer war als sie.

»Aber er hat sich nichts dabei gedacht«, sagte ich bestimmt, während mein Vater das arme Tier streichelte und es dann in den Garten ließ. »Benimm dich jetzt. Wir hatten uns doch vorgenommen, einen guten Tag zu haben.«

Jodie nickte mürrisch.

»Ich weiß was«, sagte mein Vater. »Du kannst mir helfen, die Fische zu füttern. Sie sind noch nicht gefüttert worden, weil sie auf euch gewartet haben. Wir können das zusammen machen, wenn du willst. Wie klingt das?«

Jodie gefiel die Idee, und so nahm sie Paula an der Hand, und die beiden folgten meinem Vater in den Garten, während Cosmo sie aus sicherer Distanz beobachtete. Adrian und Lucy, die sich für diese Art Unterhaltung schon für zu erwachsen hielten, blieben im Wohnzimmer sitzen und lauschten den Playlisten auf ihren MP3-Playern, die seit Weihnachten kaum verstummt waren.

Ich ging zu Mama in die Küche und half ihr dabei, das Mittagessen zuzubereiten, während wir die letzten Neuigkeiten austauschten. Wie gewöhnlich bestritt ich einen Großteil des Gesprächs, und es ging zumeist um Jodie. Für mich war es eine große Erleichterung, das ungewöhnliche Verhalten vor dem Hintergrund der sehr normalen Existenz meiner Mutter zu besprechen. Außerdem war meine Mutter eine vortreffliche Zuhörerin, und das tat mir sehr gut.

»Nun«, sagte ich am Ende, »hoffentlich wird es bald besser. Und jetzt sag mir, was es hier Neues gibt.«

Sie zählte ihre unterschiedlichen Hobbys und Interessen auf, die ihr sehr aktives Rentnerdasein ausfüllten. Schließlich kamen die Mädchen mit meinem Vater durch die Küchentür, während Jodie begeistert über die Goldfische sprach, die zur Fütterung nach oben gekommen waren. Mama und ich servierten das Mittagessen, und ich platzierte Jodie zwischen uns. Ihr Teller war mit Hühnchen, Röstkartoffeln, drei Arten Gemüse und Bratensoße beladen.

»Ich wünschte, ich könnte hier leben«, sagte sie und schielte voller Anbetung zu Oma. Mama glaubt, dass jeder gut essen muss, auch wenn es offensichtlich ist, dass die Person besser eine Diät einhalten sollte.

Im Verlauf der Mahlzeit bemerkte ich, dass Jodie Interesse an meinem Vater zeigte, der ihr gegenübersaß. Sie beobachtete ihn genau, wie er durch seine Brille auf seinen Teller sah, dann über sie hinweg, wenn er nach seinem Glas griff oder mit uns sprach. Ich nahm an, dass sie sich darüber wunderte, wie er seine Brille benutzte, die nur für die Nähe war. Mama bot uns einen Nachschlag an, und ich reduzierte den von Jodie. Sie schmollte deswegen und war sauer, weil mein Vater seinen Teller vollgeladen hatte, aber er brauchte es: Das Alter zehrte an ihm, statt dass er Pfunde anhäufte.

»Opa?«, sagte sie unvermittelt und legte ihr Besteck ab.

Er sah sie über seine Brille hinweg an. »Ja, Liebes?«

»Bist du der Papa von Cathy?«

»Ja, das stimmt. Sie ist meine Tochter.«

Sie dachte einen Augenblick lang nach, und es war klar, dass sie versuchte, ein Problem zu lösen. »Du bist also ihr Opa?« Sie deutete auf Adrian und Paula. Ich lächelte Lucy an, in der Hoffnung, dass sie durch Jodies Fehltritt nicht beleidigt sein würde.

»Ja, das stimmt«, antwortete Papa. »Ganz richtig, gut gemacht.«

Sie blühte nach dem Lob auf, und ich war beeindruckt, dass sie endlich die Verbindung gezogen hatte, mit der sie so von Anfang an große Schwierigkeiten gehabt hatte. »Du bist also ihr Opa«, sagte sie und beobachtete ihn weiterhin. »Hast du mit ihnen ungezogene Sachen mit deinem Pimmel gemacht, als sie klein waren? Wie mein Opa es mit mir gemacht hat?«

Alle verstummten. Mein Vater hörte auf zu essen und sah mich an.

»Jodie! Natürlich nicht!«, sagte ich scharf. »Ich habe dir schon gesagt, dass normale Familien solche Sachen nicht machen. Opa ist ein guter Mann. Iss auf, wir reden später darüber.«

Jodie, der die Tragweite ihrer Aussage zum Glück nicht bewusst war, nahm ihre Gabel und ihr Messer auf und aß zufrieden weiter.

Meine Eltern waren schockiert; ich konnte es an ihren Gesichtern ablesen. Jodie hatte die Frage mit einer solchen Selbstverständlichkeit gestellt, als wäre es eine ganz natürliche Sache. Wir wechselten schnell das Thema, aber gleichzeitig dachte ich darüber nach, was sie gesagt hatte. Ihr Großvater? Ich war mir bisher nicht darüber im Klaren gewesen, dass sie Großeltern hatte; sie wurden in der Akte nie erwähnt. Ich fragte mich, ob sie ihren Vater mit ihrem Großvater verwechselte oder ob es wirklich ein Großvater war, um den es hier ging. Bedeutete das, dass es in Jodies Leben noch einen weiteren Missbrauchstäter gab? Gab es überhaupt jemanden, der nicht teil daran gehabt hatte, ihr Leben zu zerstören? Ich schaute zu meinem Vater hinüber, der immer noch schockiert war von Jodies Frage, und wunderte mich einmal mehr über die große Kluft zwischen einer gesunden und einer kaputten Familie. Würde sich ihr Verständnis von der Welt jemals ändern? Vielleicht würde sie eines

Tages fähig sein zu akzeptieren, dass das, was ihr widerfahren war, nicht normal war und dass die meisten Familien anders funktionierten. Aber manchmal schien es hoffnungslos.

Ich behielt Jodie für den restlichen Nachmittag gut im Auge, und Mama half ihr beim Ausmalen und Ausschneiden. Wir konnten nie von meinen Eltern weggehen ohne eine letzte Tasse Tee und ein Stück selbst gebackenen Kuchen, und so wurde es kurz nach sechs, bis wir gingen. Da es auf der Autobahn einen Unfall gegeben hatte, war es weit nach Jodies Schlafenszeit, als wir endlich nach Hause kamen. Ich entschloss mich, bis zum nächsten Tag zu warten, bevor ich sie zu ihrem Großvater befragte, aber als ich sie zu Bett brachte und das Licht runterdrehte, fragte sie plötzlich, »Warum hat Opa nicht die ungezogenen Sachen mit Adrian und Paula gemacht? Liebt er sie denn nicht?«

Ich sah sie im Halbdunkel an. Sie lag in ihre Bettdecke gekuschelt, nur ihr blondes Haar war sichtbar, das in Strähnen auf das Kissen fiel. Wo sollte ich nur anfangen, um die Verwirrung aufzulösen zwischen normaler Liebe und der perversen Befriedigung fremder Gelüste, die sie kannte?

»Es ist eine andere Art Liebe, Jodie. Sehr viel anders als zwischen zwei Erwachsenen. Und was man mit dir gemacht hat, hat nichts mit Liebe zu tun. Es war grausam und sehr, sehr falsch. Du wirst es verstehen, wenn du älter bist.«

Dabei wollte ich es belassen. Ich wünschte mir sehr, hinunterzugehen, mir einen Kaffee zu machen und vielleicht im Wohnzimmer Zeitung zu lesen. Aber wenn ich der Sache jetzt nicht nachging, würde Jodie es bis morgen vielleicht vergessen haben und die schreckliche Erinnerung zurücksaugen in den Abgrund der Verdrängung.

Mit der mittlerweile bekannten Aufwallung von Angst vor dem, was ich erfahren würde, drehte ich das Licht etwas heller und setzte mich auf einen Stuhl neben ihr Bett. Ihre Augen lugten über die Bettdecke, und ich streichelte ihre Stirn.

»Jodie, Liebes, hat dein Opa dir genauso wehgetan wie dein Papa?«

Sie schüttelte den Kopf. »Nein, Cathy. Die waren netter.«

»Die? Wie viele Opas hattest du denn?«

»Opa Wilson und Opa Price.«

»Das heißt, da waren zwei. Und inwiefern waren die netter, Jodie?«

Sie dachte einen Moment lang nach, sodass sich die Falten auf ihrer Stirn vertieften, und ich hoffte, dass sie mir sagen würde, sie nahmen sie mit in den Zoo oder sie kauften ihr ein Osterei, was normale Großeltern eben so tun.

»Sie haben sich auf mich gelegt, aber sie haben mir nicht wehgetan. Sie haben einfach nur ins Bett gepinkelt. Das war, weil sie mich liebhatten, Cathy.« Sie sagte das mit einer solchen Selbstverständlichkeit, dass sie genauso gut von einem Ausflug in den Zoo hätte reden können.

»Nein, das war es nicht. Es war falsch, Jodie. Erwachsene zeigen Kindern ihre Liebe nicht so. Was sie gemacht haben, war grausam. Das hat nichts mit Liebe zu tun.« Aber ich verstand durchaus, dass eine Ejakulation ohne Penetration im Vergleich zu dem anderen Missbrauch »netter« für sie war.

»Waren Mama und Papa mit im Zimmer, als das passierte?«, fragte ich.

»Manchmal«, nickte sie. »Und Onkel Mike und jemand anderes, den ich nicht kenne.«

Ich hielt ihre Hand und streichelte ihre Stirn. »Kannst du dich an noch etwas anderes erinnern?«

Sie schüttelte den Kopf. »Kann ich jetzt eine Geschichte haben, Cathy? Topsy und Tim und die neuen Schuhe?«

Sie war nicht aufgebracht, und ich stellte fest, dass ich es auch nicht war. Ich stand der Sache zunehmend gefühllos gegenüber, so wie sie. Ich las ihr die Geschichte von Topsy und Tim vor, dann sagte ich »Gute Nacht« und ging nach unten. Ich machte Notizen von unserem Gespräch in meinem Logbuch und ging dann nach draußen, um eine zu rauchen. Als ich in der kalten Nachtluft stand, fragte ich mich, ob es einen Kurs für die Grundlagen der Psychotherapie gab, den ich belegen konnte. Ich entschied mich dagegen. Wenn ich als Amateurin Versuche unternahm, Jodie zu helfen, würde ich vielleicht mehr Schaden anrichten, als Gutes zu tun. Ich konnte nur so weitermachen wie bisher und meinen gesunden Menschenverstand benutzen, um eine Normalität herzustellen, die sich wenig bis gar nicht mit dem tiefen psychologischen Schaden beschäftigte, der angerichtet worden war. Nicht zum ersten Mal seit Jodies Ankunft fühlte ich mich völlig fehl am Platz.

Am Sonntagmorgen war Jodie voller Energie, und ich musste eine Flut von Fragen über die Schule beantworten. Würde es Hausaufgaben geben? Gab es eine Pause zum Spielen? Hatte die Lehrerin einen Mann? Einen Papa? Würde es regnen? Mit meiner altbewährten Strategie, einen Teil ihrer nervösen Energie in Bewegung umzusetzen, ging ich mit ihr hinaus zum Radfahren.

»Es ist sehr kalt«, bemerkte ich und zog meinen Kragen hoch. »Ich glaube, es könnte noch mal Schnee geben.«

»Was ist Schnee?«, fragte sie, als wir den Hügel hinaufstiegen. Ich versuchte, es ihr so gut wie möglich in Erinnerung zu rufen, und sagte ihr, wie sehr sie es geliebt hatte am Anfang des Monats, als es drei Tage lang schneite. Da beschloss Jodie plötzlich, dass sie sofort Schnee haben wollte, und war verärgert, als ich ihr sagte, dass ich ihn nicht herbeizaubern könne oder, wie sie unterstellte, wolle. Ein heftiger Wutanfall war das Ergebnis; sie lag ausgestreckt da, trommelte mit ihren Fäusten auf den Boden und schrie gute fünfzehn Minuten nach Schnee. Wenn es nicht so kalt gewesen wäre, hätte es durchaus komisch sein können. Als wir wieder nach Hause kamen, setzte ich sie mit einem Video vor den Fernseher, bis es Zeit zum Essen war. Nach dem Essen war sie genauso hektisch und hatte einen weiteren Wutanfall, als ich nicht rausgehen wollte, um ihr ein Eis zu kaufen. Ich schaffte es irgendwie, sie zum Baden zu überreden, und das beruhigte sie ausreichend für das Zu-Bett-Gehen um sieben. Morgen würde ihr erster Schultag sein, seit mehr als einem Jahr. Und ich hoffte bei Gott, dass alles gut gehen würde.

24
Freunde

Jodie war die ganze Nacht über unruhig gewesen, aber am Morgen war sie dennoch frisch und gespannt auf die Schule, während ich total erschöpft war. Sie zog ihre Schuluniform an; es ergab sich nur ein kleines Problem, weil sie darauf bestand, ihre Spitzenstrumpfhosen zu tragen. Schließlich konnte ich ihr das doch ausreden.

Wir waren früh an der Schule, sodass wir noch eine Weile im Auto saßen und Radio hörten. Obwohl Jodie gespannt war auf die Schule, konnte ich erkennen, dass sie etwas ängstlich war. Mir ging es genauso.

Ich hielt Jodies Hand, als wir durch das Schultor gingen, und drückte sie, als wir das Gebäude betraten. Frau Rice kam und traf uns am Empfang. Aufgrund von Jodies Lernschwierigkeiten hatte ich mit der Schulleitung vereinbart, dass ich sie jeden Morgen Frau Rice übergeben würde und sie am Ende des Tages wieder abholte. Ich umarmte Jodie und blickte ihr besorgt nach, als Frau Rice sie den Flur hinunterführte.

Kaum, dass ich zu Hause war, klingelte das Telefon. Es war Jill; sie hatte die Notizen bezüglich Jodies Großväter erhalten, die ich ihr am Sonntag gemailt hatte, und sie hatte sich mit Eileen darüber ausgetauscht. Eine Überprüfung der Akte hatte definitiv keinen Hinweis auf Großeltern erbracht. Das war alles so schnell gegangen, dass ich mich wunderte, ob Eileens Vorgesetzter mit ihr gesprochen hatte. Jodies Großmutter mütterlicherseits lebte noch, aber sie hatte schon vor Jahren mit der Tochter gebrochen, und es bestand kein Kontakt zwischen den beiden. Ihre leiblichen Großväter hatte Jodie nie kennengelernt. Es gab eine Pause, als Jill darauf wartete, dass ich daraus meine Schlüsse zog.

»Könnten sie in die gleiche Kategorie wie die sogenannten Onkel gehören, Pädophile, die sich als Familienmitglieder ausgaben?«, fragte ich. Jodie hatte schon vorher einige ihrer Missbrauchstäter als Onkel und Tanten bezeichnet, aber es schien eher so, dass diese Leute keine wirklichen Verwandten waren, eher Freunde von Jodies Eltern, die ihr als Familienmitglieder vorgestellt worden waren.

»Davon sind wir überzeugt. Es sieht so aus, als ob Jodies Eltern Teil eines Netzwerkes sind. Die Polizei überprüft gerade die Liste der registrierten Täter«, antwortete Jill. »Wenn die Namen Wilson und Price auf der Liste in unserer Region aufgeführt sind, dann werden sie vorgeladen. Aber um ehrlich zu sein, Cathy, ich bin nicht sehr optimistisch. Wenn diese Leute bislang nicht überführt wurden, dann stehen sie auch nicht auf der Liste. Doch ich habe noch was anderes. Eileen hat die Ergebnisse der rechtsmedizinischen Untersuchung erhalten.«

»Ja?«

Jill senkte ihre Stimme. »Sie bestätigt, dass Jodie missbraucht worden ist, aber ohne DNA oder weitere Beweise reicht es nicht für eine Strafverfolgung. Für eine Verurteilung muss man beweisen können, wer verantwortlich ist.«

»Ja, wer zum Teufel, glaubst du denn, ist verantwortlich? Ist es denn nicht klar, dass Jodie die Wahrheit sagt? Die rechtsmedizinischen Ergebnisse bestätigen alles, was sie erzählt hat.« Ich seufzte. »Was jetzt?«

»Wir machen weiter wie bisher und hoffen, dass sich etwas Neues ergibt. Eileen hat bemerkt, dass Jodies LAC-Prüfung fällig ist – ehrlich gesagt, ist sie überfällig. Ist es okay, wenn wir das bei dir zu Hause machen? Sie hat nächsten Donnerstagnachmittag zwei Uhr vorgeschlagen.«

»Ja, das geht in Ordnung.«

»Eileen will, dass Jodie zugegen ist. Ich weiß, dann fehlt sie einen Nachmittag in der Schule, obwohl sie gerade erst angefangen hat, und sie wird eigentlich auch nichts beitragen können. Aber Eileen besteht nun einmal auf den Regeln, und es ist ihr Recht, das zu tun.«

Ich fühlte eine Mischung aus Wut und Frustration, wie so oft, wenn es um Eileen ging. »Okay, ich hol sie dann mittags von der Schule ab«, sagte ich, und nach einer schnellen Verabschiedung legte ich auf.

LAC bedeutet »Looked after Children« (Kinder in Betreuung), es ist die offizielle Bezeichnung für Kinder in Pflege. Bei einer LAC-Begutachtung handelt es sich um ein regelmäßiges Treffen, das vom Gesetzgeber zum Schutz der Kinder vorgesehen ist und an dem alle, die in den Fall involviert sind, teilnehmen. Zweck des Treffens ist es, den Fortschritt des Kindes festzuhalten und zu entscheiden, wie weiter vorzugehen ist. Jodies Eltern würden natürlich nicht dabei sein, weil der Kontakt vorläufig ausgesetzt war, aber die Prozesspflegerin, die Sozialarbeiterin des Kindes, ihre Vorgesetzte, der Schulrektor, Jill, Jodie und ich würden anwesend sein. Weil Jodie sich jedoch auf dem Niveau einer Vierjährigen befand, würde ihre Anwesenheit kaum mehr als einen Störfaktor darstellen.

Da Jodie in der Schule war, beschloss ich, meinen ersten freien Tag seit Monaten zu genießen. Ich setzte mich aufs Sofa und begann damit, meinen Tag zu planen. Drei Stunden später wachte ich wieder auf und schimpfte mit mir selbst, weil ich die Zeit vertan hatte. Es war jetzt Viertel vor eins; mir blieben keine zwei Stunden mehr, bevor ich mich wieder auf den Weg zur Schule machen musste. Ich beeilte mich, zum Supermarkt zu kommen, aber als ich wieder zu Hause war, bemerkte ich, dass ich den Traum, eine Stunde in Ruhe lesen zu können, aufgeben musste. Dennoch tröstete ich mich; der Schlaf war wohl bitter nötig gewesen. Nachts bekam ich sehr wenig Ruhe, denn er wurde von Jodies nächtlichen Qualen alle paar Stunden unterbrochen. Kein Wunder, dass ich meine Augen nicht offen halten konnte, sobald ich ein paar Minuten hatte, um mich zu entspannen.

An der Schule wartete ich am Tor, wo ich ein paar der anderen Mütter anlächelte. Hatten sie schon was über Jodie gehört?, fragte ich mich. Wie mochten die anderen Kinder sie beschrieben haben? Frau Rice tauchte mit einer an ihrer Seite auf und ab springenden Jodie auf und sagte mir, dass das Mädchen einen guten Tag gehabt hätte. Das bestätigte sich im Auto, wo Jodie gar nicht aufhörte zu reden. Sie erzählte mir immer und immer wieder von den anderen Kindern in ihrer Klasse. Die meisten waren nun ihre neuen besten Freunde – und sie wollte, dass sie alle zum Essen nach Hause kommen könnten, genauso wie Paulas Freunde.

Adrian, Lucy und Paula waren schon da, als wir daheim ankamen. So hatte Jodie ein neues Publikum für ihren freudig erregten Monolog, und sie hörten ihr geduldig zu. Während des Abendessens ging es weiter, sogar so weit, dass ich sie ans Essen erinnern musste, was definitiv noch nie vorgekommen war. An diesem Abend schlief sie leicht ein; sie war physisch und emotional erschöpft, und mir ging es nicht anders.

Kurz nach Mitternacht wurde ich von Jodies Weinen geweckt. Ich zog meinen Morgenmantel über, lief schnell aus meinem Zimmer und fand sie weinend auf dem Treppenabsatz vor Paulas Zimmer. Ihr Gesicht war puterrot, und sie konnte kaum atmen, so stark weinte sie. Ich legte meinen Arm um sie und führte sie zurück in ihr Zimmer. Dort setzte ich mich auf ihr Bett und nahm sie in den Arm, bis sie in der Lage war zu sprechen.

»Cathy«, sagte sie unter Schluchzen, »als ich an meiner alten Schule war, hatte ich eine Freundin, aber dann wollte sie nicht mehr meine Freundin sein.« Ich reichte ihr ein Taschentuch und wartete, bis sie sich geschnäuzt hatte.

»Reg dich nicht auf, Liebes. Du wirst jetzt viele neue Freunde haben.«

»Aber sie war meine beste Freundin. Und sie kam zu mir nach Hause. Aber dann wurde es ihr nicht mehr erlaubt, weil ich was gesagt habe.«

Mein vom Schlaf vernebeltes Hirn wurde wachsam. »Was hast du denn gesagt? Ich bin mir sicher, es war nicht schlimm. Freunde streiten sich immer wieder mal, Jodie, sogar beste Freunde.«

Sie schüttelte den Kopf. »Ich habe es ihr gesagt. Von Mama und Papa und Onkel Mike. Und dann hat sie es ihrer Mama und ihrem Papa gesagt, und sie haben gesagt, dass sie nicht mehr zum Spielen kommen darf. Ihre Mama hat gesagt, dass es ein schlechtes Haus ist. Aber ich bin nicht schlecht, nicht wahr, Cathy?«

Ich drückte sie noch fester an mich. »Nein, Liebes, natürlich bist du nicht schlecht. Sie meinte, was dir passiert ist, ist schlecht. Es war nie deine Schuld. Das darfst du nicht denken.« Als ich sie tröstete, wirbelten die Gedanken durch meinen Kopf. Sie hatte es jemandem gesagt. Andere Erwachsene hatten von ihrem Missbrauch erfahren. Könnte das der Beweis von einer dritten Partei sein, der Beweis, den wir für ein Verfahren brauchten? Jetzt war ich hellwach.

»Es war richtig, es jemandem zu erzählen, Jodie. Ihre Mama und ihr Papa hätten zur Polizei gehen sollen, statt euch das Spielen zu verbieten. Wie heißt deine Freundin? Kannst du dich erinnern? Es ist wichtig.«

Sie schniefte. »Louise Smith. Sie wohnt nebenan. Ich werde meinen neuen Freunden nichts sagen, nicht wahr, Cathy?«

»Nein, das brauchst du nicht. Du kannst ja mir alles sagen, was du willst, und du weißt, dass ich etwas unternehmen werde.«

Sie schniefte und brachte ein Lächeln fertig.

»Das hast du gut gemacht. Aber jetzt will ich, dass du versuchst zu schlafen. Du darfst doch morgen nicht müde sein.«

Ich brachte sie zu Bett und streichelte ihre Stirn, bis sie ihre Augen schloss. Ich war angespannt und hellwach. Jodie hatte den Mut gehabt, es jemandem zu sagen, aber ihr Mut hatte nicht nur keine Früchte getragen, sondern auch noch zu einer Bestrafung geführt, da sie ihre Freundin nicht mehr treffen durfte. So hatte sie es jedenfalls empfunden. Ich konnte mir vorstellen, warum die Eltern von Louise den Mund gehalten hatten: Sie wollten nicht in die Sache hineingezogen werden, und sie wollten ihr eigenes Kind beschützen. Allerdings trugen sie durch ihr Schweigen zum Missbrauch an einem unschuldigen Opfer bei. Alles, was sie hätten tun müssen, war, anonym bei der NSPCC, dem Sozialamt oder der Polizei anzurufen. Das hätte dann eine Untersuchung in Gang gesetzt. Wenn eine solche Anschuldigung ausgesprochen wird, müssen die Polizei oder das Sozialamt der Sache nachgehen.

Ich ging zurück ins Bett, aber ich konnte nicht mehr einschlafen. Am Ende gab ich auf und ging nach unten, wo ich mir eine Tasse heißen Kakao machte. Ich stand in der Küche und wärmte meine Hände an der Tasse. Was Jodie mir da erzählt hatte, besaß noch weiter reichende Implikationen. Da die Smiths nebenan lebten, mussten sie gesehen haben, wer im Haus ein und aus ging. Sie kannten wahrscheinlich diese sogenannten Tanten, Onkel und Großväter vom Sehen, wenn nicht gar namentlich. Wenn die Polizei die Smiths jetzt befragen würde, müssten sie dann nicht endlich die Wahrheit sagen? Ich kannte das Viertel mit den Sozialwohnungen, in dem Jodie aufgewachsen war, gut; ich hatte schon andere Kinder von dort in Pflege genommen. Es war eine sehr eng verbundene Nachbarschaft, wo man in den Häusern der anderen ein und aus ging. Wie viele Nachbarn hatten gewusst, was da vor sich ging, hielten aber aus Angst vor möglichen Konsequenzen den Mund? Wie konnten sie nachts noch schlafen?

25

Leugnen

»Aber sie müssen etwas gewusst haben!«, beharrte ich Jill gegenüber, als sie ein paar Tage später anrief. »Sie gingen in den Häusern der anderen ein und aus. Die Mädchen waren Freundinnen.«

»Ja, aber die Smiths behaupten, dass sie immer noch befreundet sind. Sie sagen, dass sie erstaunt sind über die Anschuldigung, und sie haben sogar angeboten, eine Stellungnahme über den Charakter von Jodies Eltern abzugeben. Es tut mir leid, Cathy, aber ich glaube nicht, dass wir irgendetwas Brauchbares von ihnen erwarten können.«

Ich verstummte. Ich konnte die Wand aus verschwörerischem Schweigen, die Jodie so lange gefangen gehalten hatte, geradezu spüren, und es war beängstigend. »Warum haben sie dann ihrer Tochter verboten, zum Spielen zu Jodie zu gehen, wenn ihre Eltern so ehrenwert sind?«

»Nun, sie sagen, das hätten sie nie getan. Schau, Cathy, ich zweifle nicht an dem, was du sagst oder was Jodie sagt. Aber Eileen hat mit ihnen gesprochen, und es ist ziemlich klar, dass sie nicht aussagen werden. Die Polizei schließt sich dieser Einschätzung an. Wenn diese sogenannten Großväter auf der Täterliste stünden, wäre die Sache anders, aber sie sind nicht aufgeführt. Tatsächlich haben wir im Moment nicht mehr in der Hand als die Aussage eines verwirrten achtjährigen Mädchens mit Lernschwierigkeiten, das nicht mal mit der Polizei sprechen will. Und das reicht nicht, um den Fall vor Gericht zu bringen.«

»So verwirrt ist sie nun auch wieder nicht«, blaffte ich zurück. »Nicht, wenn es darum geht; sie ist sehr klar und fokussiert.« Ich atmete tief ein. Es machte keinen Sinn, Jill anzuschreien. »Es tut mir leid, ich bin frustriert. Es sieht so aus, als ob sie ungestraft davonkommen sollten. Und als müsste Jodie die Folgen für ihren Mut, die Wahrheit zu sagen, allein tragen.«

»Ich weiß, dass es frustrierend ist, aber Jodie muss ja nicht erfahren, dass es zu keiner Verhandlung kommen wird. Auf jeden Fall ist es gut für sie, dass sie sich öffnen kann, doch wir müssen akzeptieren, dass es im Augenblick nicht sehr viel weitere Konsequenzen haben wird. Die Polizei hat gesagt, dass sie die Akte offen lassen, falls sich etwas Neues ergibt.«

»Ich brauche Abstand«, sagte ich müde. »Ich bin zu nah dran.«

»Du wärst keine so gute Pflegemutter, wenn du das nicht wärst, Cathy. Ich arbeite immer noch an der Sache mit der Erholungspause für dich und deine Kinder. Ich habe es nicht vergessen.«

Mir war fast so, als müsste ich selbst zu den Smiths gehen und sie wenn nötig anbetteln, dass sie eine Aussage machten. Ich stand auf der Terrasse und rauchte, während ich mir überlegte, was ich sagen würde. Wenn ich ihnen in die Augen schaute, würden sie sich dann so schämen, dass sie zugaben, was sie wussten? Wenn ich ihnen von Jodies Albträumen erzählte, darüber, wie ihr Leben zerstört worden war, könnte ich dann ihre Meinung ändern? Ich inhalierte tief, aber als ich die Zigarette ausdrückte, wusste ich, dass ich es nicht tun konnte. Es wäre völlig unangemessen, außerdem unprofessionell für eine Pflegemutter, und ich hätte mit Sicherheit meinen Job verloren und damit auch Jodie. Abgesehen davon bezweifelte ich, dass es irgendetwas genutzt hätte. Wenn sie den Versuchen der Polizei und des Sozialamtes widerstanden, würden sie sich von mir auch nicht bewegen lassen. Ich ging hinein und schloss die Küchentür. Erneut fühlte ich selbst Jodies Frustration.

Ich tröstete mich ein wenig damit, dass wir für Jodie endlich eine Schule gefunden hatten, und hoffte, dass die Routine ihr dabei helfen würde, sich auf etwas anderes zu konzentrieren. Aber diese Routine war dazu verurteilt, von ständigen Erinnerungen an die Vergangenheit unterbrochen zu werden. Der Donnerstag kam, und ich musste sie in der Mittagspause von der Schule abholen, damit sie der LAC-Besprechung beiwohnen konnte.

Gegen drei Uhr saßen wir zu sechst bei Kaffee und Keksen in meinem Wohnzimmer. Eileen kam eine ganze Stunde zu spät, ganz ohne Erklärung, abgesehen von einem halbherzigen »Entschuldigung, ich wurde aufgehalten«. Sie teilte Kopien von ihrem Plan aus, und die Besprechung konnte endlich beginnen.

Jodie stand plötzlich im Zentrum der Aufmerksamkeit, aus Gründen, die sie nicht verstand. Insofern war es nur natürlich, dass sie sich aufspielte. Hände in die Hüften gestemmt, marschierte sie auf und ab, erteilte Anweisungen und rügte jeden dafür, wenn er oder sie sprach. Sie sagte, sie »spiele Schule«. Jill und ich tauschten vielsagende Blicke aus; wir hatten geahnt, dass es so kommen würde.

Trotz Jodies Unterbrechungen bestand Eileen darauf, dass wir den Plan durcharbeiteten, und erhob, wenn nötig, ihre Stimme über die von Jodie. So entwickelte sich bald ein Chaos. Adam West gab seinen Bericht ab, der sehr kurz war, da Jodie erst seit dreieinhalb Tagen in der Schule war. Dann entschuldigte er sich und ging, da er eine andere Besprechung hatte. Jodie war sehr unglücklich darüber. Warum durfte er zurückgehen in die Schule und sich amüsieren, wenn sie das nicht durfte? Sie stand kurz vor einem heftigen Wutanfall, den ich abwendete, indem ich die Kekse auffüllte und ihr versicherte, dass sie morgen gehen könne.

Aufgrund von Jodies Verhalten war ich ständig in Bewegung und konnte kaum etwas zur Diskussion beitragen. Ich war auch nicht glücklich darüber, dass wir in Jodies Gegenwart über sie sprachen, da ich es als erniedrigend empfand und da so etwas wahrscheinlich genau die Probleme und das Verhalten unterstützte, die wir abzubauen versuchten.

»Willst du etwas beisteuern, Jodie?«, fragte Eileen endlich. »Bei dieser Besprechung geht es immerhin um dich.«

»Beisteuern bedeutet, etwas sagen«, erklärte ich Jodie, die uns nur stumpf anstarrte.

»Nein!«, schrie sie. »Und ich habe euch schon vorhin gesagt, dass ihr nicht reden sollt, sonst könnt ihr nicht raus zum Spielen.« Ich war froh, dass der Schulleiter gegangen war und diese Entrückung seiner ausgezeichneten Schule ins 19. Jahrhundert nicht mitbekam.

Eineinhalb Stunden später waren wir endlich fertig und hatten unsere gesetzliche Pflicht erfüllt, aber so gut wie nichts erreicht. Ich hätte gerne Jodies großes Bedürfnis nach Therapie zur Sprache gebracht, aber das schien keine Option zu sein, bis die Kinderfürsorge geregelt war. Der Gruppenmanager und die Prozesspflegerin gingen zuerst, dann machte Eileen Anstalten zu gehen.

»Es war nett, dich wiederzusehen, Jodie«, sagte sie, als sie ihre Notizen in die Tasche steckte.

»Echt?«, sagte Jodie. »Warum?«

Eileen rang sich ein Lächeln ab. »Weil du ein liebes Mädchen bist.«

Ihre herablassende Haltung und die fehlende Seriosität waren offensichtlich, selbst für Jodie. Es gab eine kleine Pause, in der ihr Gesicht sich dramatisch veränderte. Ich wusste genau, was jetzt kommen würde, während Eileen vollkommen ahnungslos war.

»Nein, bin ich nicht!« Aus Jodie dröhnte ihre maskuline Stimme. »Ich bin Reg, und ich bin wütend. Hast du meinen beschissenen Vater schon eingesperrt?« Und bevor ich sie davon abhalten konnte, hatte sie Eileen gegen das Schienbein getreten.

Ich nahm sie schnell in meine Arme und hinderte sie daran, weiteren Schaden anzurichten, während Eileen ihr Bein rieb.

»Ich gehe mit Ihnen zur Tür«, sagte Jill und führte sie den Flur hinunter.

»Das war sehr ungezogen«, sagte ich zu Jodie. »Du darfst nicht treten, wer auch immer du bist.«

Aber so schnell Reg erschienen war, so schnell war er auch schon wieder verschwunden. Als Jill zurückkam, saß Jodie auf dem Boden, selig in ihr Lego vertieft.

»Das ist also Reg«, sagte Jill düster. »Ich weiß, dass du mir davon erzählt hast, aber nichts bereitet einen darauf vor, wie es ist, wenn man es sieht. Es ist grauenvoll. Ich habe das vor Jahren mal gesehen, aber mein Gott – nur das schlimmste Trauma könnte so etwas bei einem Kind bewirken.«

»Es ist das erste Mal, dass sie sich vor Fremden in Reg verwandelt hat«, sagte ich.

»Nun, ich bin froh, dass ich Gelegenheit hatte, es aus erster Hand zu erleben.«

»Ja, ich nehme an, dass das Eileen genauso ging«, sagte ich trocken.

Wir lächelten beide.

Nun, da Reg vor anderen aufgetreten war, hatte er keine Hemmungen mehr, weitere Auftritte hinzulegen, das nächste Mal vor einem anderen Publikum. Ich war gerade zur Tür rein, nachdem ich Jodie in die Schule gebracht hatte, als die Sekretärin anrief. »Hallo, Cathy, es gibt ein Problem. Jodie ist nicht verletzt, aber der Rektor hat mich gebeten, Ihnen zu sagen, dass Sie sofort kommen sollen.«

Ich hatte meinen Mantel noch nicht abgelegt, und so nahm ich meinen Schlüssel von der Ablage im Flur und machte mich auf den Weg zurück zur Schule, während mir sehr viele Gedanken durch den Kopf schossen. Was konnte sie jetzt schon wieder angestellt haben? Als ich ankam, führte mich die Sekretärin sofort in das Büro des Rektors. Er schaute ernst hinter seinem Schreibtisch hervor, und ich spürte, dass die Distanz zwischen uns Absicht war, um die Ernsthaftigkeit des Gesprächs, das wir zu führen hatten, zu betonen.

»Danke, dass Sie so schnell gekommen sind«, sagte er, stand kurz auf und bot mir einen Sitz an. »Ich komme gleich auf den Punkt. Wir hatten einen sehr bedauerlichen Vorfall heute früh, der darin endete, dass Jodie ein anderes Kind ins Gesicht geschlagen hat.« Bloßes Schlagen hätte den Rektor nicht dazu gebracht, mich hereinzubestellen; das wussten wir beide. »Ich sage es Ihnen ganz ehrlich, Frau Glass. Es war nicht so sehr das Schlagen, das das Kind und den Rest der Klasse aufgebracht hat, sondern das Verhalten, das den Angriff begleitete.«

Ich zog fragend meine Augenbrauen in die Höhe.

»Jodie war wegen einer Kleinigkeit völlig außer Kontrolle. Sie trat und brüllte wilde Beschimpfungen und beschuldigte dann einen gewissen Reg. Es gibt kein Kind mit diesem Namen in der Klasse, aber sie bestand darauf. Es brauchte zwei Kollegen, um sie zu beruhigen. Ich kenne Jodie natürlich noch nicht lange genug, aber ihre Reaktion war sehr beunruhigend und schien sehr ungewöhnlich für sie.«

In der Tat, sehr ungewöhnlich. Ich beschloss, dass mir nichts anderes übrig blieb, als ihn aufzuklären. Ich erzählte ihm von Jodies D.I.S. und was wir davon zu Hause mitbekommen hatten, und versicherte ihm, dass eine Psychologin eingeschaltet sei. Ich verschwieg, dass die Psychologin nur Beurteilungen lieferte und keine Therapie anbot. Auch die anderen beiden Identitäten erwähnte ich. Er nickte wissend.

»Frau Rice erwähnte, dass Jodie manchmal mit einer Babystimme spricht. Wir dachten, es sei Ängstlichkeit – sie wissen sicherlich, dass Kinder zu so einem Kleinkindverhalten neigen, wenn sie ängstlich sind. Aber Sie sagen, es ist Teil des gleichen Problems?«

»Das ist durchaus möglich, ja.«

»Und ich nehme an, dass ihre Sozialarbeiterin Bescheid weiß?«

»Ja, das tut sie.« Mehr als zuvor nach dem gestrigen Vorfall.

»Und Sie sagen, dass es von selbst aufhören könne?«

»Das wurde mir so gesagt, ja.«

»Normalerweise suspendieren wir Kinder nach einem Vorfall dieser Art für den Rest des Tages, aber wenn sie nicht weiß, was sie gemacht hat, ergibt das wenig Sinn. Ich behalte sie hier und beobachte, wie sich die Sache entwickelt.«

Ich verließ das Büro und war mir bewusst, dass ich gerade noch mal davongekommen war. Es war klar, dass Herr West Regs Verhalten auf die Dauer nicht tolerieren würde. Ich sprach mit Jodie am gleichen Abend darüber, aber das war pure Zeitverschwendung. Manchmal schien sie sich an nichts zu erinnern, dann wieder schien sie durchaus zu wissen, wovon ich sprach, und machte Reg oder Amy dafür verantwortlich. Wir liefen beide Gefahr, unseren Verstand zu verlieren, wenn wir zu lange versuchten herauszufinden, was verkehrt gelaufen war. Wenn ich sie beschuldigte, etwas getan zu haben, und sie sagte, dass sie es nicht gewesen sei, ging ich der Sache nicht weiter nach. Einfach aus Angst, ihr mühsam gewonnenes Vertrauen zu verlieren. Dies war jedoch ein weiterer Vorfall, der bewies, dass Jodie so bald als möglich mit einer Therapie anfangen musste. Es war einfach nicht gut, bis zum Ende der Gerichtsverhandlungen zu warten. Ich beschloss, so viel Druck wie möglich zu machen, um damit die Therapie voranzutreiben.

»Ja, sie braucht eine Therapie«, bestätigte die Psychologin, als ich Jodie zu dem Termin in der nächsten Woche in die Klinik brachte. »Wie lange ist es noch bis zum endgültigen Gerichtstermin?«

»Er ist für Mai angesetzt.«

Bis dahin waren es noch fast vier Monate. Sie seufzte und rollte die Augen. »Und haben Sie eine generelle Verbesserung bemerkt?«

Ich beobachtete Jodie, wie sie mitten im Raum im Kreis herumlief und mit sich selbst sprach. »Seit einiger Zeit beschmutzt sie sich nicht mehr so oft. Und an guten Tagen erkenne ich ein gewisses Maß an Kooperation, obwohl sie auch dann von Flashbacks geplagt wird. Gestern war sie überzeugt davon, dass sie das Gesicht ihres Vaters in den Wohnzimmergardinen gesehen hat.«

»Hat sie halluziniert?«

»Ja, aber für sie war es komplett real. Sie sagte, dass ich ihn reingelassen hätte, ohne es ihr zu sagen, und sie war regelrecht hysterisch. In der Nacht wacht sie schreiend auf, und wenn ich zu ihr komme, ist sie davon überzeugt, dass Leute in ihrem Zimmer sind, die ihr Schmerzen zufügen wollen. Ich kann sehen, wie sie sie anstarrt. Es kann Stunden dauern, bis sie sich wieder beruhigt hat. Sie scheint den Schmerz jetzt ganz aktuell neu zu erleben.« Ich schauderte. »Meine Familie findet das sehr beunruhigend.«

»Kann ich mir vorstellen. Bei einem posttraumatischen Schock wird der Missbrauch ständig neu erlebt. Bekommen Sie regelmäßige Erholungspausen?«

Ich lächelte stoisch. »Ich warte immer noch darauf. Das Problem ist, für Jodies spezifische Bedürfnisse geeignete Pflegepersonen zu finden.«

Sie machte eine Notiz auf ihrem Block, dann schaute sie auf die Uhr.

»Cathy, es gibt einen weiteren Test, den ich mit Jodie machen möchte. Könnten Sie bitte draußen warten? Es ist nur ein Spiel«, versuchte sie Jodie, die sich an meinen Arm klammerte und mit mir gehen wollte, zu beruhigen.

Ich saß auf einem der Stühle im Flur, und Dr. Burrows schloss die Tür. Durchaus möglich, dass es nur ein Spiel war, aber Jodie war nicht nach spielen zumute. Ich konnte hören, wie sie die Ärztin anschrie, dass sie still sein und weggehen solle. Dr. Burrows ruhiger Ton hielt für zehn Minuten an, dann wurde die Tür geöffnet, und Jodie rannte heraus.

»Verdammte Ärzte«, fluchte sie. »Warum kümmern die sich nicht um ihren eigenen Mist?« Sie stand schon am Ausgang, als ich sie einholte.

In den folgenden Wochen genoss Jodie die Schule mehr und mehr, obwohl sich keine erkennbare Veränderung in ihrem Verhalten oder ihrem Zustand zeigte. Tatsächlich war es so, dass Jodie eine Wirkung auf die Schule zu haben schien, nicht umgekehrt. An einem Nachmittag, als ich kam, um Jodie abzuholen, bemerkte ich, dass Frau Rices Augen rot und verschwollen waren. »Ist alles in Ordnung?«, fragte ich in der Hoffnung, dass dies nicht zu persönlich war.

»Ja, alles okay«, lachte sie, immer noch schniefend. »Ich bin nur etwas emotional.«

»Oh, ich hoffe, Jodie hat nicht …«

»Nein, nein, nein. Also, nicht direkt«, unterbrach sie sich. »Ach, wissen Sie was, könnten wir mal unter vier Augen reden?«

Da Frau Rice ganz eindeutig nicht vor Jodie mit mir sprechen wollte, schickte ich das Mädchen auf den Hof, damit es dort einige Minuten herumrennen konnte, während Frau Rice und ich uns an einen ruhigen Ort zurückzogen.

»Einige Kinder hatten heute Lerntests, und Jodie hat in der Klasse angefangen, von einer medizinischen Untersuchung zu sprechen, die sie gehabt hatte. Wir haben uns gefreut, dass sie etwas beisteuern konnte, aber dann fing sie auf einmal an, schreckliche Dinge von ... sie sagte, dass sie es vorzog, wenn ein Mann es tat, und es wurde deutlich, dass sie von ... nun Sie wissen schon, sprach.«

»Oh, das tut mir leid. Sie kennt nicht den Unterschied zwischen dem, was angemessen ist und was nicht.«

»Nein, das ist okay. Ich unterbrach sie, bevor die anderen Kinder bemerkten, worum es ging, aber sie schien unbedingt darüber sprechen zu wollen, und deshalb sprach ich in der Pause mit ihr darüber, nur wir zwei. Nun, ich wollte bloß sichergehen, dass Ihnen die Details bekannt sind. Das Einzige, was neu war, war, dass sie eine Tante erwähnte, die ebenfalls involviert war, sowie auch ihre Mutter, aber sie hat keine Namen genannt. Das war alles.«

»Okay, danke, dass Sie es mir gesagt haben. Sie hat mir von der Tante schon erzählt. Es tut mir wirklich leid, dass Sie sich damit befassen müssen.«

»Oh, machen Sie sich keine Sorgen, ich bin überzeugt, dass es nicht das letzte Mal sein wird!« Sie lächelte. Ich berührte ihren Arm. Dann gingen Jodie und ich nach Hause.

Am Freitag gab es in der Schule eine Feier zugunsten der Hilfsorganisation *Comic Relief*. Wegen des schönen Wetters wurden die Stände auf dem Schulhof aufgebaut statt wie ursprünglich geplant in der Aula. Die Kinder trugen rote Sachen, die Lehrer

Perücken und verrückte Kostüme, und einige Eltern trugen sogar Plastiknasen. Es gab Stände mit Süßigkeiten, Kuchen, Spielen und Tombolas und einem Pranger für die mutigeren Lehrer, die es zuließen, mit nassen Schwämmen beworfen zu werden. Es war eine gute Show, und Jodie ging darin auf. Ich stand am Rand und sah ihr dabei zu, wie sie über den Hof düste und von drei Klassenkameraden gejagt wurde. Sie waren alle klatschnass, und ihre Gesichter waren erhitzt von der Aufregung. Jodies Zöpfe wippten im Wind, als sie auswich, vor den Freunden davonlief und dabei wild lachte. Dies war wahrscheinlich einer der glücklichsten Momente in ihrem Leben.

26

Kettenglieder

Die Übergaben an der Schule dienten nicht nur Jodies Sicherheit; sie erlaubten auch, dass die Begleitlehrerin und ich uns stetig über Jodies Fortschritte auf dem Laufenden halten konnten. Jeden Morgen gab ich Frau Rice eine kurze Zusammenfassung darüber, wie Jodies Nacht gewesen war: wie sie geschlafen hatte, in welcher Stimmung sie war sowie über irgendwelche Probleme, die zu beachten waren. Am Nachmittag tat Frau Rice dann das Gleiche mit mir, insbesondere wenn Jodie in der Schule aufgeregt oder verärgert gewesen war.

In der Eingewöhnungsphase vertrug sich Jodie mit den anderen Kindern recht gut, zumal die anderen Kinder klug genug waren, ihr freundlich zu begegnen, oder weil sie einfach auf Abstand gingen. Es gab jedoch noch ein Kind mit Verhaltensproblemen in der orangefarbenen Gruppe: ein Junge namens Robert. Er war Frau Rices Hauptschützling. Im Unterricht saß sie zwischen Robert und Jodie und verbrachte den Großteil des Tages damit, mit den beiden zu arbeiten. Dabei plante sie ihre Arbeit so, dass die beiden in gewissem Umfang dem Lehrstoff der Klasse folgen konnten. Diese Art Unterricht ist unter der Bezeichnung »differenziertes Arbeiten« bekannt.

Eines Nachmittags, als Jodie mürrisch die Treppe herunterkam, erklärte mir Frau Rice, was passiert war. Die Schüler malten mit Kreide, und Robert und Jodie griffen beide zur gleichen Zeit nach dem roten Stift. Robert war schneller, sodass

Jodie sich verärgert zurückzog. Sie warf Robert böse Blicke zu, stand dann auf, ging hintenrum an Frau Rice vorbei und riss Robert den Stift aus der Hand. Robert fing an zu weinen, und Frau Rice wies Jodie natürlich zurecht und brachte sie dazu, den Stift zurückzugeben. Jodie war wütend, schrie, dass es Roberts Schuld sei, und nannte ihn »Vier-Auge«. Das verletzte Robert noch mehr, da er seit Kurzem eine Brille trug. Jodie konnte nach einer Weile dazu bewegt werden, sich zu entschuldigen. Als die Stunde zu Ende ging, liefen die Kinder auf den Hof zum Spielen. Auf dem Hof verbrachte Jodie ein paar Minuten damit, still zu stehen, während sie Robert fixierte. Dann ging sie zu ihm hinüber und boxte ihn, und die beiden mussten getrennt werden.

Auf dem Weg nach Hause tobte sie immer noch, schlug und trat gegen den Beifahrersitz. »Er mobbt mich, Cathy! Ich hasse ihn, ich hasse ihn!« Jodie hatte oft Wutanfälle im Auto, da sie wusste, dass ich da nicht viel unternehmen konnte, um ihr Einhalt zu gebieten.

»Jodie, beruhige dich und sitz still. Ich sag es nicht noch mal.«

»Nein! Halt's Maul!«

»Jodie, es gibt keinen Fernseher heute Abend, ich warne dich. Du hattest nicht deinen besten Tag heute. Es reicht!«

Sie schmollte schweigend, und ich versuchte, ihr den Grund dafür zu erklären, warum sie zurechtgewiesen worden war. »Du hast Robert den roten Stift aus der Hand gerissen, und dann hast du ihn mit einem schlechten Wort beschimpft. Deswegen war Frau Rice verärgert.«

»Ja, aber ich brauchte den Stift! Warum glaubt mir keiner?«

In den folgenden Wochen wurden die Beschwerden über Robert auf dem Heimweg und oft auch am Abend zur Normalität. Jodie bestand darauf, dass Robert sie mobbte, ungeachtet dessen, wie oft ihr erklärt wurde, dass es tatsächlich anders herum war. Mir tat Robert leid. Er war ein ruhiger, ängstlicher Junge mit großen Problemen, und Jodie animierte ihn zu seinem schlechtesten Benehmen.

Jodies Verhältnis zu Robert war nur eines von vielen Problemen in der Schule, und mir graute schon vor der Stimme der Sekretärin, da ein Anruf oder Zuruf von ihr gewöhnlich bedeutete, dass wir in Schwierigkeiten waren. Doch die nächste Sorge im Zusammenhang mit der Schule hatte nichts mit Jodies Benehmen zu tun. An einem Abend beim Essen erzählte sie mir von ihrer Klassenkameradin Freya, doch meine Aufmerksamkeit ließ arg zu wünschen übrig. Jodies Geschichten waren weitschweifig und hatten selten einen Fokus oder ein Ziel. Als Jodie jedoch erwähnte, dass Freya sie in ihrem alten Haus besucht hatte, wurde ich hellhörig.

»Hast du gerade gesagt, dass Freya zu dir nach Hause kam, als du daheim gewohnt hast?«

»Ja.«

»Das Haus, in dem du aufgewachsen bist, mit Mama und Papa?«

»Ja«, seufzte sie.

»Und sie ist jetzt in deiner Klasse?«

»Ja.«

»Du und Freya, wart ihr Freundinnen in deiner anderen Schule?«

»Nein, sie ist nicht auf meine Schule gegangen.«

»Wie kommt es dann, dass du sie kennst?«

»Weil, sie kam zu mir, und wir haben Barbie gespielt.«

»Also kennen deine Mama und dein Papa ihre Eltern?«

»Ja, von der Kneipe.«

»Ich verstehe. Und treffen sie sich noch, weißt du das?«

»Ich denke schon.«

Mist, dachte ich.

Am nächsten Tag hatte ich eine Unterredung mit dem Rektor in der Schule. Wenn Freyas Eltern mit Jodies Eltern befreundet waren, war es fast sicher, dass die Nachricht, welche Schule Jodie nun besuchte, zu ihnen durchdringen würde. Das erhöhte die Gefahr, dass ihre Eltern bei der Schule auftauchen würden und es zu einer Konfrontation kam oder vielleicht sogar zu einer Entführung. Jodie würde in Panik geraten, wenn sie an einem, wie sie annahm, sicheren Ort, ihrem Vater begegnen würde, erst recht, wenn er versuchen würde, sie anzusprechen. Der Schulbesuch ist immer mit Ängsten gepflastert, wenn man Kinder in Pflege hat, da man unweigerlich zur Zielscheibe wird. Die biologischen Eltern versuchen manchmal, ihre Kinder an den Schultoren abzupassen, und die einzige Anweisung, die wir für so einen Fall erhalten, ist, wir sollen die Kinder gehen lassen und die Polizei rufen.

Der Rektor schlug vor, dass Jodie und ich von nun an den Lehrereingang benutzen sollten, und er gab mir den Sicherheitscode. Das war eine sinnvolle Sicherheitsvorkehrung, bedeutete aber, dass Jodie noch mehr von ihren Klassenkameraden abgesondert war. Ihre Vergangenheit stand wieder einmal ihrer Zukunft im Wege.

Am folgenden Sonntag gingen Jodie, Paula und ich im Park spazieren. Wir liefen den Hügel in der Mitte des Parks hinauf, als uns eine ältere Frau entgegenkam, ausrutschte und stürzte. Es war schrecklich anzusehen; sie konnte den Sturz nicht mit den Händen abfangen und schlug sich die Nase auf dem Asphalt auf. Paula und ich rannten zu ihr, und ich leistete Erste Hilfe, während Paula mit ihrem Mobiltelefon einen Krankenwagen rief. Ich arbeitete mich durch einen Stapel sauberer Taschentücher aus meiner Tasche, um die Blutung zu stoppen, während ich weiterhin mit der Dame sprach, um zu verhindern, dass sie einen Schock bekam. Ihr Name war Maureen, und sie war natürlich sehr aufgewühlt; ihr zarter Körper zitterte. Im Gesicht hatte sie Schürfwunden, ihre Nase schien gebrochen zu sein, und eines ihrer Handgelenke war geschwollen. Wir warteten, bis der Krankenwagen kam, und erklärten den Sanitätern dann, was passiert war. Man brachte sie ins Krankenhaus, und wir gingen wieder nach Hause. Während des ganzen Vorfalls stand Jodie nur stumm da und sah uns zu.

Der Vorfall beschäftigte uns noch am Abend beim Essen.

»Ich hoffe, die arme Frau ist in Ordnung«, sagte Paula. »Ich hätte weinen können.«

»Warum willst du weinen?«, fragte Jodie.

»Wegen der armen Frau, die im Park gefallen ist.«

»Warum? Sie hat dir doch nicht wehgetan.«

»Nein, das weiß ich«, sagte Paula geduldig. »Aber sie war so schwer verletzt, und sie war alt. Wenn man so was sieht, dann macht das einen traurig, nicht wahr?«

Jodie starrte sie an, und es war offensichtlich, dass sie nicht fähig war, die Empfindung nachzuvollziehen, die Paula zu beschreiben versuchte.

Ich beschloss, helfend einzugreifen. »Wir sehen es nicht gerne, wenn andere Menschen verletzt werden, Jodie, weil wir selbst wissen, wie schlimm sich das anfühlt. Wenn du hinfallen würdest, würdest du dir auch wehtun, nicht wahr?«

Jodie dachte eine Weile darüber nach. »Ja. Die arme Frau.« Sie wiederholte den Satz den ganzen Abend über. Ich war froh, von ihr die richtigen Worte zu hören, aber sie klangen hohl, und ich war nicht so ganz davon überzeugt, dass sie meinte, was sie sagte. Es war nicht etwa so, dass Jodie absichtlich kaltherzig war; sie schien nur keine Vorstellung von Empathie zu haben. Ich fragte mich, ob das der Grund dafür war, dass sie gegenüber Tieren so grausam sein konnte und Menschen manchmal so ungezogen und gewalttätig begegnete. In der ganzen Zeit, die sie mit uns verbrachte, hatte ich sie nur einmal aus Traurigkeit weinen sehen; ihre Tränen kamen sonst nur aus Wut und Frustration. Doch immerhin: Obwohl sie noch nicht gelernt hatte, Empathie zu zeigen, hatte sie doch gelernt, dass Menschen von ihr *erwarteten*, dass sie Mitleid zeigte. So würde sie die Reaktion der anderen nachahmen, um normal zu wirken und Teil der Gruppe zu sein. Es war die gleiche Strategie, die sie zu Weihnachten angewandt hat, als sie die anderen beim Öffnen der Geschenke imitiert hatte. Auch wenn ich einen schönen Sonnenuntergang betonte, wiederholte sie den Satz eventuell: »Was für ein schöner Sonnenuntergang!« Aber selbst das klang hohl, als könnte sie die Schönheit nicht wirklich sehen oder schätzen.

Einige Wochen später kam ich zur Schule, um Jodie abzuholen. Als ich den Flur hinunterlief, sah ich, dass sie vom Rektor statt von Frau Rice begleitet wurde. Ich zog die Luft tief ein und wappnete mich. Was hat sie nun schon wieder angestellt? Wir begrüßten uns, dann nahm er mich zur Seite, außerhalb von Jodies Hörweite.

»Machen Sie sich keine Sorgen«, sagte er. »Sie hat nichts angestellt. Ich wollte nur kurz mit Ihnen reden. Frau Rice hat beschlossen, sich ein paar Tage frei zu nehmen; deshalb kommt morgen eine neue Begleitlehrerin.«

»Oh, ich verstehe«, sagte ich etwas überrascht. »Das kommt ja recht plötzlich. Sie hat gar nichts davon erwähnt. Ich hoffe, sie ist okay.«

Er nickte. »Ich glaube, sie braucht einfach mal eine Pause. Sie wissen ja selbst, wie es ist, mit Kindern zu arbeiten, und Begleitlehrer sind ganz vorne mit dabei. Genauso wie Sie als Pflegemutter.«

Ich nickte zustimmend.

»Da braucht man manchmal eine Pause, nicht wahr?«

»Ja, das Gefühl kenne ich.« Ich lächelte schwach und fragte mich, ob ich jemals die Pause bekommen würde, die mir Anfang des Jahres versprochen worden war.

Als ich ging, war ich traurig wegen Frau Rice. Ich hatte sie zu oft aufgewühlt gesehen, um nicht zu wissen, dass Jodie für ihre Erschöpfung mitverantwortlich war. Sie war es nicht gewohnt, die schrecklichen Dinge zu hören, die Jodie durchgemacht hatte, und sie hatte noch nie mit einem Kind zu tun gehabt, das so schwierig und verstört war. Jodie war ständig angespannt und achtete wachsam auf potenzielle Gefahren: Kampf oder Flucht. Beim geringsten Geräusch fuhr sie herum, bereit zu reagieren. Wenn man genug Zeit in der Gegenwart eines Kindes wie Jodie verbracht hat, kann man sich selbst schnell in einem Zustand erhöhter Wachsamkeit befinden, und es ist dann schwer, abzuschalten oder sich zu entspannen.

Nicht zum ersten Mal spürte ich, dass ich in mehrfacher Hinsicht überfordert war von Jodies Leben und all dem Schmerz, der Angst und dem emotionalen Aufruhr, den sie durchgemacht hatte.

27

Stillschweigen

Der Dichter T. S. Eliot hat geschrieben, dass April der grausamste Monat sei, und es schien tatsächlich so zu sein, dass er dieses Jahr recht behalten sollte. Als der April sich näherte, gaben die trüben Tage und der beständig graue Himmel keinen Hinweis darauf, dass es einmal anders hätte sein können oder sein würde, weder in der Vergangenheit noch in der Zukunft. Der Winter schien endlos, denn die Temperaturen sanken wieder. Es war schwer vorstellbar, dass Jodie nun schon fast ein Jahr bei uns war, doch der Jahrestag ihrer Ankunft rückte tatsächlich näher.

Ich zog meinen Kragen hoch, drückte mich vor dem Fenster eines Reisebüros herum und träumte von den preisreduzierten Reisen in die Karibik. Wie gerne hätte ich uns alle in ein Flugzeug gesetzt und wäre auf eine sonnige Insel geflogen. Aber daran war nicht einmal im Traum zu denken. Obwohl mein Bankkonto es gerade so geschafft hätte, wusste ich, dass Jodie es *nicht* geschafft hätte. Neben all ihren schon existierenden Problemen hatte sie eine große Furcht vor Erwachsenen entwickelt; sogar ein Besuch in unserem Zeitungsladen um die Ecke konnte einen Panikanfall auslösen, obwohl sie mit den Angestellten dort sonst immer einen Schwatz hielt. Ein langer Flug wäre für sie eine Tortur gewesen, und ich bezweifelte, dass die Fluglinie für uns allein eine Chartermaschine organisieren würde.

Ich entfernte mich von der Versuchung der Auslage und

steuerte den Supermarkt an. Mein Mobiltelefon klingelte; es war die Schulsekretärin.

»Es tut mir leid, Cathy«, sagte sie. »Jodie ist untröstlich. Sie ist überzeugt davon, dass ihr Vater hier ist, um sie zu holen. Können Sie sofort kommen?«

Ich machte unverzüglich kehrt und lief zum Auto zurück.

Glücklicherweise waren die Straßen ruhig, sodass ich zwanzig Minuten später den Gang zur Rezeption hinunterlief. Ein schriller Schrei ertönte von drinnen; ich wusste, dass es Jodie war. Ich drückte den Sicherheitsknopf, und die Sekretärin ermöglichte mir Einlass in den Erste-Hilfe-Raum. Jodie klammerte sich an den Heizkörper, ihre Augen waren geweitet, und sie starrte ins Leere, ihr Körper starr vor Angst.

»Zwing mich nicht, mit ihm mitzugehen! Bitte, Cathy, bitte«, bettelte sie.

Die neue Begleitlehrerin Frau Walker, die sich recht gut mit Jodie verstand, kniete neben ihr, sprach sanft auf sie ein und versuchte sie zu beruhigen, aber ich konnte sehen, dass Jodie weit davon entfernt war, sich zu entspannen.

Ich trat auf sie zu, doch sie wich zurück. »Niemand holt dich, Jodie«, sagte ich bestimmt. »Er ist nicht hier, ich verspreche es, und du weißt, dass ich nicht lüge.«

Sie öffnete ihren Mund und wollte gerade schreien, aber ich gab ihr keine Gelegenheit dazu.

»Nein, Jodie. Mir ist es ernst. Hör auf. Es ist niemand da. Jetzt beruhige dich, lass den Heizkörper los, dann können wir uns umarmen.«

Die junge Begleitlehrerin sah mich ungläubig an. Jodie schaute erst zu ihr, dann zu mir, dann zur Tür. Sie löste den Griff. »Gut, Liebes. So ist es besser.« Sie ließ endlich los.

Ich ging hinüber und nahm sie in meine Arme, als Frau Walker leise den Raum verließ.

»Er war hier«, schluchzte sie. »An meiner alten Schule. Er ist gekommen, um mich abzuholen, und dann sind wir in seinem Auto gefahren.«

Der Rest ging in ihrem Schluchzen unter, aber ich wusste, was sie sagen würde. Die Vergangenheit hatte wieder einmal die Gegenwart eingeholt, mit Flashbacks, die sich so real anfühlten, als wäre der Missbrauch gerade erst passiert.

»Alles ist gut, Liebes, ich verspreche es. Es wird nicht wieder passieren. Nur ruhig. Alles ist gut.«

Als sie sich beruhigt hatte, führte ich sie zum Auto, und wir fuhren nach Hause. Es war erst elf Uhr am Vormittag, dennoch wollte sie sofort zu Bett gehen. Sie sagte, dass sie müde sei, und ihr Bett sei gut und sicher. Ich brachte sie nach oben und half ihr aus der Schuluniform. Dann deckte ich sie zu, und sie schlief sofort ein. Alle halbe Stunde ging ich nach oben, um nach ihr zu sehen, aber sie bewegte sich nicht. Um zwei Uhr nachmittags entschloss ich mich, sie aufzuwecken, da ich wusste, dass sie die Nacht über auf sein würde, wenn sie zu lange schlief.

Sie hatte die Position geändert und lag nun auf dem Rücken. Ihre Augen waren geöffnet; sie starrte an die Decke.

»Geht es dir besser?«, fragte ich, aber sie signalisierte in keinerlei Weise, dass sie mich gehört hatte. Ich öffnete die Gardinen, nahm ihre Jeans und einen Pullover aus dem Schrank und legte die Sachen auf ihr Bett. »Zieh das an, Liebes. Ich mache dir was zu essen, dann gehen wir mit deinem Fahrrad für eine Weile in den Park. Das magst du doch.«

Normalerweise war sie sehr gut darin, mir ganz genau zu sagen, was sie mochte und was nicht, aber diesmal gab sie weder einen Ton von sich, noch bewegte sie sich. Ich betrachtete sie genau, dann setzte ich mich ans Bett und zog die Decke ein wenig weg. »Jodie, bist du in Ordnung, Liebes?«

Ihre Augen richteten sich auf einen entfernten Punkt über

ihrem Kopf. Ich versuchte, sie etwas anzutreiben. »Komm schon. Zieh dich an, während ich dir ein Brot schmiere, dann gehen wir ein bisschen raus.« Sie starrte weiterhin an die Decke und gab mir kein Zeichen, dass sie mich gehört hatte.

Ich beschloss, dass es vielleicht das Beste war, sie allein zu lassen, in der Hoffnung, dass sie sich berappeln würde, wenn sie an den Park dachte. Eine Viertelstunde später, als sie immer noch nicht aufgetaucht war, ging ich nach oben, um nachzusehen. Sie lag genauso da, wie ich sie verlassen hatte: flach auf dem Rücken und ins Nichts starrend. Ich setzte mich an den Rand ihres Bettes und begann mit ihr zu reden, ihr zu versichern, dass ich verstand, wie schwer es für sie sei, aber dass am Ende alles in Ordnung käme. Sie habe doch ihr ganzes Leben noch vor sich. Sie sagte immer noch nichts und blieb regungslos liegen. Ich versuchte es mit Strenge, dann mit Drängen, dann mit Bestechung, schließlich hob ich sie vom Kissen hoch: Nichts geschah, es hatte überhaupt keine Wirkung. Sie fiel zurück wie eine Schlenkerpuppe, und ich begann mir große Sorgen zu machen. Ich drückte mich erst im Türrahmen herum, dann ließ ich die Tür weit offen und ging zum Telefon in meinem Zimmer. Ich rief Jill an und erzählte ihr vom Ablauf des Tages.

»Es könnte Teil des posttraumatischen Schocks sein«, sagte sie. »Die Flashbacks, die sie in der Schule hatte, könnten zur Folge haben, dass ihr Hirn sich zum Selbstschutz ausgeschaltet hat.«

»Heißt das, dass sie sich von selbst davon erholt?«

»Sie sollte sich bis zum Morgen wieder erholt haben. Ich schlage vor, dass du sie schlafen lässt. Wenn du Hilfe brauchst in der Nacht, ruf den Notdienst beim Sozialamt an, aber ich bezweifle, dass dies nötig sein wird.«

Ich ging zurück in Jodies Zimmer und versuchte noch einmal, sie zu einer Reaktion zu bewegen. Als das nicht funktionierte, schloss ich widerwillig die Gardinen und verließ das Zimmer, ließ die Tür aber angelehnt. Eine Weile später kamen die Kinder nach Hause, und ich erzählte ihnen, was passiert war. Sie begleiteten mich, als ich jede halbe Stunde nachschaute, aber es gab keine Veränderung, und eine beunruhigende Stille legte sich auf das Haus, zumal Musik und Fernseher gedämpft wurden. Als es Zeit wurde, ins Bett zu gehen, waren ihre Augen geschlossen, und sie schien zu schlafen. Ich dämmte das Licht, ließ ihre Tür offen und ging in mein Zimmer.

Um vier Uhr morgens wurde ich von einer kleinen Stimme vor meiner Tür geweckt. »Cathy, Amy hat ins Bett gemacht.«

Ich sprang auf und umarmte sie. »Kein Problem.« Zumindest war ein Teil von Jodie wieder da. Ich wechselte die Bettlaken und den Schlafanzug, während sie weiter in ihrer Babystimme plapperte. »Amy ist ein braves Mädchen. Sie sagt es Cathy. Amy braucht den Topf.« Das machte mir nichts aus, alles war besser als diese fürchterliche komatöse Stille. Ich deckte sie zu, dann ließ ich sie zurück mit ihrem Teddy, am Daumen lutschend.

Am Morgen war Amy zu meiner Überraschung immer noch aktuell. Sie blieb während des ganzen Frühstücks bei uns.

»Hör auf, in dieser dummen Stimme zu brabbeln.« Lucy riss am Ende der Geduldsfaden; sie war morgens nie in Bestform.

Ich warf ihr einen warnenden Blick zu. »Ich bin mir sicher, sie wird weg sein, bis wir in die Schule gehen«, sagte ich. Aber eine Stunde später, als ich Jodie zum Abschied küsste und sie Frau Walker übergab, stolperte sie los, immer noch in der Rolle von Amy mit dem tapsigen Gang eines Kleinkindes, das gerade laufen lernt.

Als ich nach Hause fuhr, blieb ich im Verkehr stecken. Deshalb rief ich Jill vom Auto aus an, um sie über die neue Situation zu unterrichten. Sie bat mich, eine E-Mail zu schicken und es in mein Logbuch einzutragen, sobald ich dazu käme, sodass sie die Notizen an Eileen, die Prozesspflegerin und Dr. Burrows weiterleiten konnte. Mittag war vorbei, bis ich fertig getippt hatte, und ich war gerade so weit, mir etwas zu essen zu machen, als das Telefon klingelte. *Bitte, lass es nicht wieder die Schule sein*, dachte ich. Ich hatte noch nicht mal angefangen mit der Hausarbeit und musste noch einkaufen gehen.

Es war die Schule. »Hallo, Cathy«, sagte die Sekretärin, und ich bereitete mich schon auf schlechte Nachrichten vor. »Herr West hat mich gebeten anzurufen, um Ihnen zu sagen, dass Jodie heute in Ordnung ist.«

»Danke«, ich seufzte erleichtert auf. »Vielen herzlichen Dank.«

Jodies gutes Benehmen hielt auch am Abend noch an, aber es stellte sich heraus, dass wir uns zu früh gefreut hatten. Am nächsten Morgen war sie außer sich und hatte einen Weinkrampf. All meine Bemühungen konnten sie nicht dazu bringen, mir den Grund dafür zu nennen. Als ich mich auf ihr Bett setzte und ihr dabei zusah, wie sie weinte, fühlte ich mich wieder einmal völlig unfähig als Pflegemutter und versuchte mich selbst daran zu erinnern, dass dies kein gewöhnliches Kindheitstrauma war.

Gegen neun Uhr ging es ihr immer noch nicht besser, und ich rief in der Schule an, um Bescheid zu sagen, dass sie heute Vormittag nicht kommen würde. Aber wenn es ihr am Nachmittag besser gehen sollte, würde ich sie reinbringen. Doch es ging ihr nicht besser. Auch nicht am folgenden Tag. Am Ende der Woche war Jodie gerade mal eineinhalb Tage in der Schule gewesen, und ihr Zustand verschlechterte sich zusehends. Wenn sie nicht weinte, starrte sie ins Leere; sie nahm nichts von dem auf, was ich sagte oder tat. Sie aß auch kaum etwas.

»Wie wäre es mit einem Schokoladenkeks?«, fragte ich, um einen Funken von Interesse zu wecken. Mein Vorhaben, ihr Süßigkeiten und allzu fette Nahrungsmittel abzugewöhnen, war dahin. »Oder ein Eis aus dem Gefrierschrank?«

Aber ich konnte sie zu nichts verführen. Sie lebte nur von einem der gelegentlichen Bissen Brot oder einer Handvoll Kartoffelchips.

Es war sehr erschütternd. Nie zuvor hatte ich ein Kind in einem solchen Zustand gesehen, und ich war am Ende meiner Weisheit, wie ich damit fertigwerden sollte oder wie ich Jodie helfen könnte. Also rief ich die einzige Person an, die mir beistehen und mich in Situationen wie diesen beraten konnte. Jill erklärte sich bereit, sofort vorbeizukommen.

»So kann das nicht weitergehen«, sagte sie, als sie Jodies Zustand sah, der zwischen herzzerreißendem Weinen und totaler Leere wechselte. »Sie braucht Hilfe. Jetzt.«

Sie rief Eileen an, aber ihr wurde mitgeteilt, dass sie wieder Urlaub hatte, und die neue Gruppenmanagerin Gail war in einer Besprechung. Jill hinterließ eine dramatische Nachricht und bat um sofortigen Rückruf.

»Jill?«, fragte ich. »Kann es sein, dass ein Kind in diesem Alter einen Nervenzusammenbruch hat?«

»Es hat derartige Vorfälle gegeben, ja, aber sie sind selten.«

Wir blickten uns an und dachten beide das Gleiche. Das Ausmaß von Jodies Missbrauch war selten – warum also sollte sie nicht einen Nervenzusammenbruch haben können? Wenn es jemals ein Kind gegeben hätte, das ein Musterbeispiel für einen totalen psychischen Zusammenbruch abgab, so war sie es.

Jill versuchte mit Jodie zu reden, die den ganzen Vormittag damit zugebracht hatte, auf dem Sofa sitzend stumm ins Nichts zu starren. Jill verfolgte einen etwas anderen Ansatz als ich. Sie stellte keine Fragen. Stattdessen erzählte sie einfach nur Geschichten von unterschiedlichen Kindern, die sie kannte, in der Hoffnung, dass dies eine Reaktion hervorrufen würde. Aber das

Ergebnis war das Gleiche: ein Starren ins Leere, das sich nach einer Weile in stummen Tränen auflöste. Ich tat das Einzige, was ich tun konnte: Ich hielt Jodie fest an mich gedrückt und versicherte ihr, dass alles in Ordnung kommen würde. Jill konnte nichts weiter anbieten. Sie ging, sagte, dass sie regelmäßig anrufen werde, und versprach, Dr. Burrows zu verständigen.

Die Ärztin rief innerhalb einer Stunde zurück und bat mich, Jodie am Montagmorgen zu ihr zu bringen. Sie sagte, dass sie einen Termin abgesagt hätte, um sie reinzuschieben, und obwohl ich ihr dankbar war, war ich mir nicht wirklich sicher, ob ich es schaffen würde, Jodie dazu zu bewegen, das Haus zu verlassen. Ich fragte, ob sie einen Hausbesuch machen könnte.

»Leider nicht«, antwortete sie entschuldigend. »Ich darf Kinder nur im Zentrum untersuchen, wegen der Versicherung.«

Ich sagte, dass ich mein Möglichstes tun würde, damit Jodie kommen konnte.

Das Wochenende verging, und Jodie zeigte keine Besserung. Die ganze Familie kommunizierte angesichts ihres Leidens nur im Flüsterton. Wir wechselten uns damit ab, mit ihr auf dem Sofa zu sitzen, ihre Lieblingsgeschichten zu lesen oder zu versuchen, sie in Spiele einzubinden, aber nicht einmal das *Mary-Poppins*-Video konnte eine Reaktion hervorrufen. Alles, was sie wollte, war zu Bett zu gehen, wo sie nun den Großteil des Tages verbrachte und von wo ich sie morgens nur mit Mühe wieder herauslocken konnte.

Ich betete, dass Dr. Burrows Antworten für uns haben würde.

28

Begutachtung

Am Montagmorgen wusch ich Jodie und zog sie an; dann sah ich ihr dabei zu, wie sie am Küchentisch saß und ins Nichts starrte. Am Ende warf ich den Porridge weg, den sie nicht angerührt hatte, steckte eine Tüte Chips in meine Tasche und half ihr mit ihrem Mantel und ihren Schuhen. Ich hatte ihr gesagt, dass wir zu Dr. Burrows gingen, aber sie war unverändert vollkommen apathisch. Ich half ihr aus dem Haus, legte ihr den Sicherheitsgurt an und drehte den Ton ihrer Lieblingskassette zum Mitsingen auf. Als wir in die Klinik fuhren, starrte sie unbeteiligt nach vorn auf den Sitz vor ihr und sagte nichts. Sie war völlig unerreichbar, und ich fragte mich, ob sie überhaupt wusste, wo sie war.

In der Klinik nannte ich der Dame an der Rezeption unsere Namen. Sie schickte uns sogleich ins Sprechzimmer, wo ich nach kurzem Anklopfen eintrat. Dr. Burrows legte ein paar Stifte auf einem kindgerechten Tisch zurecht. Sobald Jodie die Ärztin sah, verschwand ihre Lethargie, und sie brach einen heftigen Wutanfall vom Zaun.

»Will da nicht hin! Geh weg!« Sie kickte die kleinen Plastikstühle durchs Zimmer.

»Ist ja gut, Jodie«, sagte Dr. Burrows beruhigend. »Du musst keine Angst haben. Ich bin hier, um dir zu helfen.«

»Will deine Hilfe nicht! Hau ab!« Jodie hielt sich die Ohren zu, verdrehte ihre Augen und brüllte, so laut sie konnte.

Die Ärztin bedeutete mir, nicht einzuschreiten. Also blieb ich, wo ich war, als der Schrei durchs Zimmer gellte und seinen schmerzhaften Höhepunkt erreichte. Schließlich ging Jodie der Atem aus, und das Brüllen endete so plötzlich, wie es begonnen hatte. Sie ließ ihre Hände sinken und rannte zum Tisch, den sie an die Wand warf. Sie drehte die Spielzeugkisten um, kickte den Inhalt über den Boden, dann ging sie auf den Aktenschrank zu, bei dem eine Schublade halb offen stand. Dr. Burrows fing sie ab.

»Nein. Da kannst du nicht dran«, sagte sie ruhig und stellte sich zwischen den Aktenschrank und Jodie. »Das ist meiner, und da sind sehr wichtige Papiere drin. Da kannst du nicht dran.«

Zu meiner Überraschung akzeptierte Jodie das, aber ihre aufgestaute Wut richtete sich nach innen, gegen sie selbst. Sie griff ein Büschel Haare und riss es sich aus. In diesem Moment stand ich auf und bändigte sie. Es mochte in den Augen der Ärztin nicht der korrekte Ansatz sein, aber ich war nicht bereit, dabeizustehen und zuzusehen, wie sie sich selbst verletzte. Ich ergriff ihre Handgelenke, dann kreuzte ich ihre Arme und hielt sie so in den meinen, wie ich es zu Hause tat. Sie wehrte sich, spuckte und wurde schließlich schlapp. Ich führte sie zum Sofa und legte meinen Arm um sie. Ob Dr. Burrows das befürwortete, kann ich nicht sagen. Sie saß uns gegenüber in dem stillen Zimmer. Ich schaute mir die Unordnung an; der Boden zwischen uns war mit Gegenständen übersät, das Ergebnis eines regelrechten Zerstörungsrauschs.

Wir saßen noch einen Moment stumm da, dann beugte Dr. Burrows sich zu Jodie vor. Ihre Stimme klang sanft und leise, und sie suchte Blickkontakt. »Ich weiß, dass es in dir drin wehtut, Jodie, und ich will versuchen, dir zu helfen, dass es aufhört. Du erlaubst, dass Cathy dir hilft. Willst du auch mir erlauben, dass ich dir helfe? Es wäre wirklich gut für dich, wenn du das könntest.«

Es war ein ruhiger Ansatz, ohne die geringste Bedrohung, der sicher bei unzähligen Kindern zuvor gewirkt hatte. Aber ich erkannte die Verschlossenheit in Jodies Ruhe.

Dr. Burrows lächelte mir aufmunternd zu, dann wiederholte sie ihre Bitte. Jodie bewegte sich nicht und gab keinen Hinweis darauf, dass sie sie gehört hatte. Die Psychologin versuchte es erneut, diesmal mit anderen Worten: »Jodie, Cathy hat mir gesagt, wie mutig du gewesen bist. Du hast eine Menge durchgemacht. Aber ich denke, dass dieses Problem zu groß ist, um es allein lösen zu können. Deswegen ist Cathy hier, und deswegen bin auch ich hier. Wirst du erlauben, dass ich dir helfe?«

Jodie starrte weiterhin einen unbestimmten Punkt einen Meter vor ihrem Gesicht an und blieb wie gehabt verschlossen und entrückt.

Dr. Burrows lehnte sich zurück und öffnete einen Notizblock auf ihrem Schoß. »Cathy, vielleicht können Sie mir sagen, wie Jodie sich verhalten hat, seit wir uns das letzte Mal gesehen haben. Ich weiß, dass Sie sich um sie Sorgen machen.«

Ich nahm an, dass das eine Strategie war, Jodie dazu zu bringen, uns ihre Gefühle mitzuteilen. Also erklärte ich, dass sie sich gut gemacht habe, aber dass die schrecklichen Erinnerungen der Vergangenheit sie sehr unglücklich machten. Ich nannte einige Beispiele, um Jodie zu zeigen, dass Dr. Burrows ihre Geschichte kannte und dass sie ihr vertrauen konnte. Ich sagte, dass die ganze Familie sich Sorgen machte; Adrian, Lucy und Paula sorgten sich sehr um Jodie und waren traurig, wenn sie sich grämte. Dr. Burrows beugte sich erneut vor.

»Ich sehe viele Kinder, die bestürzt und verärgert sind, aus vielen Gründen. Es ist nicht ihre Schuld. Ich kenne Wege, die helfen. Ich helfe ihnen, sich von dem Schmerz zu befreien, sodass sie wieder glücklich sein können. Ich möchte auch dir helfen, Jodie.«

Der Charakter unseres Besuches schien sich verändert zu haben von einer Begutachtung zu einer Therapie, aber solange Jodie sich nicht einbrachte und für einen Austausch öffnete, würde alles vergebens sein.

»Ich hätte es gern, wenn Sie uns helfen würden«, sagte ich in der Hoffnung, dass die Erwähnung von »uns« Jodies Vertrauen wecken würde, aber sie blieb leblos und starrte nur geradeaus. Dr. Burrows machte eine weitere Notiz auf ihrem Block.

»Willst du ein Spiel spielen, Jodie?«, fragte sie. »Ich könnte das Puppenhaus rausholen.«

Ich sah Jodie hoffnungsvoll an, aber sie machte keinerlei Anstalten.

»Wie wäre es mit Malen? Du hast so wunderbare Bilder gemalt bei deinem ersten Besuch. Ich habe sie immer noch.«

Jodie sah nicht mal auf.

»Ich sag dir was.« Die Ärztin stand auf. »Bevor wir irgendetwas machen, werden Cathy und ich die Spielsachen zurück in die Kisten räumen. Wir hätten es gerne, wenn du uns helfen würdest, bitte.«

Ich nahm den Hinweis auf, zog meinen Arm von Jodie weg und gesellte mich zu der Ärztin auf den Boden. Das Ziel war wohl, Jodie zu einer physischen Mitarbeit zu animieren, in der Hoffnung, dass das sie dazu bringen würde, etwas zu sagen. Aber als wir die Spielzeugkisten weggepackt und die Stifte aufgelesen hatten, konnte ich in meinen Augenwinkeln erkennen, dass Jodie uns nicht ansah. Vielleicht war sie sich nicht einmal unserer Gegenwart bewusst. Ein paar Minuten später waren wir fertig und kehrten zu unseren Plätzen zurück. Dr. Burrows machte ein paar weitere Notizen, während ich meinen Arm um Jodie legte. Ich war weit davon entfernt zu erraten, was sie notierte, aber ich nahm an, es waren Zeichen für ihr professionelles Auge, vielleicht sogar eine Diagnose trotz Jodies Mangel an Kooperation.

Sie schlug den Block zu und lächelte sanft. »Das reicht für heute. Danke euch beiden, dass ihr gekommen seid. Sie hören von mir.«

Ich war etwas vor den Kopf gestoßen und wunderte mich, ob das ein weiterer Trick war, um Jodie zu einem Gespräch zu animieren. Die Psychologin stand auf. »Ich sehe dich bald wieder, Jodie.« Die Sitzung war definitiv zu Ende.

Ich sah Jodie an, die immer noch bewegungslos dasaß und den gleichen undurchdringlich starren Blick hatte.

»Gut, Liebes, wir können jetzt nach Hause gehen.« Ich nahm ihre Hand und hob sie vom Stuhl runter. Die Ärztin öffnete die Tür. Als wir ins Tageslicht hinausliefen, überfiel mich eine böse Vorahnung.

29
Therapie

Meine ungute Vorahnung hielt auch noch am folgenden Tag an. Jodie und ich saßen auf dem Sofa, ich las ihr ihre Lieblingsgedichte von Shirley Hughes vor. »Bathwater's hot, seawater's cold. Ginger's kittens are very young, but Buster's old.« (Das Badewasser ist heiß, das Meer ist kalt. Gingers Kätzchen sind sehr jung, aber Buster ist alt.) Früher hatte sie die Seiten erwartungsvoll umgeblättert, die Worte wiederholt, den angenehmen Klang des Reimes genossen. Nun wirkte sie gleichgültig, taub und stumm.

Jodies Verstörtheit hatte einen neuen Höhepunkt erreicht, und ich wusste, dass das, was ich ihr anbieten konnte, sehr unbefriedigend war. Es war außerdem beängstigend und sehr traurig, ihr Leid mitzuerleben. Wie weit konnte eine Persönlichkeit zersplittern, bevor sie nicht mehr zu kitten war? Wo würden all ihr Leid und ihr Schmerz sie am Ende hinführen? Es schien, als ob es sie an einen Ort der Dunkelheit und der Stille führte, wo sie am Ende niemand mehr erreichen konnte. Ich wusste, dass sie schnellstens Hilfe brauchte. Aber was für eine Art Hilfe? Und wie konnte ich sie trösten?

Ich legte das Buch hin und umarmte sie fest, während ich die Sitzung mit Dr. Burrows vom Tag zuvor noch einmal in meinem Kopf abrief. Ich hatte keine Wunderheilung erwartet, aber ich hatte wenigstens auf ein Zeichen von Fortschritt gehofft. Stattdessen hatte die Sitzung nur dazu gedient, aufzuzeigen, wie verstört Jodie wirklich war und wie hilflos selbst die Psychologin in ihren Versuchen war, an sie heranzukommen. Ich strich ein paar Strähnen aus ihrer Stirn und schaute in ihr blasses, ausdrucksloses Gesicht. War es möglich, dass sie auf ewig in diesem Zustand gefangen sein würde?

»Ich fühle mich so hilflos, Jodie«, flüsterte ich. »Ich wünschte, ich könnte etwas tun. Ich wünschte, ich wäre eine gute Fee und könnte mit meinem Zauberstab wedeln, damit all deine Sorgen verschwänden.«

Ich schob meine Arme unter ihre Schultern, hob sie sanft auf meinen Schoß und wiegte sie leicht. Sie blieb passiv. Mein Blick schweifte zum Fenster, als eine vereinzelte Schneeflocke vorbeischwebte. Eine weitere folgte und dann noch eine. Sie taumelten hinunter auf ihrem Weg vom Himmel und schmolzen dann auf der Terrasse.

»Schau, Jodie!« Ich hob ihren Kopf zum Fenster. »Es schneit, dabei ist es doch schon April!«

Sie sah auf, und ihre Augen schienen sich eine Sekunde lang zu fokussieren.

»Wollen wir rausgehen und nachsehen? Du magst Schnee, nicht wahr? Bitte, schau doch mal.«

Aber da war der Moment auch schon wieder vorbei, und sie drehte den Kopf zurück zum Boden ohne den Hauch einer Emotion oder eines Erkennens.

Ich brachte sie um sieben zu Bett, und da die Mädchen Klavierstunde hatten und Adrian später nach Hause kommen würde, hatte ich das Haus für mich allein. Ich versuchte zu lesen, aber ich konnte mich nicht konzentrieren. Ich legte eine CD mit klassischer Musik ein, aber sie machte mich nur traurig. Am Ende schaute ich fern und drehte den Ton runter, damit ich hören konnte, ob Jodie unruhig war. Ich ging früh zu Bett, und als ich wach lag, betete ich das erste Mal seit dreißig Jahren.

Am Morgen glaubte ich eine kleine Verbesserung zu bemerken. Jodie kam von selbst herunter und nahm einige Löffel Weetabix zu sich. Leider hielt es nicht lange an. Eine halbe Stunde später hatte sie sich wieder wie ein Baby auf dem Sofa zusammengerollt, stumm und abwesend.

Jill rief um halb zehn an. Die neue Gruppenvorgesetzte hatte ein Notplantreffen für elf Uhr einberufen, und meine Anwesenheit war gefordert. Sie wusste nicht genau, warum das Treffen einberufen worden war, meinte aber, vielleicht käme jetzt endlich Bewegung in die Sache. Es könne ja immerhin sein, dass Dr. Burrows empfohlen habe, unverzüglich mit der Therapie zu beginnen. Unsererseits bestand auch die Hoffnung, dass es neue Beweise gab, die Jodies Missbrauchstäter endlich hinter Schloss und Riegel brachten. Jills Kollegin Lisa hatte angeboten, auf Jodie aufzupassen; sie würde in einer Stunde da sein. *Endlich passiert was*, dachte ich. Ich blickte auf Jodie hinunter und fühlte, wie ich neue Hoffnung schöpfte.

Lisa kam pünktlich, und ich stellte sie Jodie vor, die es immerhin schaffte, aufzuschauen. Ich zeigte Lisa, wo der Kaffee und die Kekse waren, dann ging ich, während sie begann, Jodie aus einer Barbie-Zeitschrift vorzulesen. Ich hatte mich umgezogen und trug das elegante Kostüm für Besprechungen. Auf dem Weg zum Sozialamt nahm mein Mut stetig zu. Vielleicht würde sich ja etwas Gutes aus der Sache ergeben. Endlich hatten andere Leute begonnen zu verstehen, was ich schon seit einiger Zeit wusste – das Ausmaß von Jodies Leid war horrend, und sie brauchte Hilfe von Spezialisten und sofort eine Therapie. Jemand musste wissen, wie man sie erreichte und wieder zum Leben erweckte.

Ich parkte im nahe gelegenen Parkhaus und fuhr mit dem Aufzug zur Straße hinunter. Noch zehn Minuten bis zum Beginn der Besprechung.

Das stuckverzierte Steingebäude, von dem nur die Fassade noch Zeuge seiner alten Nobilität war, war einmal das alte Bürgermeisterhaus gewesen. Jetzt war es umgeben von Hochhäusern. Ich zog die schweren alten Türen auf und trat ein. Wie gewöhnlich war hier viel Betrieb. Leute jeglichen Alters und aller Nationalitäten saßen, standen oder liefen herum, während sie ängstlich darauf warteten, bis ihre Nummer auf der elektronischen Anzeige an der Decke aufleuchtete. Als ich durch die Menge ging, griff ein Kleinkind nach dem Saum meines Rockes, bevor seine Mutter es zurück auf ihren Schoß ziehen konnte. Sie lächelte entschuldigend.

Ich ging zur Rezeption. »Cathy Glass«, sagte ich, als die Dame an der Rezeption die Glasscheibe gerade weit genug öffnete, damit sie mich hören konnte. »Ich bin hier für eine Besprechung um elf verabredet, in Sachen Jodie Brown. Ich bin ihre Pflegemutter.«

Mit stoischer Ergebenheit hakte sie meinen Namen auf der ausgedruckten Liste ab, dann gab sie mir einen Aufkleber mit der Bezeichnung »Besucher« in schwarzen Großbuchstaben. Ich presste ihn auf meinen Mantel.

»Zimmer sieben«, sagte sie. »Durch die Doppeltür, die Treppe hoch und dann auf der linken Seite.« Die Scheibe wurde wieder geschlossen, bevor ich oder irgendjemand anders seinen Kopf durchstecken konnte.

Ich war vertraut mit dem Grundriss des Gebäudes, da ich schon viele Besprechungen hier gehabt hatte. Zimmer sieben war einer der größten Besprechungsräume, und als ich die Treppe hinaufstieg, bemerkte ich, dass dort auch die erste Besprechung in Sachen Jodie stattgefunden hatte, vor fast einem Jahr. Schwer zu glauben, dass es schon so lange her war. Ich dachte an den Tag zurück und schauderte wegen meiner seinerzeit so nonchalanten Haltung. Damals hatte ich nicht daran gezweifelt, dass alles, was ein Kind brauchte, Fürsorge, feste Regeln, Aufmunterung und Aufmerksamkeit waren, und ich hatte nicht daran gezweifelt, dass die Arbeit mit Jodie ein weiterer Erfolg werden würde. Ich war so selbstsicher gewesen, dass ich mich Jodie genauso nähern könnte wie vielen anderen verstörten Kindern. Ihnen allen hatte ich geholfen, ihren Weg zur Besserung und zu einem normalen Leben zu finden, soweit das möglich war. Aber dieses Mal hatten meine bewährten Methoden nichts bewirkt. Zumindest war es nicht nur mir verwehrt, zur Quelle von Jodies Leiden vorstoßen zu können. Dennoch fragte ich mich, ob irgendjemand von den Anwesenden im Zimmer sieben ihre oder seine Enttäuschung zeigen würde.

Jill, Sally und Gail, die neue Gruppenmanagerin, hatten schon an den Seiten eines hochpolierten Mahagonitisches ihre Plätze eingenommen. Sie lächelten, als ich eintrat, und Gail stellte sich vor. Sally und ich begrüßten uns, und ich setzte mich neben Jill.

»Wir warten noch auf Dr. Burrows und auf Mary von der Buchhaltung«, sagte Gail. »Eileen hat leider Urlaub. Und Jodies Rektor wird nicht kommen, aber er hat einen Bericht geschickt.«

Ich legte meinen Mantel ab, hängte ihn über die Lehne des Stuhls und fasste Mut, da jemand von der Buchhaltung eingeladen war. Normalerweise kommen Finanzleute nur dann, wenn finanzielle Unterstützung benötigt wird. Und Finanzierung war nötig, um mit der Therapie anfangen zu können.

»Wie geht es ihr?«, fragte Jill leise.

»Unverändert. Aber ich bin mir sicher, dass sich die Lage bessern wird, sobald die Therapie beginnt.«

»Wollen wir es hoffen«, sagte sie lächelnd.

Die Tür öffnete sich, und Mary trat zügig mit einem dicken Stapel an Papieren ein; sie entschuldigte sich für ihre Verspätung. Sie saß mir gegenüber, und ich brannte darauf, sie zu fragen, wie weit der Therapieetat reichte, aber ich wusste, dass es nicht üblich war, so etwas zu tun, bevor die Besprechung angefangen hatte. Gail und Mary redeten leise miteinander und besprachen unterschiedliche Szenarien. Dann wurde erneut die Tür geöffnet, und Dr. Burrows trat mit einem Aktenkoffer in der Hand ein. In ihrem formellen grauen Kostüm sah sie eher wie eine Beamtin als wie eine Psychologin aus. »Entschuldigen Sie bitte die Verspätung, aber das Taxi wurde aufgehalten.«

Gail wartete, bis sie sich gesetzt hatte, dann eröffnete sie die Besprechung. Sie dankte uns allen dafür, dass wir gekommen waren, und machte eine Notiz zu Datum, Zeit und Namen der Anwesenden. Dann bat sie darum, dass wir uns vorstellten.

Nach der Vorstellungsrunde sah sie alle am Tisch der Reihe nach an. »Wir sind hier, um die gegenwärtige Situation von Jodie zu besprechen und zu entscheiden, wie wir in ihrem Fall am besten verfahren. Ich denke, es wäre hilfreich, mit Ihnen, Cathy, anzufangen, dann Sally, wenn Sie bitte als Nächste sprechen könnten. Ich werde den Schulbericht vorlesen, und Dr. Burrows könnte diesen Teil beschließen.«

Wir murmelten unsere Zustimmung.

Ich hatte während der Fahrt geprobt, was ich sagen wollte. Ich wollte positiv bleiben, was Jodies anfängliche Fortschritte anging, ohne ihre Hilfsbedürftigkeit kleinzureden. Ich atmete tief ein.

»Wie Sie wissen, kam Jodie mit sehr schwierigem Verhalten zu mir, so schwierig, dass sie in vier Monaten fünf Pflegeeltern hatte. Sie war sehr aggressiv, streitsüchtig und zeigte eine verzögerte Entwicklung. Sie hatte eine schlechte Darmkontrolle und eine sehr geringe Selbstwertschätzung. Sie zeigte sexualisiertes Verhalten gegenüber Frauen und Männern. Mit der Zeit lebte sie sich in unsere Haushaltsroutine ein und begann, auf klare

Grenzen, die ich setzte, und auf positive Motivation anzusprechen. Als ihre Ängste sich verringerten, nahm die Neigung zur Gewalttätigkeit ab, und sie lernte, ihre Wut zu beherrschen. Sobald sie jedoch anfing, sich sicher zu fühlen, setzten die Enthüllungen ein. Das Ausmaß des sexuellen Missbrauchs, den sie durch ihre Familie erlitten hat, ist horrend. Als die Enthüllungen sich mehrten, kam ihr Fortschritt zu einem Stillstand, und sie wurde zunehmend verstörter. Seit dieser Zeit leidet sie unter Albträumen, nächtlichen Angstzuständen, lebhaften Halluzinationen, und ihre Persönlichkeit scheint sich zu spalten. In den letzten beiden Wochen hat sich Jodies Zustand weiter und schneller verschlechtert. Trotz meiner Ermutigung und Bestärkung verbringt sie nun die meiste Zeit des Tages im Bett und hat so gut wie kein Interesse an dem, was um sie herum vorgeht. Sie spricht und isst sehr wenig, und ich finde sie oft leise weinend vor. Im Januar hat sie an der Abbey Green Primary School angefangen, wo sie von einer in Vollzeit beschäftigten Begleitlehrerin betreut wird. Anfangs machte sie gute Fortschritte, aber seit der Verschlechterung ihres Zustands konnte sie nicht mehr in die Schule gehen. Sie hat insgesamt schon mehr als drei Wochen verpasst.«

Ich schaute in die Augen der Leute, als ich sprach, und konnte Besorgnis und Unruhe darin bemerken. »Ich gebe zu, dass ich nicht weiß, wie ich an Jodie herankommen kann, um ihr zu helfen, mit ihren Erfahrungen fertigzuwerden. Meiner Meinung nach braucht sie professionelle psychotherapeutische Hilfe. Wenn man unsere anfänglichen Erfolge bedenkt, bin ich optimistisch, dass wir, sobald die Therapie begonnen hat, wieder Fortschritte machen werden.«

Gail dankte mir und überließ Sally, der Prozesspflegerin, das Wort. Sally listete alle Tage auf, an denen sie uns besucht hatte, und lobte meinen Erfolg damit, Jodies Vertrauen zu gewinnen. Erst dadurch sei das Kind in die Lage versetzt worden, die Wahrheit zu enthüllen. Sie sagte, dass sie, obwohl sie in letzter Zeit nicht die Möglichkeit gehabt habe, Jodie zu beobachten, in engem Kontakt zu Dr. Burrows und Eileen stehe und dass sie von der Situation in vollem Umfang unterrichtet sei. Sie habe sich mit Jodies Eltern getroffen und sie von den Anschuldigungen und von Jodies schlechtem Zustand in Kenntnis gesetzt. Der Vater habe keine Regung gezeigt und bestand nach wie vor darauf, dass Jodie sich das alles nur einbilde. Frau Brown jedoch sei in Tränen ausgebrochen. Sally sagte nichts weiter über Jodies Eltern – und angesichts ihrer Professionalität war das auch nicht zu erwarten –, aber es gab immerhin die Andeutung, dass es keinen Zweifel gab über deren gemeinsame Schuld für das, was mit Jodie geschehen war.

Ich fühlte keinerlei Mitleid, als ich hörte, dass Jodies Mutter zusammengebrochen war. Meine erste Vermutung war, dass es nicht echt war, dass sie ihre Schuld nur vertuschen wollte. Es gab keine andere Möglichkeit, dass ein Kind in Jodies Alter Kenntnis über die Dinge hatte, die sie wusste und beschreiben konnte. Ich musste mir ja nur ihren Verfall vor Augen führen, um zu erkennen, dass das, was sie sagte, wirklich geschehen war.

Ich konnte den Gedanken an ihre Eltern kaum ertragen. Ich hasste die Vorstellung, dass sie frei waren und ihr tägliches Leben führen konnten, welchen Schändlichkeiten auch immer sie nachgingen. Und das alles, während ihre Tochter an dem Schmerz und Leid, das sie verursacht hatten, zerbrach. Was sie Jodie angetan hatten, bedeutete für das Kind eine lebenslange Strafe.

»Jodie ist ein stark geschädigtes Kind«, fasste Sally zusammen. »Und meine Empfehlung wird sich voll und ganz mit dem Befund von Dr. Burrows decken.«

Es herrschte Stille im Raum, als Gail eine Notiz machte;

dann zog sie ein Blatt aus der Akte hervor und las den Bericht des Rektors vor. Zur Zeit der Niederschrift hatte Jodie die Schule insgesamt siebenundzwanzig Tage besucht, und Herrn Wests Beobachtungen bezogen sich sowohl auf ihre schulischen Leistungen als auch auf die Art, wie sie mit den anderen Kindern ihres Alters interagierte. Derzeit lernte sie das Alphabet und die Zahlen von eins bis zwanzig. Ihr Wortschatz war sehr beschränkt, aber sie hatte mit dem Ziel, fünf neue Wörter pro Woche zu lernen, Schritt gehalten. Auch ihre Konzentrationsfähigkeit war sehr eingeschränkt, und sie wurde dazu ermuntert, sich länger mit einer Aufgabe zu beschäftigen und selbstständig zu arbeiten. Es fiel ihr nicht leicht, neue Freundschaften zu schließen, was im Wesentlichen ihrem unberechenbaren und seltsamen Benehmen zuzuschreiben war. Das Testergebnis zeigte, dass sie ungefähr auf dem Stand einer Vierjährigen war, was das Lesen und Schreiben anging.

Sein Fazit drückte es sehr treffend aus: »Jodies Bildung und soziale Entwicklung sind durch ihre Erfahrungen sehr beeinträchtigt, und solange diese nicht angegangen werden, werden meiner Meinung nach ihre Leistungen gering bleiben.«

Gail legte den Bericht zurück, und ich fühlte, wie mein Puls sich beschleunigte, als Dr. Burrows ihre Akte öffnete. Sie würde die letzte Sprecherin sein, und nachdem sie ihre Empfehlung abgegeben hatte, würde Mary ihre Berechnungen anstellen. Dann würde die Finanzierung bestätigt werden, sodass wir anfangen könnten, Jodie auf den Weg der Besserung zu führen. Ich konnte nur hoffen, dass das ausreichen würde. Mein Eindruck war, dass sie mindestens zwei einstündige Sitzungen pro Woche brauchte.

»Wie Sie wissen«, begann Dr. Burrows, »bin ich vom Gericht beauftragt worden, Jodie in Bezug auf die dauerhafte Zuweisung in eine Pflegefamilie zu begutachten. Ursprünglich ging es darum, zu bestimmen, ob es möglich sein wird, dass sie wieder nach Hause zurückkehrt. Inzwischen wissen wir aufgrund ihrer Aussagen über die Vergangenheit, dass eine Rückkehr nach Hause ausgeschlossen ist. Im Folgenden spreche ich also ihren gegenwärtigen geistigen Zustand an.« Sie fuhr fort, eine klinische Begutachtung von Jodies Zustand abzugeben, und bezog sich auf unsere letzten beiden Treffen. Ich schätzte die Anwesenheit von Dr. Burrows; ihr Bericht zeigte, wie ernst jetzt alle die Sache nahmen. Die Psychologin sollte ihren Befund erst in der endgültigen Verhandlung zu einem späteren Zeitpunkt im Jahr bekannt geben, aber sie hatte den Rahmen des Gerichtsauftrags gesprengt, um ihre Analyse früher abzugeben. Was sie an Jodie beobachtet hatte, hatte bei ihr so viel Besorgnis geweckt, dass sie eine sofortige Intervention für nötig hielt. Deshalb hatte sie auf dieser Besprechung bestanden, trotz ihres vollen Terminkalenders.

Ich schaute der Reihe nach alle am Tisch an, wie sie eifrig Notizen machten. Die Ärztin kam zum Schluss.

»Deshalb empfehle ich, dass Jodie nicht weniger als eine intensive, langanhaltende Therapie mit einem pädiatrischen Psychotherapeuten benötigt, und zwar mit einem Therapeuten, der Erfahrung mit Kindern hat, die sexuellem Missbrauch ausgesetzt waren.«

Gott sei Dank, dachte ich. Alles, was wir jetzt noch brauchen, ist die Finanzierung.

»An welches Ausmaß an Therapie denken Sie?«, fragte Gail. Mary legte den Taschenrechner bereit.

»Jodie hat Lernschwierigkeiten«, sagte Dr. Burrows, »und funktioniert auf dem Niveau eines sehr viel jüngeren Kindes. Deshalb hat sie Schwierigkeiten, sich mit Konzepten auseinanderzusetzen und sich an sie zu erinnern. Im Hinblick darauf und auf die gravierende Natur ihres Zustandes glaube ich nicht, dass selbst ein hohes Maß an Sitzungstherapie helfen würde. Meine professionelle Einschätzung ist, dass die Therapie, sollte sie in Jodies Fall irgendetwas bewirken, konstant und unverzüglich sein muss. Die besten Aussichten auf eine Besserung wären in einem therapeutischen Heim gegeben.«

Ich hörte zwar die letzten Worte, aber es brauchte eine gewisse Zeit, bis sie durchsickerten. Im Raum herrschte Stille, als die anderen ihre Notizen beendeten. Ich konnte fühlen, wie mein Puls in meinem Hals pochte und mein Magen sich umdrehte. Jill berührte meinen Arm.

»Danke, Dr. Burrows«, sagte Gail. »Das war sehr aufschlussreich.«

Ich konnte die Augen aller auf mich gerichtet fühlen, während ich auf meinen Notizblock starrte.

»Cathy«, sagte Sally, »wie denken Sie darüber? Ich weiß, dass Sie eine sehr enge Beziehung zu Jodie aufgebaut haben.«

Ich hob meinen Kopf und schluckte. Meine Stimme kippte, und ich hatte Mühe, die Tränen zu unterdrücken. »Es ist schwierig. Das habe ich nicht erwartet. Ich hatte gehofft, dass wir Jodie, sobald sie mit einer regelmäßigen Therapie beginnen würde, gemeinsam helfen könnten, die Sache durchzustehen.« Ich schwieg einen Moment. »Ehrlich gesagt habe ich jetzt das Gefühl, es war alles umsonst.«

Sally sah Dr. Burrows an, die sanft ihren Kopf schüttelte.

»Selbst ohne die aktuelle Krise«, sagte die Ärztin, »bezweifle ich, dass Jodie in einer normalen Familie erfolgreich hätte funktionieren können. Sie ist tief traumatisiert, und das beeinflusst jeden Aspekt ihres Lebens. Nur sehr wenige Pflegeeltern hätten sich so stark eingebracht wie Sie, und es ist Ihnen zu verdanken, dass sie so weit gekommen ist.«

Gail, Sally und Jill murmelten ihre Zustimmung.

Ich zuckte verzagt mit den Schultern. »Wäre es nicht einen

Versuch wert, es mit einer Sitzungstherapie für, sagen wir, sechs Monate zu versuchen?«

Alle schauten auf Dr. Burrows.

Sie sah mich voller Mitleid an. »Meiner Meinung nach nicht. Es wäre nicht nur nicht effektiv, es würde Jodies Zustand sogar noch verschlimmern. Jodies Persönlichkeit zerfällt, und je länger sie in diesem Zustand bleibt, desto gravierender könnte der dauerhafte Schaden sein.«

Ich schwieg.

»Welchen zeitlichen Plan haben Sie im Auge?«, fragte Gail.

»Wenn ich sofort eine Empfehlung schreibe, könnte sie innerhalb eines Monats aufgenommen werden.«

Ich zuckte zusammen.

»Gibt es eine bestimmte Institution, an die Sie denken?«, fuhr Gail fort.

Die Ärztin kramte in ihrem Aktenkoffer und holte einige bunte Broschüren heraus, die sie herumreichte.

»Das Heim, das ich empfehlen würde, nennt sich High Oaks und wird von Dr. Ron Graham und seiner Frau Betty geleitet. Sie sind praktizierende Kinderpsychologen. Sie haben vielleicht von ihnen gehört. Sie genießen einen ausgezeichneten Ruf in ihrem Spezialgebiet.«

Jill schlug die Broschüre auf, die zwischen uns lag, und ich starrte auf die erste Seite. Alles, was ich sehen konnte, waren Blöcke von unklarem Druck, unterbrochen von Bildern mit lächelnden Kindern. Ich blinzelte und versuchte, meinen Blick zu fokussieren.

Die Ärztin fuhr mit ihrer Erklärung fort. »Die Einrichtung besteht nun schon seit zwölf Jahren und genießt einen fantastischen Ruf. Es ist ein schönes altes Landhaus, das in einem bewaldeten Parkgelände am Rand von Cambridgeshire steht. Die Grahams leben vor Ort zusammen mit einem Team von hochqualifizierten Therapeuten. Die Kinder werden von qualifizierten Lehrern unterrichtet, die jeden Vormittag kommen. Sie decken alle Fächer ab, bis zum GCSE. An den Nachmittagen gibt es Freizeitbeschäftigung und Einzeltherapie. An den Wochenenden machen sie das, was andere Familien auch machen: Ausflüge ins Kino, schwimmen und so weiter. Und sie fahren auch in Urlaub. Ich stehe seit der Eröffnung in engem Kontakt mit den Grahams, sie haben eine sehr hohe Erfolgsrate. Neunzig Prozent der Kinder schaffen es irgendwann, wieder in normalen Familien zu leben. Aber es ist natürlich nicht billig.«

»Wie viel?«, fragte Gail.

»Das kommt darauf an, was geboten wird, aber für jemanden mit Jodies Bedürfnissen wird es ungefähr viertausend Pfund die Woche kosten. Ich würde eine erste Empfehlung für drei Jahre machen, aber das müsste natürlich regelmäßig begutachtet werden.«

Ich schaute auf, Mary tippte die Zahlen in ihren Rechner und zeigte Gail das Ergebnis, die es notierte.

»Wird sie Besuch empfangen dürfen?«, fragte Jill, wohl wissend, dass ich das gefragt hätte, wenn ich hätte klar denken können.

»Auf jeden Fall«, antwortete Dr. Burrows. »Es ist sogar unbedingt nötig. Wenn ein Kind keine Familie hat, dann arrangiert High Oaks es so, dass jemand als Freund und Familienersatz agiert. Es ist sehr wichtig, dass die Kinder einen Bezug zur Außenwelt haben.«

»Und Cathy, würden Sie den Kontakt weiterführen wollen?«, fragte Sally.

»Ja, natürlich«, antwortete ich automatisch.

Gail sah alle am Tisch an. »Wir müssen die Sache dem Ausschuss vortragen, aber da es unsere Empfehlung ist, wird sie sicherlich angenommen. Gibt es noch weitere Punkte?«

Dr. Burrows beugte sich vor. »Nur den, Cathy für all das zu danken, was sie getan hat, und für das Angebot, den Kontakt auch in Zukunft aufrechtzuerhalten.«

Die anderen stimmten zu und begannen unverzüglich, ihre Papiere einzusammeln. Sie gingen schnell ihrer Wege und ließen Jill und mich allein zurück. Ich legte meine Hände auf den Tisch und atmete tief ein.

»Wie soll ich Jodie das erklären? Sie vertraut mir, und jetzt muss ich ihr sagen, dass sie uns verlässt. Sie wird denken, dass ich sie ablehne, wie all die anderen Pflegefamilien zuvor. Wie wird sich das auf ihren geistigen Zustand auswirken?«

Jill berührte meinen Arm. »Ich weiß. Es tut mir leid, Cathy. Ehrlich gesagt, ich würde ihr im Augenblick noch gar nichts sagen. Meiner Erfahrung nach haben diese Organisationen ein bestimmtes Einführungsprozedere. Ich werde High Oaks kontaktieren und sehen, wie sie das handhaben. Dann sehen wir weiter.«

Seufzend stand ich auf. »Okay. Ich sehe besser zu, dass ich nach Hause komme. Sie wird sich wundern, wo ich so lange bleibe.«

Jill begleitete mich in den Flur. »Es mag jetzt nicht so aussehen, aber es ist wirklich das Beste für sie. Du hättest nicht mehr tun können. Du wirst den Kontakt aufrechterhalten, und auf diese Weise wird sie wissen, dass du sie nicht ablehnst. Und wer weiß, in drei Jahren …?«

»Ja, ich weiß. Ich verstehe, dass es das Beste für sie ist. Die Frage ist nur, wird sie das auch so sehen?«

Ich verließ das Gebäude und kämpfte gegen mein Gefühl des Versagens an. Jodie würde mich in einem schlechteren Zustand verlassen als dem, in dem sie angekommen war – das war das erste Mal bei einem Kind, das mir anvertraut worden war. Ich konnte mir so oft sagen, wie ich wollte, dass es nicht meine

Schuld war; dennoch war es schwer, sich nicht so zu fühlen, als wäre alles umsonst gewesen. All die schlaflosen Nächte, die unendlich zehrenden Tage der Wutanfälle und der Gewalt, die Szenen in der Öffentlichkeit, die schrecklichen Mahlzeiten, die Zerrüttung im Leben meiner Kinder. Und jetzt, nachdem wir all das durchgemacht hatten, würde Jodie wieder umziehen.

Rational betrachtet wusste ich, dass Jodie professionelle Hilfe und eine intensive Therapie brauchte von einer Art, die ich ihr einfach nicht bieten konnte, nicht mit all meiner Liebe, Güte und gesundem Menschenverstand. Aber ich fühlte mich trotzdem so, als hätte ich selbst versagt.

Wie sollte ich ihr nur beibringen, dass sie uns verlassen musste?

30

Grünes Gras und braune Kühe

Diese Nacht holte ich mir, während das Haus schlief, das Fotoalbum mit Bildern von all den Kindern, die ich aufgenommen hatte; ich nenne es die Galerie der Schlingel. Ich blätterte mich durch die Fotografien. Einige waren gestellt, andere waren Schnappschüsse, auf Ausflügen gemacht oder während die Kinder im Garten herumrannten. Da waren Kinder aller Altersgruppen und mit verschiedenem ethnischem Hintergrund, vom kleinen Jason, der erst zwei Jahre alt war, als er hier ankam, bis zu Martha, einer wütenden, trotzigen Siebzehnjährigen, die später Medizin studierte.

Zu einigen von ihnen hatte ich den Kontakt verloren, aber die meisten schrieben noch oder riefen gelegentlich an. Vier von ihnen waren ein Jahr oder länger geblieben, und alle vier besuchten mich noch regelmäßig und waren Teil der erweiterten Familie geworden. Als ich die Seiten umblätterte, erinnerte ich mich an die unterschiedlichen Persönlichkeiten der Kinder und an ihre Probleme. Nicht eines war dabei, bei dem ich das Gefühl hatte, dass ich ihm nicht gerecht geworden war. Bis jetzt.

Von Jodie waren keine Bilder dabei, aber ich wusste, wenn ich sie dazugeben würde, wären es die letzten. Meine Eignung oder Fähigkeit schien verloren gegangen zu sein. Mein Selbstvertrauen war zerschlagen. An diesem Abend beschloss ich, keine Kinder mehr in Pflege zu nehmen.

Drei Tage vergingen, bevor ich etwas hörte, und die ganze Zeit über war Jodie verschlossen und distanziert. Ich erwog nicht mal mehr die Möglichkeit, sie in die Schule zu schicken; es war sinnlos, sie war in ihrer eigenen Welt verschwunden. Irgendwie kamen wir durch die Tage. Ich las ihr vor, umarmte sie und versuchte sie zum Essen zu überreden. Auch Adrian, Lucy und Paula unternahmen alles Mögliche, um sie aufzumuntern.

Kurz nach der Notfallbesprechung setzte ich mich mit den Kindern zusammen und sagte ihnen, dass Jodie uns verlassen würde. Sie sprachen nicht viel, aber ihre ernsten Mienen und ihre ruhige Akzeptanz zeigten mir, dass sie bereits wussten, wie ernst Jodies Zustand war. Es war immer traurig, wenn ein Kind uns verließ, aber gewöhnlich war das mit dem Wissen verbunden, dass es mit einer positiven Perspektive ging – zurück zu seiner Familie oder in eine Adoptivfamilie. Und es verließ uns in einem besseren Zustand als dem, der es zu uns geführt hatte. Was Jodie betraf, so gab es diesen Trost nicht; trotz all unserer besten Anstrengungen hatten wir es nicht geschafft, ihr zu helfen, und niemand war davon unberührt geblieben.

»Macht euch keine Vorwürfe«, sagte ich, Jills Worte an mich wiederholend. »Wir haben unser Bestes gegeben. Mehr können wir nicht tun.«

Aber es klang für sie ebenso hohl wie für mich, und ich wusste, dass sie mein Gefühl des Versagens teilten.

Vier Tage nach dem Treffen erreichte mich ein Brief von Ron Graham. In dem Umschlag steckten ein Brief an mich und ein zweiter Umschlag, der an Jodie adressiert war. In meinem Brief stellte Ron sich vor und schrieb, dass er mich bald anrufen würde, um einen Besuch zu arrangieren. Er bat mich, inzwischen den anderen Brief an Jodie weiterzureichen. Ich gab ihr den Umschlag, als sie in ihrem Mittagessen herumpickte. Sie nahm ihn misstrauisch entgegen, dann erkannte sie ihren Namen auf dem Umschlag. Plötzlich hellten sich ihre Augen auf. »Für mich? Von wem ist der?«

»Mach ihn doch auf und finde es heraus. Es sieht sehr wichtig aus.«

Ich schob ihren Teller beiseite, als sie vorsichtig die Klappe am Umschlag öffnete und ein hellgelbes Blatt Papier entfaltete. Es war in fetten roten Buchstaben gedruckt mit einem kleinen Smiley-Gesicht in einer Ecke; es wirkte gleich auf den ersten Blick ansprechend.

»Für mich?«, sagte sie wieder.

»Ja. Soll ich es dir vorlesen?«

Sie hielt es beschützend zwischen uns, und ich zeigte auf die Worte, als ich sie las.

Liebe Jodie,
mein Name ist Ron, und meine Frau heißt Betty. Bei uns leben sehr viele Kinder in einem großen Haus auf dem Land. Wir lösen ihre Probleme und haben auch viel Spaß. Wir können sehr gut Probleme lösen, und wir würden gerne kommen und dir von uns erzählen.
Wir freuen uns darauf, dich zu treffen.
Tschüs für jetzt
Ron und Betty

Es war ein einfacher, aber sehr geschickt formulierter Vorstellungsbrief, und sie war begeistert, einen Brief ganz für sich erhalten zu haben. Sie bat mich, ihn noch einmal zu lesen und dann ein drittes Mal.

»Wann kommen sie?«, fragte sie und zeigte mehr Enthusiasmus als bei irgendeiner Gelegenheit in den letzten Wochen.

»Ich weiß es noch nicht. Sie werden vorher anrufen.«

»Ich hoffe, es ist bald. Sie klingen sehr nett, nicht wahr, Cathy?«

»Ja, das tun sie, Liebes.«

Sie steckte den Brief zurück in den Umschlag und trug ihn für den Rest des Tages mit sich herum. Als Adrian, Lucy und Paula nach Hause kamen, bat sie sie, ihn ihr vorzulesen, und sie waren ebenso von ihrem Enthusiasmus überrascht wie ich zuvor. Keiner von uns sprach es aus, aber wir alle waren ein wenig gekränkt. Wie konnte der Brief eines Fremden erreichen, was Monate der Pflege durch uns nicht ermöglicht hatten?

Als Jodie bereits zu Bett gegangen war, rief Ron an. Ich erzählte ihm von der positiven Reaktion.

»Kinder wie Jodie knüpfen selten eine Bindung«, sagte er. Er hatte wohl instinktiv meine unausgesprochenen Gefühle bemerkt. »Es hat nichts mit Ihnen zu tun, Cathy.« Er fragte, wie sich meine Familie zusammensetzte und wie Jodie mit den Familienmitgliedern interagierte. Er erklärte das Vorstellungsprozedere: Es begann mit dem Brief und würde durch einen Besuch von ihm und seiner Frau in der folgenden Woche aufgegriffen werden.

»Wir überstürzen die Vorstellung nie«, sagte er. »Jodie vertraut Ihnen, und nun müssen wir einen Teil dieses Vertrauens auf uns übertragen.«

Während er sprach, war ich beeindruckt davon, wie viel von Jodies Hintergrund ihm bekannt war. Er musste ihre Akte von vorne bis hinten gelesen haben, und wir sprachen über eine Stunde miteinander am Telefon. Es war eine Erleichterung, mit jemandem zu reden, der zu wissen schien, was er tat, und der vollständig über den Fall informiert war. Es machte einen großen Unterschied. Obwohl Jill alles getan hatte, was sie tun konnte, war sie doch nur ein kleines Rad in einem großen Getriebe, mit sehr wenig Entscheidungsbefugnis. Sie konnte nur

Vorschläge machen und Fragen stellen. Eileen, Jodies ach so engagierte Sozialarbeiterin, hatte sich als distanziert, ineffizient und fahrlässig darin erwiesen, wie sie den Fall handhabte. Selbst nach einem Jahr schien sie immer noch nicht die Details von Jodies Akte zu kennen. Sie hatte sich weder die Mühe gemacht, Jodie kennenzulernen, noch war sie ihren amtlichen Pflichten nachgekommen. Erst als ich mit Ron sprach, fühlte ich, wie ein Teil der Last, die ich von Anfang an getragen hatte, von meinen Schultern abfiel. Mir war gar nicht aufgefallen, wie einsam ich mich fühlte. Für so lange Zeit hatten Jodie und ich ganz allein gemeinsam gekämpft, so gut wir eben konnten, während das System sich langsam weiterdrehte und uns durch den monströsen bürokratischen Apparat eher behinderte. Jetzt endlich hatte ich das Gefühl, dass sich jemand wirklich für sie interessierte.

Als ich fragte, was ich Jodie über den Besuch sagen sollte, meinte er, es sei besser, ihr so wenig wie möglich zu sagen, aber alle Fragen aufzuschreiben, die sie hatte, und ihr zu versichern, dass sie beantwortet werden würden, wenn Ron und Betty kamen.

Ich ging zu Bett und fühlte mich so erleichtert wie noch nie. Jodie hatte positiv reagiert, und Ron schien einfühlsam und direkt zu sein. Vielleicht hatten sie alle recht, und es war wirklich zu ihrem Besten.

Am folgenden Morgen, als die anderen in die Schule gegangen waren, erzählte ich Jodie von Rons Telefonanruf am Abend zuvor.

»Was will er?«, bellte sie, und schob ihren Porridge beiseite, um den sie kurz zuvor gebeten hatte.

Ich fragte mich, ob sie verstand, dass Ron derjenige war, der ihr den Brief geschrieben hatte. »Er will wissen, wie du so bist. Er hat dir den netten Brief geschrieben, erinnerst du dich? Sie kommen nächste Woche auf Besuch.«

»Will nicht. Halt die Klappe. Geh weg.«

»Jodie …«, setzte ich an, aber dann beschloss ich, es nicht weiterzuverfolgen. Ich würde tun, worum Ron mich gebeten hatte, und mich von ihr leiten lassen.

Für den Rest des Tages erwähnte sie weder Ron und Betty noch den Besuch und blieb stumm und zurückgezogen. Als es für sie an der Zeit war, zu Bett zu gehen, fand ich den Brief in Stücke gerissen und auf dem Boden verstreut. Es wäre lächerlich gewesen, dies zu ignorieren, da ich Jodie gut genug kannte, um zu verstehen, dass dies ihre Art war, Verärgerung auszudrücken. Ich hob die Papierschnipsel auf und setzte mich an den Rand ihres Bettes.

»Ich weiß, dass es schwierig ist, Liebes. Es ist für uns alle schwer. Kannst du mir sagen, wie du dich fühlst? Was denkst du? Vielleicht kann ich dir helfen.«

Ihr Gesicht wurde weich, und sie warf sich in meine Arme. Ich hielt sie fest und drückte ihren Kopf an meine Brust, während sie bitterlich weinte.

»Was ist denn, Jodie? Versuch es mir zu sagen, bitte. Ich will dir wirklich helfen.«

Sie dachte einen Augenblick nach, dann spuckte sie es aus. »Die machen das, was die anderen gemacht haben. Ich will nicht. Es tut weh. Du hast gesagt, es wird nicht mehr passieren.«

»Ach Gottchen, Liebes, nein. Es sind gute, nette Menschen. Sie würden dir nie wehtun, ehrlich.«

Aber Jodie war anderer Meinung. In ihrer Welt bedeuteten neue Erwachsene gewöhnlich, dass die Leute sie missbrauchen und ihr wehtun wollten, mit nur wenigen Ausnahmen. Die Begegnung mit jedem neuen Erwachsenen musste schrecklich gewesen sein. Ich ignorierte Rons Rat, so wenig wie möglich zu sagen, und versuchte, es ihr zu erklären.

»Ron und Betty sind wie ich. Sie helfen Kindern, denen man wehgetan hat, nur können sie es besser als ich. Sie wissen genau, was sie sagen müssen. Sie haben Hunderten von Kindern geholfen, und sie wollen auch dir helfen. Ich werde die ganze Zeit dabei sein, wenn sie kommen. Sie wollen nur reden. Sie werden uns von dem Haus erzählen, in dem sie leben, und von den anderen Kindern, die dort wohnen.«

Sie schniefte. »Sie werden nicht in mein Zimmer kommen, nicht wahr? Und ich will nicht in ihr Auto steigen.«

»Nein, natürlich nicht.« Ich drehte ihr Gesicht so, dass wir uns anblickten. »Schau, Jodie, du hast so viele neue Leute getroffen, seit du bei mir bist, und keiner von denen hat dir wehgetan. Ich würde es nicht erlauben, dass sie kommen, wenn ich nicht glaubte, dass es gut für dich ist. Du vertraust mir doch, oder nicht?«

Sie nickte. »Dann vertrau mir bitte auch jetzt, Liebes.« Sie erlaubte mir, ihre Tränen mit einem Taschentuch zu trocknen, aber ich war mir nicht sicher, dass sie meine Worte akzeptieren würde. Immerhin war ihre Zeit bei mir relativ kurz gewesen im Vergleich zu den acht Jahren davor. Nach Jodies Erfahrungen war meine Welt immer noch eher die Ausnahme als die Regel.

Ich las ihr eine Geschichte vor, und sie beruhigte sich für die Nacht. Als ich aus der Tür ging, konnte ich hören, wie Amy zu Jodie sagte: »Du kannst Cathy wirklich vertrauen. Ehrlich, das kannst du.«

Je näher der Tag des Besuches rückte, desto instabiler wurde Jodie. Sie wechselte zwischen Reg und Amy, und dazwischen war wenig. Manchmal sah ich die wahre Jodie, und ich versuchte, diese Momente zu nutzen, aber sie zog sich schnell in ihre Schutzhülle zurück, sodass ich mich erneut dem stumpfen, unnachgiebigen Starren gegenübersah. Ein Schulbesuch kam nicht in Frage, und außer den nötigen Einkaufsausflügen verließen wir kaum das Haus.

Am Morgen von Rons und Bettys Besuch war sie nicht anders, und ich befürchtete, dass ihr Zustand sich angesichts der Fremden, die zu uns kommen würden, verschlechtern würde. Betty rief vom Auto aus an, um zu sagen, dass sie in fünfzehn Minuten da sein würden, und ich warnte sie vor.

»Sie haben Großartiges geleistet, es so lange durchzuhalten«, sagte sie und klang dabei ebenso positiv und einfühlsam wie ihr Mann. »Wenn wir erst mal im Haus sind und sie uns kennengelernt hat, wird es einfacher sein.«

Ich war nicht überzeugt.

Ich ging ins Wohnzimmer zurück, wo ich anfing ein Puzzle zu legen, in der Hoffnung, dass ich Jodie dazu überreden konnte, etwas zu tun. »Das waren Ron und Betty«, sagte ich heiter. »Sie werden gleich hier sein. Sollen wir das Puzzle anfangen?«

Zu meiner Überraschung rutschte sie vom Sofa, hob ein Teil auf und reichte es mir. Ich legte es an die richtige Stelle, und das Gesicht einer Katze wurde sichtbar.

»Wo ist unsere Katze?«, fragte sie plötzlich.

»Toscha schläft in ihrem Korb beim Heizkörper.«

»Haben die eine Katze?«

»Ich weiß es nicht, aber das können wir sie fragen.«

Sie reichte mir ein weiteres Teil, und ich legte es an die richtige Stelle. Als es klingelte, saß Jodie am Boden und spielte, scheinbar so zufrieden wie jedes andere Kind.

Ich nahm Ron und Betty die Mäntel ab und führte sie ins Wohnzimmer. Sie waren ein gut gebautes Paar Ende vierzig, adrett gekleidet in bequemer ländlicher Kleidung und mit warmen, netten Gesichtern.

»Hallo, Jodie«, sagte Betty fröhlich. »Es ist schön, dich kennenzulernen.« Sie beugte sich runter, um das Puzzle zu studieren. »Das ist sehr gut. Magst du Puzzles?«

Jodie nickte.

»Das ist mein Mann, Ron.«

Jodie sah auf und lächelte, als Ron sich unweit von ihr in einen Sessel setzte, bedacht darauf, nicht aufdringlich zu wirken.

»Jodie hat gefragt, ob Sie eine Katze haben«, sagte ich.

»Nein, keine Katze«, antwortete Betty »Aber hinter dem Haus ist ein Feld mit vielen Kühen.«

»Kühe?«, sagte Jodie, plötzlich Interesse zeigend.

»Ja. Morgens kann man sie muhen hören, und dann kommt der Bauer und treibt sie in den Stall zum Melken. Die Kinder lieben es, zuzusehen. Manchmal kommen die Kühe bis an den Zaun, und man kann sie streicheln.«

»Wirklich?« Jodie strahlte jetzt. Ich ging schnell in die Küche, um Kaffee zu kochen.

Toscha erhob sich angesichts der unbekannten Stimmen gemächlich aus ihrem Korb und kam rein, um nachzuschauen. Ich hörte, wie Jodie sie vorstellte.

»Das ist Toscha, aber sie ist kleiner als eine Kuh.«

»Das stimmt«, sagte Betty. »Sehr viel kleiner.«

Jodie musste in Ron und Betty etwas Bestimmtes gesehen haben, weil sie so ganz anders war als das Kind, das ich beschrieben hatte. Ich hatte das Gefühl, dass man meine Darstellung hätte anzweifeln können, wenn da nicht all die anderen Berichte gewesen wären.

Ich trug das Tablett rein, als Betty half, die letzten Teile in das Puzzle zu legen. Ich setzte mich und bewunderte das Ergebnis. Jodie reichte den Teller mit den Keksen herum, dann setzte sie sich neben Betty aufs Sofa.

»Sag mir, welche anderen Spiele du magst, Jodie«, sagte Ron, sich sanft in die Konversation einführend. Er sprach leise, man konnte ihn gewiss nicht als bedrohlich beschreiben.

»Malen, das mag ich«, sagte sie, »und in den Park gehen.«

»Das klingt gut.« Er lächelte sie an, und sie lächelte zurück.

Wir verbrachten einige Minuten damit, über den Park zu reden, dann lenkte Ron die Konversation geschickt auf High Oaks und die Aktivitäten und Ausflüge, die sie dort machten. Er nahm eine Broschüre aus der Tasche: die Kinderversion dessen, was ich bei der Besprechung gesehen hatte. Wir versammelten uns um Jodie, um sie vorzulesen. Während Jodie die Seiten umblätterte, beschrieb Ron den Tagesablauf und erwähnte einige der anderen Kinder. Jodie fragte, ob sie einen Fernseher hätten und wann sie ins Bett gingen.

Ron und Betty blieben fast zwei Stunden, sprachen und spielten mit Jodie und zeigten uns ein kurzes Video von High Oaks, in dem man die Zimmer und das Gelände sehen konnte. Sobald sie den Eindruck hatten, dass Jodie bereit war, schlugen sie vor, dass wir für die folgende Woche einen Termin für einen Besuch in High Oaks ausmachen sollten.

»Ich will jetzt gehen«, lachte Jodie und sprang auf.

»Oh nein«, sagte Betty lächelnd. »Wir müssen dein Zimmer doch erst vorbereiten, damit du es sehen kannst, wenn du kommst.«

Das war das erste Mal, dass einer von uns »ihr« Zimmer erwähnte oder die Möglichkeit, dass sie dort leben würde. Ich beobachtete Jodie, um ihre Reaktion zu sehen.

»Kann Cathy mitkommen?«

»Für den Besuch? Natürlich«, antwortete Ron. »Sie wird dich mit dem Auto bringen, und ihr werdet beide dein Zimmer sehen und alle anderen treffen. Wenn du dann das nächste Mal kommst, kannst du über Nacht bleiben, und Cathy wird nach Hause fahren und dich am nächsten Tag abholen.«

»Kann ich eine Kuh streicheln?«, fragte sie.

»Du wirst auf alle Fälle eine sehen«, sagte Betty. »Ob du sie streicheln kannst, hängt davon ab, wie nah sie an den Zaun kommt.«

Ich schmunzelte. Die Kühe hatten die Katzen in Jodies Gunst nun eindeutig abgelöst, so sicher wie Ron und Betty mich ablösen würden. Wir begleiteten die beiden nach draußen und winkten ihnen zu, und Jodie blieb für den Rest des Nachmittags lebhaft. Sie verbrachte die Zeit damit, im Wintergarten zu malen, und als ich reinkam, um nachzusehen, grinste sie stolz und zeigte mir ihr neuestes Werk. Es war das fröhliche bunte Bild eines großen roten Hauses in einem grünen Feld mit drei braunen Kühen.

31

High Oaks

Eine Woche später, in einer Stimmung voll ruhiger Erwartung, fuhren wir die Auffahrt zu High Oaks hinauf. Ein imposantes Herrenhaus tauchte vor uns auf. Jodie hatte die meiste Zeit der Fahrt damit verbracht, zu schlafen oder mit Julie, ihrer lebensgroßen Puppe, zu sprechen. Als wir uns High Oaks näherten, wurde sie still und rutschte vor, um besser sehen zu können. Wir erkannten das Haus aus dem Video, aber aus der Nähe besehen überraschte mich seine Größe. Es war gewaltig mit vierzehn Schlafzimmern, die sich über zwei Flügel verteilten, und einem Anbau an der rechten Seite, der einmal das Dienstpersonal beherbergt hatte und in dem jetzt der Therapieraum und der »stille Raum« untergebracht waren. Das Haus hatte ein Satteldach, das sich über einen gewölbten, mit Efeu bewachsenen steinernen Eingang zog. Ich schätzte, dass die Gebäude Mitte des 19. Jahrhunderts erbaut worden waren.

»Das ist ja sehr vornehm«, sagte ich. »Wir werden einen Termin machen müssen, wenn wir mit dir sprechen wollen.«

Jodie grinste, und obwohl sie nicht genau verstand, was ich meinte, würdigte sie es als etwas Besonderes und auf sich bezogen.

Ich parkte in einer Reihe von drei Autos auf der Einfahrt und machte Jodie die Tür auf, um sie rauszulassen. Sie ließ ihre Hand in meine gleiten, und wir gingen langsam über den knirschenden Kies zur Eichentür. Als ich an dem Messingklingelzug zog, hörten wir das Läuten von drinnen.

»Ich will das machen«, sagte sie und zog noch dreimal fest daran.

Die Tür öffnete sich, und Betty tauchte lächelnd auf. »Gefällt dir die Klingel, Jodie? Wir haben uns überlegt, ob wir eine neue einbauen lassen sollten, aber alle haben dafür gestimmt, diese zu behalten.«

Jodie wechselte sofort aus meiner Hand in die von Betty, und ich war überrascht, da sie noch am Vormittag behauptet hatte, nicht zu wissen, wer Betty sei. Wir gingen in den Flur, der mit weißen Einsätzen und Rosetten dekoriert war. Das Muster verlieh dem Areal eine helle, beschwingte Atmosphäre. Ron tauchte von irgendwoher im Haus auf. »Hallo, Jodie, hallo, Cathy. Hattet ihr eine angenehme Fahrt?«

»Ja, danke«, antwortete ich für uns beide. Jodie versteckte sich hinter Betty.

Ron hatte am Abend zuvor angerufen, und ich hatte ihn von Jodies aktuellem psychischem Zustand unterrichtet. Es gab keine Veränderung, und Jodie hatte den Besuch nicht erwähnt. Wir hatten nur einmal am Tag zuvor darüber gesprochen, als ich Jodie daran erinnerte, dass wir hinfahren würden, und Reg hatte geantwortet, dass er es »verfickt noch mal« nicht tun würde.

»Hier geht's ins Wohnzimmer«, sagte Betty und führte Jodie den Flur entlang. »Die Kinder sind draußen auf einen Spaziergang, deshalb ist es so still hier. Sie kommen später zurück.«

Das Wohnzimmer lag im hinteren Teil des Hauses, wohl dreimal so groß wie unseres. Durch die Terrassentür sah man auf eine betonierte Terrasse, und dahinter befanden sich Schaukeln, ein Klettergerüst, eine Wippe und ein beeindruckendes Baumhaus. Hinter dem Zaun ganz hinten konnte ich das Feld erkennen, auf dem im Moment keine Kühe zu entdecken waren. Das Wohnzimmer war praktisch eingerichtet mit vier Sofas an den Wänden sowie zwei Sesseln und einem halben Dutzend

Sitzsäcken, alle so arrangiert, dass sie sich zum Breitbildfernseher hin ausrichteten.

»Wir benutzen den Raum an den Abenden und an Wochenenden«, sagte Ron, »wenn wir alle zusammensitzen. Den Rest des Hauses zeig ich dir später.«

Jodie saß neben Betty auf einem der Sofas und setzte ihre Puppe zwischen sich und Betty. Ich nahm auf dem Sofa daneben Platz, und Ron wählte einen großen Sessel. Wir sahen aus wie Goldlöckchen und die drei Bären mit Papabär im größten Sessel. Betty bot uns etwas zu trinken an, aber wir lehnten ab, da wir an der Autobahnraststätte gehalten und gefrühstückt hatten.

»Im Augenblick haben wir zehn Kinder hier«, sagte Ron und sah Jodie an. »Und neun Pflegekräfte, die helfen. Clare und Val werden deine speziellen Erwachsenen sein. Du wirst sie bei deinem nächsten Besuch kennenlernen. Betty und ich sind immer hier, außerdem Shirley, unsere Haushälterin. Sie kocht das Essen für uns, und nach den Mahlzeiten helfen wir ihr, alles wegzuräumen. Ich weiß, dass du gerne hilfst, nicht wahr, Jodie?«

Sie antwortete nicht, lächelte aber verlegen und rückte näher an Betty heran.

Ron fuhr fort mit seiner Erklärung, wie die Kinder sich damit abwechselten zu wählen, was sie zum Abendessen wollten; in der Zwischenzeit schaute ich mich im Zimmer um. Ich fragte mich, wie sie es bei so vielen Kindern so sauber und aufgeräumt halten konnten, und nahm an, dass dies die Aufgabe der Haushälterin war.

»Hast du dir einige Fragen überlegt?«, fragte Ron.

»Wo sind die Kühe?«, sagte sie, gewann an Selbstbewusstsein und rutschte zum Rand des Sofas.

»Um diese Zeit des Tages sind sie meist auf der oberen Weide. Du wirst sie von deinem Schlafzimmerfenster aus sehen können. Willst du dich ein bisschen umsehen?«

Sie nickte heftig und rutschte vom Sofa. Mit ihrer Puppe unter dem Arm folgte sie Betty ins Esszimmer, das auch auf den Garten hinausging und in dem ein langer Kantinentisch mit vierzehn Stühlen stand. Daneben war das Büro, zu dem die Kinder ohne Anklopfen keinen Zutritt hatten. Die Tür daneben führte ins Spielzimmer, das so groß war wie das Wohnzimmer und überquoll von Spielsachen, Sitzsäcken und Einrichtungsgegenständen. Es gab drei Computer, unterschiedliche kleine Plastiktische und einen Schrank, vollgepackt mit Spielen, Kuscheltieren und Büchern. Es gab auch eine »Heimecke«, die mit einem Spielzeugherd, einer Spüle, einer Mikrowelle, einem Sofa und einem Kinderbett ausgestattet war. Um einen kleinen Tisch herum saßen ein Dutzend Teddys mit Plastiktassen und -tellern, die ordentlich vor ihnen aufgestellt waren. Jodie deutete mit Begeisterung darauf.

»Wir hatten letzte Nacht ein Teddybär-Picknick«, sagte Betty. »Ich wette, deine Puppe würde nächstes Mal gerne mit dabei sein.« Jodie schüttelte Julie, sodass es so aussah, als ob die Puppe nickte. »Gut, dann werden wir einen weiteren Platz vorbereiten.«

Wir gingen in die Küche, wo eine Frau an der Spüle beschäftigt war.

»Shirley, das sind Jodie und ihre Pflegemutter Cathy«, sagte Ron.

Shirley war eine mollige Frau Ende fünfzig; sie hatte ein nettes, offenes Gesicht. Sie wischte sich die Hände an ihrer Schürze ab und kam herüber. »Hallo, Jodie, schön dich kennenzulernen. Und wer ist das?« Sie deutete auf die Puppe, aber Jodie hatte sie hinter Bettys Rücken versteckt.

»Tut mir leid«, sagte ich und schüttelte ihre Hand.

»Kein Problem. Ich nehme an, dass sie sie mir beim nächsten Mal vorstellen wird.«

»Und jetzt dein Zimmer«, sagte Betty, die Jodies Verlangen spürte, weiterzugehen. Jodie ließ ihre Hand los und nahm meine, und wir folgten Ron die geschwungene Treppe mit dem imponierenden Geländer hinauf bis ins obere Stockwerk zur zweiten Tür von hinten.

»Geh du zuerst rein, Jodie«, ermunterte Betty sie. »Es ist dein Zimmer, und wir sind deine Gäste.«

Jodie drückte stolz die Klinke runter und trat ein. Wir hörten, wie sie vor Freude japste. Das Zimmer war frisch gestrichen, in einem Zwei-Ton-Pfirsich-Effekt mit passenden geblümten Gardinen und einem gleichfarbigen Bettbezug. Ein neues Kiefernholzbett stand an der Wand, außerdem gab es einen passenden Schrank, eine Kommode und ein Bücherregal an der anderen Wand.

Jodie lief zum Fenster. »Da drüben! Ich kann die Kühe sehen.«

Ich stellte mich hinter sie, und wir blickten auf ein halbes Dutzend schwarzbunte Kühe, die sich um eine gewaltige Eiche scharten, gleich neben dem Grundstück. »Endlich die Kühe«, sagte ich zu Betty und Ron genauso wie zu Jodie. Es war ein wunderbarer Ausblick auf das Grundstück, das sich zu den Feldern auf der einen Seite und den Hügelwellen auf der anderen Seite erstreckte. Ich hätte mir keinen besseren Start für Jodies Weg zur Genesung vorstellen können, als jeden Morgen die Vorhänge zu öffnen und auf diese Ruhe zu schauen.

Sie verharrte eine Weile dort und sah hinaus, dann drehte sie sich um und erkundete ihr Zimmer. Sie öffnete und schloss alle Schubladen, untersuchte den Schrank und ließ sich dann schwerfällig auf ihrem Bett nieder.

»Wenn du das nächste Mal kommst, kannst du ein paar von deinen Spielsachen mitbringen und sie hier in deinem Zimmer lassen, wenn du willst.«

»Ich kann meine Puppe jetzt hierlassen«, rief sie und hielt sie am Arm hoch.

»Bist du dir sicher? Das ist doch deine Lieblingspuppe, du wirst sie erst nächste Woche wiedersehen.«

»Ich will aber, dass sie bleibt«, sagte sie entschlossen.

Betty und ich tauschten zufriedene Blicke, als Jodie die Bettdecke zurückzog und Julie zudeckte. Das war ein positives Zeichen, unbedingt.

Wir gingen zu den Badezimmern. Jeweils drei Kinder teilten sich eines. Dann gingen wir zu den anderen Zimmern, aber wir traten nicht ein; Betty erklärte Jodie, dass sie privat seien. Wir waren gerade auf dem Weg nach unten, als sich die Haustür öffnete und die Kinder von ihrem Spaziergang zurückkamen. Auf einen Schlag war das eben noch so stille Haus von erregtem Geplapper erfüllt. Jodie ergriff meine Hand und erstarrte.

»Alles in Ordnung«, sagte ich. »Du brauchst keine Angst zu haben.«

»Wir sagen schnell Hallo«, sagte Betty aufmunternd. »Und dann denke ich, dass es für heute reicht. Du hast das sehr gut gemacht, Jodie.«

Ich redete ihr zu, nach unten zu gehen, aber bei so vielen neuen Gesichtern blieb sie lieber hinter mir. Die Kinder zogen ihre schmutzigen Schuhe aus und hängten ihre Mäntel auf. Sie hatten alle ihre eigenen Haken und Schuhfächer.

»Das sind Jodie und Cathy«, sagte Ron.

Ein Chor von Willkommen und Hallo war zu hören, aber Jodie sagte nichts und blieb, wo sie war.

»Ist der heiße Kakao schon fertig?«, fragte einer der Jungen.

»Shirley ist gerade dabei«, antwortete Ron. Es schien so, dass einem langen Spaziergang stets ein heißer Kakao folgte; eine schöne Tradition. Die Kinder strömten in Richtung Speisesaal, wie eine große Familie, die von einem Ausflug zurückkehrt. In dem nun leeren Flur traute sich Jodie aus ihrem Versteck hervor.

»Hast du noch irgendwelche Fragen?« Betty lächelte.

Jodie schüttelte den Kopf und ging zur Haustür.

»Okay, aber wenn dir noch was einfällt, dann kannst du es Cathy sagen. Wir rufen morgen an, und dann sehen wir uns nächste Woche.«

Ich bedankte mich, und wir gingen. Die beiden winkten, bis wir außer Sichtweite waren.

Jodie, für die der Besuch sehr anstrengend gewesen war, war körperlich und emotional erschöpft. Sie legte sich im Auto auf die Rückbank und steckte ihren Daumen in ihren Mund, rollte sich zusammen und war innerhalb von fünf Minuten eingeschlafen. Ich rief zu Hause an und sagte, dass wir unterwegs seien und dass der Besuch gut verlaufen sei.

»Sie geht also tatsächlich?«, fragte Paula. Ich konnte die Traurigkeit in ihrer Stimme hören.

»Ja. Weißt du, es ist wirklich der beste Ort für sie, und ich denke, dass sie das weiß. Ich erzähl es euch allen später.«

Ich fand meinen Rhythmus im Verkehr auf der nach Süden führenden Straße mit beständigen 120 bis 130 Stundenkilometern. Ab und an schaute ich in den Rückspiegel, um mich zu vergewissern, dass Jodie auf dem Rücksitz immer noch schlief. Sie war so ruhig und normal gewesen heute. Ich geriet in Versuchung, das verstörte Verhalten der letzten Monate zu verdrängen, und glaubte einmal mehr, dass sie möglicherweise hätte bei uns bleiben können. Vielleicht könnte ihr Zustand sich mit regelmäßiger Therapie, Liebe und Geduld bessern, und sie könnte lernen, in einer Familie zu leben. In meinen Gedanken spielte ich die Diagnose von Dr. Burrows wieder durch und fragte mich, ob sie sich geirrt haben könnte. Konnte es sein, dass sie einen Fehler gemacht hatte? Waren ihre Schlussfolgerungen immer zu 100 Prozent sicher oder nur die beste Annäherung, die sie zu der Zeit hatte machen können? Wir waren die einzige Familie, die Jodie hatte, und so gut High Oaks auch war, es war doch ein Kinderheim. Ich drehte Radio 4 runter und konzentrierte mich auf das Auto vor mir.

Zwanzig Minuten, bevor wir zu Hause waren, erwachte Jodie mit einem Schrei. Sie musste dringend auf die Toilette. »Ich kann nicht warten, Cathy. Ich mach mich nass!« Das war immerhin ein Gebiet, auf dem sie sich deutlich verbessert hatte. Ein Jahr zuvor hätte sie es einfach auf den Rücksitz laufen lassen.

Ich fuhr von der Autobahn ab und fand eine ruhige Seitenstraße, dann erspähte ich den Eingang zu einem Feld. Ich parkte am Rand und führte Jodie hinter eine Baumbepflanzung. »Du kannst dich hier hinhocken. Niemand kann dich hier sehen.«

Sie hob ihren Rock an und grinste. »Willst du zugucken?«

»Nein, natürlich nicht.« Ich drehte mich um.

Ich hörte ein Rauschen wie von Wasser, dann ihre Stimme. »Mein Papa hat zugeguckt. Ich musste in sein Gesicht pinkeln. Er sagte, es ist das Getränk der Götter, warm und süß.«

Ich sagte nichts. Meinen Ekel zu verbergen war zu einem Teil meiner Fürsorge für Jodie geworden, genauso wie Liebe und Zuneigung zu zeigen.

32
Übernachten

Die Normalität war bei Jodie von kurzer Dauer, und ihr Zustand verlangte in den folgenden Tagen meine gesamte Energie. Am Vormittag nach dem Besuch wachte sie auf und erwartete, die Kühe vom Schlafzimmerfenster aus zu sehen. Sie wurde sehr wütend, als ich ihr sagte, dass sie in High Oaks waren und dass sie sie nächste Woche sehen würde.

»Du hast sie weggenommen«, murrte sie. »Es ist deine Schuld. Du hasst mich.«

»Ich hasse dich nicht, Jodie. Ich mag dich wirklich sehr.«

»Dann gib mir die Kühe«, sagte sie fordernd. »Ich will sie jetzt.«

»Das kann ich nicht tun, Liebes. Sie sind nicht hier. Es ist unmöglich.«

Ich fragte mich, ob ihre Verwirrung auf den bevorstehenden Umzug zurückzuführen war. Ihr verständlich zu machen, dass sie weggehen würde, war ein heikler und ganz allmählicher Prozess. Ich hatte natürlich niemals gesagt: »Du wirst uns verlassen, Jodie«, denn das hätte nur dazu geführt, dass sie sich zurückgewiesen fühlte, und es hätte ihre positiven Gefühle für High Oaks zunichtegemacht, statt sie vorsichtig aufzubauen. Wir arbeiteten vielmehr daran, Verständnis bei ihr dafür zu wecken, dass sie bald nach High Oaks umziehen würde, zuerst für einen Besuch, bei dem sie ihr eigenes Zimmer haben würde, über Nacht bleiben und viel Spaß haben würde. Es musste alles sehr positiv klingen, was es ja auch war. Es bedeutete, nach vorne zu schauen und nicht zurück. Sie schien mir zuzuhören, als ich all den Fortschritt betonte, den sie bei uns gemacht hatte, wie sehr sie ihren Aufenthalt in High Oaks mit Ron und Betty genießen würde, wie sehr wir sie alle vermissen und dass wir sie besuchen würden.

»Werden Mama und Papa mich auch besuchen?«, fragte sie.

»Nein. Ganz bestimmt nicht.« Aber während ihr das sonst Trost gespendet hätte, schien es jetzt eine weitere Zurückweisung zu sein.

»Ihr! Ihr seid alle gleich. Ich hasse euch. Hau ab!« Reg war ohne Vorwarnung aufgetaucht, stürzte sich auf mich und beschimpfte mich. Ich verließ schnell das Zimmer und schloss die Tür, dann blieb ich auf dem Treppenabsatz stehen. Zehn Minuten später wurde die Tür aufgemacht. Amy war da, mit dem Daumen im Mund und einem nassen Fleck im Schlafanzug.

Dass ich erleichtert war, Reg und Amy wiederzusehen, war ein Zeichen dafür, wie seltsam und verstörend unser Leben geworden war. Es bedeutete, dass ein gewisser Grad an Normalität zurückgekehrt war.

Als Jodies nächster Besuch in High Oaks näher rückte, schwankte sie zwischen Lethargie und gewalttätiger Wut, sodass ich zu gleichen Teilen Mitgefühl und Disziplin, manchmal innerhalb derselben Minute, austeilte. Ich tat mich schwer, mit meinen eigenen Gefühlen über ihr Weggehen ins Reine zu kommen, während ich gleichzeitig versuchte, die gute Laune bei den anderen in der Familie aufrechtzuerhalten. Es schien, als ob ich in alle Richtungen gezerrt würde.

Der Mittwochvormittag war endlich gekommen, und wir fanden uns wieder in High Oaks ein, diesmal mit Jodies Nachttasche. Jodie klingelte begeistert, und Ron und Betty öffneten die Tür. Sie hatten mir geraten, meinen Abschied so kurz wie möglich zu halten, aber tatsächlich hatte ich keine Wahl. Jodie wollte nichts mehr mit mir zu tun haben und lenkte ihre Zuneigung und Aufmerksamkeit sofort auf Betty.

»Tschüs, Jodie«, sagte ich heiter. »Viel Spaß, bis morgen.«

Sie sagte nichts und begegnete meinem Versuch einer Umarmung und eines Kusses mit einer störrischen Zurückweisung. Betty lächelte mich voller Mitleid an, als ob sie sagen wollte: »Nehmen Sie es nicht persönlich«, aber das milderte nicht den Schmerz, den ich empfand. Jodie und ich waren nun seit fast einem Jahr ständig zusammen, und ich fühlte, dass alles, was wir gemeinsam durchgemacht hatten, uns verbunden und zusammengeschweißt hatte. Es war schwer, mitanzusehen, wie sie mir ihren Rücken zudrehte und sich ohne einen Gedanken von mir abwendete.

Es ist nicht ihre Schuld, sagte ich mir selbst. Ihre Fähigkeit, eine Bindung einzugehen, war ein Teil ihrer Persönlichkeit, und sie war durch den Missbrauch abgestumpft und beschnitten worden. Ich war die normale Person hier, nicht sie, und ich sollte dankbar dafür sein, dass ich die Fähigkeit hatte, andere Menschen zu lieben und zu vermissen. Auf dem Heimweg musste ich jedoch anhalten, um einen starken Kaffee zu trinken, und ich brauchte eine gewisse Zeit, bis ich mich wieder erholt hatte.

Als ich zurückkam, war nicht mehr viel vom Tag übrig. Ich kochte das Abendessen für die Kinder, räumte die Teller weg und sackte dann vor dem Fernseher zusammen.

Nach einer unruhigen Nacht kam ich gegen ein Uhr wieder nach High Oaks, um sie abzuholen. So erfolgreich der erste Besuch gewesen war, dieser war es nicht. Ron nahm mich beiseite auf der Kiesauffahrt und berichtete.

»Sie hatte ein paar Wutanfälle, die völlig unerwartet kamen. Betty musste sie sofort bändigen, nachdem sie einen der Jungen angegriffen hatte. Aber machen Sie sich bitte keine Sorgen, Cathy. Der Umzug muss ja eine Reaktion hervorrufen. Wir sind gut darauf vorbereitet.«

Jodie sollte innerhalb von nur fünf Tagen endgültig umziehen, und ich hatte jetzt gemischte Gefühle bezüglich des Zeitplans. »Meinen Sie, wir sollten in Erwägung ziehen, mit dem Umzug etwas zu warten, um ihr mehr Zeit zu geben, sich anzupassen?«, fragte ich.

»Nein«, antwortete er bestimmt. »Meiner Erfahrung nach würde eine Verzögerung sie nur verwirren und die Situation verschlimmern.«

Wir gingen in den Flur, und Betty und Jodie kamen aus dem Spielzimmer. Jodie wirkte nicht glücklich. »Was machst du denn hier?« Sie sah mich finster an. »Warum hinderst du mich immer daran, Spaß zu haben?«

»Es ist an der Zeit, nach Hause zu fahren, Jodie«, antwortete ich geduldig.

»Aber ich will hierbleiben. Warum erlaubst du mir nicht, hierzubleiben?«

Die gewohnte Jodie mit ihren unverständlichen Wechseln und dem widersprüchlichen Benehmen.

»Du kannst sehr bald hierbleiben, Jodie, aber heute noch nicht, in Ordnung? Nun komm, wir müssen gehen.«

Ron und Betty begleiteten uns mit ihrer Tasche zum Auto.

Die folgende Nacht waren wir fast die ganze Zeit auf. Jodie war verängstigt und verwirrt und beharrte darauf, in ihrem Zimmer seien Leute. Am nächsten Morgen war ich erschöpft, aber ich wurde auf Trab gehalten mit einer Flut von Telefonanrufen von unterschiedlichen Beamten, die in Jodies Fall involviert waren und alle von der neuesten Entwicklung unterrichtet werden und ihren letzten Besuch verabreden wollten. Sally, die Prozesspflegerin, kam vorbei, um sich zu verabschieden. Ihr Bericht war nun vollständig, und damit war ihre aktive Beteiligung an Jodies Fall beendet. Als sie Jodie das erklärte, konnte ich sehen, dass Sally eine ehrliche Zuneigung für sie entwickelt hatte. Ich verstand, wie schwer ihre Arbeit war, da sie sich immer wieder von den Kindern verabschieden musste, deren »Fall« sie bearbeitet hatte. Jodie konnte sich jedoch nicht daran erinnern, wer Sally war, und sagte ihr, sie solle abhauen.

Jill kam am folgenden Morgen und übergab Jodie ein Geschenk für ihr neues Zimmer. Es war eine hübsche Porzellanfigur, eine Katze, und Jodie schien sie zu gefallen, sie bedankte sich sogar.

Nun, da Jodie mich verlassen sollte, würde auch Jills Verbindung mit dem Fall enden, und deshalb wollte sie vorbeikommen, um sich richtig von Jodie zu verabschieden. Dies geschah nicht nur, weil sie nett war – es ist auch üblich unter Sozialarbeitern, sich von den Kindern zu verabschieden, wenn man sie nicht mehr sehen wird. Für ein Kind, das ständig umziehen muss und das auf viele neue Erwachsene trifft, kann es sehr verwirrend sein, wenn Leute einfach ohne jede Erklärung aus seinem Leben verschwinden. Tatsächlich kann es sich für das Kind so anfühlen, als ob es noch mehr abgelehnt würde und als ob es die Kontrolle verlöre. Wenn Kinder mich verlassen, gibt es immer Besuche, Verabschiedungen und kleine Abschiedspartys.

»Auf Wiedersehen, Jodie«, sagte Jill, als sie ging. »Viel Glück.«

»Sag auf Wiedersehen zu Jill«, sagte ich, und Jodie winkte ihr gehorsam zu. Aber kaum, dass Jill gegangen war, warf sie die Porzellankatze auf den Boden und zerbrach sie.

Dr. Burrows rief am Nachmittag an und sagte, sie müsse Jodie ein letztes Mal sehen, bevor sie ihr Gutachten für das Gericht erstellen konnte. Zu meiner Erleichterung sagte sie, dass sie es bevorzugen würde, dies erst zu machen, wenn Jodie nach High Oaks umgezogen war, damit sie das Ereignis in ihren Bericht mit einbeziehen konnte.

Die letzte Besucherin, zwei Tage vor dem Umzug, war Eileen. Sie kam mehr als eine Stunde zu spät, wie gehabt ohne Entschuldigung. In ihrem Fall war es keine Verabschiedung, da Eileen weiterhin Jodies Sozialarbeiterin sein und sie besuchen würde, um ihren Fortschritt zu dokumentieren. Ich war etwas traurig darüber, dass die einzige Person, die offiziell mit Jodie in Kontakt bleiben würde, ausgerechnet jene war, die sich am wenigsten um sie kümmerte – aber ich konnte nicht viel dagegen machen.

»Freust du dich darauf, zu gehen?«, fragte sie taktlos. »Du wirst mit anderen Jungen und Mädchen leben, die so sind wie du.«

»Ich werde sie alle umbringen!«, donnerte Jodie, die noch mal die volle Show hinlegte. »Ich werde ihre Köpfe abreißen. Und deinen auch, du dumme Kuh.«

Eileen lehnte mein Angebot, einen Kaffee zu trinken, ab und war nur fünfzehn Minuten bei uns, wie gewöhnlich. Es war wahrscheinlich das letzte Mal, dass ich Eileen sah – ein anderer Sozialarbeiter hätte die Bekanntschaft aufrechterhalten und mich aus Höflichkeit auf dem Laufenden gehalten, aber ich hatte das Gefühl, dass das hier nicht so sein würde. Und ich konnte die Erleichterung, dass ich mich nicht mehr mit ihr befassen musste, nicht unterdrücken.

Ich führte sie zur Tür, und sie drehte sich mit einem heiteren und unbekümmerten »Auf Wiedersehen!« um. Worte des Dankes und der Anerkennung für die harte Arbeit, die ich in dem vergangenen Jahr mit Jodie geleistet hatte, oder eine Andeutung, dass wir uns über den traurigen Fall dieses Mädchens nähergekommen waren, fehlten völlig.

»Auf Wiedersehen, Eileen«, sagte ich. Wenn irgendwer einen außergewöhnlich engagierten Sozialarbeiter gebraucht hätte, dann Jodie, aber wir anderen – Dr. Burrows, Sally, Jill und ich selbst – hatten wohl unser Bestes gegeben und den Mangel wettgemacht.

Nachdem Eileen gegangen war, brauchte ich eine Stunde, um Jodie wieder zu beruhigen, und ich versprach ihr, dass sie Eileen von nun an kaum sehen würde. Wenn man Eileens bisheriges Engagement bedachte, kam das sicherlich so hin.

Ungeachtet ihres negativen Ausbruchs über High Oaks betonte Jodie mehr als einmal, dass sie »dorthin gehen wollte, um mit den Kühen zu leben«. Am folgenden Nachmittag ertappte ich sie in der Küche, als sie versuchte, die Schranktüren zu öffnen.

»Was suchst du da, Jodie?«

»Plastiktüten«, murmelte sie, als ob es mich nichts anginge.

»Kannst du mir sagen, warum? Ich kann dir vielleicht helfen.«

»Ich muss doch packen«, antwortete sie müde.

Ich ging mit ihr nach oben, holte den Koffer von meinem Schrank herunter und trug ihn in ihr Zimmer. Wir arbeiteten langsam Seite an Seite. »Es ist wie in den Urlaub fahren«, sagte sie und stopfte eine Handvoll Spielsachen in die Taschen.

»Ja, ein bisschen. Warst du jemals im Urlaub, Jodie?«

Sie sah mich stumpf an, und ich verstand, dass sie, wie so viele sozial benachteiligte Kinder, nie einen wirklichen Urlaub erlebt hatte, sondern einfach nur wiederholte, was sie in der Schule oder im Fernseher gehört hatte.

»Es ist eher wie umziehen«, ergänzte ich, denn das hatte sie ja durchaus erlebt. Ich fühlte einen Stich von Bedauern, denn wenn die Sache sich anders entwickelt hätte, hätte ich sie in ihren ersten wirklichen Urlaub mitnehmen können.

In den letzten Tagen waren Adrian, Paula und Lucy ungewöhnlich still und zeigten eine ausdauernde Geduld mit Jodies Wutanfällen und Beleidigungen. Ich wusste, dass sie, ebenso wie ich, Jodies Abreise schwieriger fanden als die der anderen Kinder, die ich in Pflege gehabt hatte. Sich von einem Kind zu verabschieden, wenn es zu den Eltern zurückkehrt, die ihre Probleme gemeistert hatten, hinterlässt ein optimistisches Gefühl von Erfolg. Sogar die Kinder, die nicht nach Hause zurückkehren können und für die man Adoptionseltern oder dauerhafte Pflegeplätze finden muss, gehen mit dem Gefühl eines Neuanfangs oder dem Wissen, dass sie willkommen sind und von ihrem neuen Elternersatz geliebt werden. Der einzige Trost in Jodies Fall war, dass sie in sicheren Händen sein würde und dass sie endlich eine Therapie erhalten würde, von der ich mir erhoffte, dass sie sie auf den Weg der Besserung bringen würde.

33

Abschied

Am Morgen des Umzugs verweigerte Jodie ihr Frühstück und saß ungeduldig wartend am Küchentisch. Ich trank meinen Kaffee aus und begann dann ihre Koffer und Taschen im Flur aufzustapeln. Sie stand am Fußende der Treppe und sah mir dabei zu, drehte sich aber um, als ich sie bat, mir zu helfen. Schließlich waren all ihre Taschen im Flur aufgestapelt, gerade so wie vor einem Jahr, als sie angekommen war.

»Wo gehen wir hin?«, fragte Jodie, als sie versuchte, nach ihrem Mantel zu greifen.

Ich angelte ihn für sie herunter. »Nach High Oaks. Erinnerst du dich? Du ziehst in dein neues Zuhause um.«

»Oh, toll. Ist das heute? Ich dachte, das wäre nächstes Jahr.« Nächstes Jahr, nächste Woche, das war alles gleich für Jodie.

Adrian, Lucy und Paula waren früh aufgestanden, um sich von uns zu verabschieden, bevor sie in die Schule gingen. Sie versammelten sich im Flur und wussten nicht, was sie sagen sollten. Paula übernahm die Führung und versuchte Jodie zu umarmen, aber sie streckte ihr die Zunge raus und drehte sich zur Seite.

»Wir werden dich vermissen, Jodie«, sagte Lucy, »und wir telefonieren bald miteinander.« Jodie zuckte nur mit den Schultern. Ihr schien der Abschied recht egal zu sein, obwohl deutlich zu erkennen war, dass es Paula und Lucy sehr mitnahm. Die drei halfen mir dabei, das Auto zu beladen, dann standen sie an der Tür und winkten.

»Gehst du nach Hause?«, fragte Jodie, als das Haus außer Sichtweite war.

»Ich fahre zurück, sobald du eingezogen bist, ja.«

»Gut. Ich will dich nicht. Ich habe Betty. Du kannst nach Hause gehen, Cathy.«

Ich wusste, dass das ihre Art war, mit der Trennung fertigzuwerden. Sie fühlte etwas, konnte aber nicht benennen, was es war oder dass sie es überhaupt fühlte.

»Ich rufe dich am Samstag an«, sagte ich. »Und wenn Betty und Ron mir sagen, dass es in Ordnung ist, dann komme ich dich besuchen.«

»Will ich nicht«, sagte sie noch einmal. »Ich hasse euch alle.«

Sie war erst seit einer Stunde wach, aber jetzt schlief sie wieder ein. Sie hatte eine relativ ruhige Nacht gehabt, doch als ich auf den Rücksitz schaute, lag sie dort schlafend, und ich fragte mich, wie erholsam ihr Schlaf wohl gewesen war. Ich drehte das Radio erst runter, dann machte ich es aus; das Streichquartett machte mich nur noch trauriger. Ich konzentrierte mich auf das Fahren und erinnerte mich selbst an all die positiven Aspekte des Ortes, an den Jodie nun gehen würde. Trotzdem kehrte ich zu der Schuldfrage zurück, die mich quälte: Hatte ich wirklich alles getan, um ihr zu helfen?

Als wir in High Oaks ankamen, waren Jodies Augen noch geschlossen, aber ich spürte, dass sie nicht schlief.

»Jodie, Liebes.« Ich rüttelte sie leicht an der Schulter. »Wir sind da. Soll ich Ron und Betty suchen?«

Ihre Augenlider zuckten, dann öffneten sie sich, und sie lächelte mich direkt an. Sie gab mir ihre Hand, und ich half ihr dabei, aus dem Auto zu klettern. Ron und Betty tauchten an der Türschwelle auf, aber Jodie rannte an ihnen vorbei, direkt in ihr Zimmer. Wir drei gingen hinein und tranken im Wohnzimmer Kaffee. Da es ein Wochentag war, waren die Kinder beim Unterricht im Spielzimmer, und ich konnte das stetige Summen ihrer Stimmen hören, während wir uns unterhielten. Wir füllten die Papiere aus, und ich übergab Jodies Sparbuch, auf das ich fünf Pfund die Woche eingezahlt hatte. Der Zuschuss vom Sozialamt für Taschengeld und Belohnungen ist minimal, deshalb stockte ich es von meinem Geld auf. So war ein ganz hübscher Betrag zusammengekommen, ein kleines finanzielles Polster für die Zukunft. Es war alles, was Jodie für sich haben würde.

Ich übergab auch das Buch, in dem ich aufgelistet hatte, was wir gemacht hatten, und das Teil ihrer Lebensgeschichte sein würde.

»Das sieht sehr gut aus«, sagte Ron, als er es durchblätterte und die Fotos von uns allen betrachtete und die Orte, an denen wir gewesen waren, die eingeklebten Zeichnungen, Busfahrkarten, Zugfahrkarten, Broschüren und anderen Andenken von unseren Ausflügen. Ich hatte unter jeden Eintrag ein paar Zeilen geschrieben, mit einer Erklärung und dem Datum.

»Großartig«, sagte er. »Das wird uns helfen mit der Arbeit an ihrer Lebensgeschichte, und wir werden natürlich da weitermachen. Es ist eines der besten, die ich je gesehen habe. Nicht viele Pflegeeltern verbringen so viel Zeit damit, dabei ist es so wichtig für diese Kinder, dass sie einen Beleg über ihre Vergangenheit haben, besonders, wenn sie mit der Therapie beginnen. Hoffentlich wird uns Jodies Sozialarbeiterin auch etwas geben können über die Zeit, bevor sie zu Ihnen kam.«

Verlassen Sie sich lieber nicht darauf, dachte ich, sagte aber nichts.

Ron lächelte. »Kein Zweifel, Sie haben hervorragende Arbeit geleistet mit Jodie. Danke, Cathy. Sie hätte keine bessere Pflegemutter haben können.«

Rons Lob war mir sehr willkommen. Ich bewunderte die Arbeit, die er und Betty in High Oaks machten, wirklich sehr, und ein Kompliment von ihm bedeutete mir viel.

Bevor ich wusste, wie mir geschah, war es Zeit zu gehen, und Ron riet mir, den Abschied so schmerzlos wie möglich zu gestalten. Während Jodie in ihrem Zimmer spielte, luden wir das Auto aus und stapelten ihr Gepäck im Flur auf. Als wir fertig waren, stand ich unsicher da und fragte mich, ob ich einfach gehen sollte.

»Ich hole sie«, sagte Betty, die meine Unentschlossenheit bemerkte. »Es ist wichtig, sich zu verabschieden.«

Ich wartete mit Ron, während Betty nach oben ging. Eine Kinderstimme erklang aus dem Spielzimmer, gefolgt von der beschwichtigenden Stimme des Lehrers.

»Versuchen Sie, sich keine Sorgen zu machen«, sagte Ron. »Glauben Sie mir, sie wird sich hier einleben.«

Betty erschien auf dem Treppenabsatz, Jodie an der Hand haltend, und als sie die Treppe herunterkamen, zählten sie die Stufen, genauso wie wir es zu Hause gemacht hatten. »Elf, zwölf, dreizehn …« Jodie zögerte.

»Vierzehn?«, bot ich an.

»Richtig, Cathy, aber lass es Betty machen. Es ist jetzt ihre Aufgabe.«

Ich konnte mir ein Lächeln nicht verkneifen. »Ich gehe jetzt, Jodie. Willst du mich zum Abschied umarmen?«

Sie rollte die Augen, dann streckte sie ihre Arme aus und wartete mürrisch, dass ich zu ihr kam. Ich ging hinüber, beugte mich nach unten und legte meine Arme um sie. Sie war steif und unwillig, aber als ich mich wegbewegte, fühlte ich, wie sich ihre Arme fester um mich legten. Ihren Kopf hielt sie an meinen Bauch gepresst. Ich streichelte ihr Haar und unterdrückte die Tränen. Es würde das letzte Mal sein, dass ich sie so umarmte, das wusste ich. Ich versuchte, alles in diese letzte Umarmung zu legen, was ich konnte: wie viel mir an ihr lag; wie sehr ich hoffte, dass sie Fortschritte machen würde; und wie sehr es mir leidtat, dass ich ihr nicht so hatte helfen können, wie sie es brauchte. Sie war das schwierigste Kind, das ich jemals in Pflege genommen hatte. Trotzdem oder gerade deswegen war eine enge Bindung entstanden, und es fiel mir schwer, sie loszulassen, obwohl ich wusste, dass es das Beste für sie war.

Nach ein paar Momenten löste ich mich von ihr und trat zurück. »Gut, Liebes, ich fahre jetzt, und du kannst dann auspacken. Ich rufe in ein paar Tagen an.«

»Wo gehst du hin?«, fragte sie. Ihr Gesicht verdunkelte sich.

»Nach Hause, Liebes. Ich muss die Hausarbeit machen, dann das Essen kochen für Adrian, Lucy und Paula. Du wirst auch viel zu tun haben.«

Sie ging zu Betty, legte ihren Arm um deren Taille und kuschelte sich an sie. »Okay, Cathy, ich verstehe. Das hier ist jetzt mein Zuhause und das von Amy. Geh nur. Tschüs.«

Ich sah zu Betty auf, dann drehte ich mich zur Tür. Jodie war hinter mir und wiederholte ihre Erklärung für Amy. »Betty wird sich jetzt um uns kümmern.«

Ron öffnete die Haustür, und ich ging über den Kies zum Auto. Ich schaute nicht zurück, bis ich im Auto saß. Die drei winkten, dann gingen sie hinein.

34
Fortschritt

Das Haus war still, abgesehen vom häufigen Klingeln des Telefons. Ich lauschte, wie der Anrufbeantworter sich anschaltete, dann drehte ich mich um und schloss die Augen. War das immer die gleiche Person oder eine Reihe von unterschiedlichen Anrufern? Es war mir egal. *Ich befasse mich damit, wenn ich so weit bin.*

Es war der Tag nach Jodies Abreise. Ich war wieder ins Bett gekrochen, nachdem die Kinder in die Schule gegangen waren, und obwohl ich nicht schlief, schloss mich die wohlige Wärme der Bettdecke ein und umarmte mich. Wird sie geschlafen haben?, fragte ich mich. Oder wird sie von ihren nächtlichen Dämonen geplagt? Was macht sie jetzt? Der Vormittag war halb vorbei. War sie im Spielzimmer, oder ging sie spazieren, oder packte sie die letzten Sachen aus? War sie glücklich? Oder war sie von einer ihrer Identitäten besessen? Wie verhielt sie sich gegenüber den anderen Kindern? Das war meine größte Sorge. Würde sie ihnen gegenüber toleranter sein, da sie ähnliche Erfahrungen gemacht hatten wie sie? Oder würde ihre Wut und Verbitterung sich gegen die Fremden in ihrer Umgebung richten? Ich machte mir Sorgen um sie, aber ich wusste, dass ich loslassen musste.

Das Telefon klingelte erneut, und ich nahm ab.

»Cathy?« Es war Jill. »Entschuldige bitte, dass ich störe, aber ich dachte, du willst vielleicht wissen, dass die Polizei Jodies Eltern in Gewahrsam genommen hat und drei der Großväter und

Onkel. Es wird zu einer Anklage kommen. Die Smiths haben sie beschuldigt, ihre Tochter missbraucht zu haben, und die Polizei hat diesmal Beweise.«

Mein Gehirn kam langsam in den richtigen Modus, als ich mich aus dem Bett schälte. »Die Smiths.«

»Du erinnerst dich sicher gleich an sie. Jodies Nachbarn. Sie haben ihrer Tochter Louise verboten, dort zum Spielen hinzugehen.«

»Ja, ja, ich weiß, aber ich dachte, die wollten für Jodies Eltern bürgen.«

»Das haben sie auch getan, aber dann kam das mit ihrer Tochter raus. Über die DNA wurden Jodies Vater und die anderen identifiziert. Die Polizei hat das Haus durchsucht und Tausende von Fotografien gefunden. Es ist ein Pädophilenring, und es sieht so aus, als ob er sehr weit reicht.«

Ich starrte die Gardinen mit dem Blumenmuster an, das von der Morgensonne angestrahlt wurde. Die Wucht dessen, was da passierte, traf mich unerwartet. Die Beweislast drehte sich also doch noch zu Jodies Gunsten. Es bestand eine Chance, dass ihr Gerechtigkeit widerfahren würde und dass die Monster, die sie missbraucht hatten, bestraft werden würden.

»Eileen will wissen, ob du bereit bist auszusagen. Ich sagte ihr, dass du das sicherlich tun würdest. Und sie brauchen dein Logbuch. Ich lasse anordnen, dass es abgeholt wird.«

Ich starrte direkt nach vorne, als die Pfingstrosen im Vorhang feurig rot leuchteten. »Ja, natürlich, alles. Oh, Gott sei Dank. Wissen sie, wann es angefangen hat? Haben sie irgendwelche Vorstellungen?«

»Die Untersuchung läuft noch, aber es scheint, dass einige Fotos Jodie als sehr kleines Kind zeigen. Mit anderthalb Jahren.«

Ich hielt inne. »Achtzehn Monate. Da hielt ihre Entwicklung an.«

»Ja. Und einige Bilder sind sogar noch von davor. Ich halte dich auf dem Laufenden.«

Ich legte den Hörer auf und blieb im Bett sitzen. Ich dachte an die arme Louise Smith, die gelitten hatte, weil ihre Eltern nicht gehandelt hatten. Obwohl sie gewarnt worden waren. Wie viele andere waren geschädigt worden, weil man Jodie ignoriert hatte? All die Jahre, die sie auf der Risikoliste stand und in denen es regelmäßige Besuche von Sozialarbeitern hätte geben sollen, doch niemand hatte irgendetwas bemerkt.

Ich dachte an Jodies Eltern und erinnerte mich an etwas, was vor ein paar Jahren in einer Fortbildung zum Thema sexueller Missbrauch gesagt worden war. Der Referent hatte erklärt, dass es schwieriger war, Pädophile zu ergreifen als andere Kriminelle, weil sie sich nicht bewusst waren, dass sie etwas falsch machten, und somit nicht auftraten, als ob sie sich schuldig fühlten.

Als ich aufgestanden war, ging ich in Jodies Zimmer. Die Leere war erdrückend angesichts all des Krams, der vorher hier herumgelegen hatte. Im Zimmer hing noch der Duft von Jodie, der persönliche Geruch, der uns allen eigen ist, die stärkste Erinnerung an fehlende Freunde oder Verwandte. Ich starrte auf das Bett, das unberührt war, seitdem sie gegangen war. Staubpartikel hingen in einem Lichtstrahl. Ich stand still da und nahm Jodies Präsenz auf, die immer noch spürbar war, als könnte sie ihre Hand ausstrecken, um mich zu berühren.

In dem Moment, als ich gehen wollte, bemerkte ich einen Umschlag auf der Kommode hinter der Tür. »Cathy«, stand vorne draufgeschrieben, und mir schien es so, als wäre es Paulas Handschrift. Ich nahm ihn in die Hand und öffnete ihn. Ein liniertes Blatt Papier kam zum Vorschein, aus einem Aufgabenheft herausgerissen.

Liebe Cathy,
Paula schreibt dies, da ich das nicht kann. Es war lieb von dir, mich zu versorgen, und ich wünschte, ich hätte bleiben können. Es tut mir leid, dass ich all die schlechten Dinge getan habe. Ich kann nichts dafür. Etwas zwingt mich, sie zu tun. Du bist der einzige Mensch, der sich um mich gekümmert hat und der nicht böse geworden ist. Ich glaube, du verstehst. Ich hoffe, dass du mir vergeben kannst. Adrian, Lucy und Paula haben sehr viel Glück. Wenn sie machen, dass es mir besser geht, kann ich dann zu dir kommen und mit dir leben? Willst du meine neue Mami sein? Ich will meine alte nicht mehr.
Alles Liebe
Jodie

Sie hat selbst unterschrieben, und der Rest des Blattes war mit Küssen in Rot übersät. Ich sah auf, und meine Augen waren blind von Tränen. Irgendwie ging mir das durch und durch. Es machte alles wett. Es half mir dabei, mein Gefühl des Versagens zu mildern.

Ja, natürlich will ich das, Jodie. Wann immer du dazu bereit bist, Liebes.

Epilog

Am Anfang tat sich Jodie schwer mit der neuen Umgebung. Ihr wurden zwei Betreuerinnen zugeteilt, Clare und Val, die sich ausschließlich um sie kümmerten und in Schichten arbeiteten. Mir wurde nicht viel mitgeteilt über ihren Fortschritt, da ich offiziell nicht mehr involviert war; ich war keine Verwandte, auch nicht mehr ihre Pflegemutter, ich war nur eine Besucherin. Trotzdem erriet ich, dass sie sich gewalttätig und verstörend verhielt und weiterhin die Verhaltensmuster zeigte, die sie in den letzten Monaten bei mir hatte.

In den ersten Monaten rief sie regelmäßig an. Clare oder Val machten dann den Anruf, wir sprachen kurz miteinander, und sie reichten dann das Telefon an Jodie weiter. Gewöhnlich rief sie an, um sich über Clare oder Val zu beschweren, weil sie ihr nicht erlaubten, zu tun, was sie wollte. Ich hörte ruhig zu, als die mir bekannte Stimme brüllte: »Ich werd sie verdammt noch mal treten!« Und dann versuchte ich, vernünftig mit ihr zu reden, damit sie verstand, dass ihre Betreuerinnen nur das Beste für sie wollten, genau wie ich.

Obwohl wir uns oft austauschten, zeigte Jodie selten Anzeichen von Zuneigung. Ich konnte sehen, dass sie sich zurückgewiesen fühlte und dass sie aufgebracht war über den Umzug; sie machte das bei jedem Besuch deutlich. Wenn wir uns zum Gehen fertig machten, versuchte ich sie zu umarmen, aber statt meine Zuneigung zu erwidern, schlug sie mir auf den Arm oder, schlimmer noch, stand trotzig und stumm da.

Während der Besuche machten wir unterschiedliche Dinge, je nach Jodies Stimmung. Wenn sie relativ stabil war, gingen wir vielleicht kegeln oder in den Park oder machten einen Ausflug in der Nähe, gefolgt von einem Besuch bei Pizza Hut, was nun ihr Lieblingsrestaurant war. Wenn sie einen schlechten Tag hatte, dann blieben wir im Haus und spielten in der Heimecke. Jodie kochte dann das Essen am Spielzeugherd und schimpfte mit ihrer Puppe.

Aber wie abweisend sie auch immer war, sie fragte jedes Mal, wann wir sie das nächste Mal besuchen würden, und rief dann mitten in der Woche an. Nach ungefähr sechs Monaten schaffte sie es, sich am Ende des Besuchs angemessen zu verabschieden, ganz ohne Boxen, und ich empfand das als einen Durchbruch. Wir lobten sie sofort. Jodie sprach nie über ihre Gefühle, außer, dass sie immer noch Hassgefühle für ihren Vater hatte. Wir konnten nur die wenigen Hinweise interpretieren, die sie gab. Sie gab mir nie zu verstehen, dass sie mich zurückstieß oder abwies. Doch sie gab mir auch nie zu verstehen, dass sie mich vermisste oder sich darauf freute, uns zu sehen. Meiner Meinung nach war es ein gutes Zeichen, dass sie sich endlich verabschieden konnte, da es darauf hindeutete, dass sie sich endlich damit abgefunden hatte, in High Oaks zu sein. Nicht mehr, aber auch nicht weniger.

In dieser Zeit wurde angedacht, den Kontakt zwischen Jodie und ihren Geschwistern, die eine Adoptionsfamilie gefunden hatten, wieder aufzunehmen. Am Ende wurde beschlossen, es so zu belassen, wie es war. Jodie sprach kaum von ihren Geschwistern, außer in der Therapie, und der allgemeine Eindruck war, dass sie sich nicht besonders nahestanden. Man beschloss, es wäre das Beste, Ben und Chelsea einen frischen Start zu ermöglichen. Jodie hatte in vielerlei Hinsicht ihre Kindheit verloren, aber sie hatten ihre noch, da sie in einem viel jüngeren Alter in Pflege gekommen waren und, so dachte man, dem Missbrauch, den Jodie erlitten hatte, entkommen waren.

Jodie machte Fortschritte in High Oaks, aber ihre Therapie und Genesung wurden durch ihre Lernschwierigkeiten behindert. Eine Computertomografie ergab, dass sie einen Hirnschaden hatte, wahrscheinlich verursacht durch wiederholte Schläge auf den Kopf, als sie ein Kleinkind war. Vielleicht war das der Grund für die geringen Fortschritte in ihrer Bildung, ihren Sprachkenntnissen und der Motorik, obwohl ihr Verhalten eine Besserung zeigte.

Jodie nahm stark zu in High Oaks, und das sehr schnell. Sie war schon übergewichtig gewesen, als sie zu mir kam, aber ich hatte es geschafft, ihr Gewicht wenigstens zu stabilisieren. In High Oaks waren jedoch einige Kinder magersüchtig, sodass die Hausregeln es den Kindern erlaubten, so ziemlich alles zu essen, was sie wollten. Jodie, die nun freie Bahn hatte, nahm sich zwei Portionen von allem, und innerhalb weniger Monate waren die Speckrollen um ihre Mitte und an ihren Schenkeln wieder da.

In den ersten Monaten nach Jodies Abreise kam es zu zwei Gerichtsverhandlungen: die endgültige Sorgerechtsverhandlung und der Strafprozess gegen die Missbrauchstäter. Die Sorgerechtsverhandlung fand zuerst statt und erbrachte eine voll umfassende Pflegeverordnung für Jodie, Ben und Chelsea, was bedeutete, dass sie alle blieben, wo sie waren.

Während der Sorgerechtsverhandlung wurden meine Aufzeichnungen vom Richter als Beweismaterial herangezogen, aber ich musste nicht persönlich erscheinen.

Einige Monate später begann das Strafverfahren. Das Verbrechen gegen Jodie war nicht Teil der Anklage, da es an Beweisen fehlte. Stattdessen wurden Jodies Vater und die anderen Männer in Bezug auf ein anderes Kind angeklagt und wegen Besitz und Anfertigen von sittenwidrigen Fotos. Auch in dieses Gerichtsverfahren war ich nicht involviert; ich hörte nur durch Jill von dem Urteil. Jodies Vater und zwei andere Männer wurden in allen Anklagepunkten für schuldig befunden. Jodies Mutter und zwei andere Angeklagte wurden freigesprochen. Alle drei verurteilten Männer erhielten Gefängnisstrafen.

Jodie stand seit ihrer Geburt auf der Risikoliste, und bis sie in Pflege genommen wurde, gab es mehr als fünfzig Besuche im Krankenhaus mit Verletzungen: gebrochene Knochen, Verbrennungen, Verbrühungen und offene Wunden. Es heißt, Jodies Akte beim Sozialamt war so umfangreich, dass sie zwei Koffer füllte.

Jodies Fallgeschichte war eine einzige Liste von Fehlern und eine beschämende Anklage des Versagens seitens des Sozialamtes. Die Tatsache, dass Jodie acht Jahre lang auf der Risikoliste stand, war an sich schon ein Unding. Kinder werden gelistet, damit das Sozialamt den Fall beobachten und untersuchen kann; entweder kommt es dann zu einer Untersuchung, oder das Sozialamt überzeugt sich davon, dass alles in Ordnung ist. Dann sollte das Kind von der Liste gestrichen werden. In Jodies Fall geschah weder das eine noch das andere.

Ein Grund dafür liegt wohl im wiederholten Wechsel der Sozialarbeiter: In Jodies Fall hatte es mehr als zwanzig gegeben. Es scheint, dass Jodies Sozialarbeiter es vermieden, die Familie aufzusuchen, oder sie hatten sich so weit einschüchtern lassen, dass sie nicht die richtigen Fragen stellten. Das Ergebnis der Einschüchterung war, dass die Familie oft von einem Sozialarbeiter zum anderen weitergereicht wurde.

Das alles klingt sehr negativ, aber ich habe doch ein wenig Verständnis. Sozialarbeiter sind mehrheitlich Frauen, und es wird von ihnen erwartet, dass sie ohne Begleitung in Haushalte gehen, in denen es zu Gewalt gekommen ist. Sie werden oft angegriffen, aber sie erheben selten Anklage, weil von ihnen erwartet wird, dass sie eine Beziehung zu den Eltern aufbauen. Das Ergebnis ist, dass Eltern, die das System kennen, wissen, dass es ohne Konsequenzen bleibt, wenn sie den Sozialarbeitern drohend gegenübertreten. Vor diesem Hintergrund ist es kein Wunder, dass Sozialarbeiter es vermeiden, aggressive Familien zu besuchen, oder sich mit wenig überzeugenden Entschuldigungen zufriedengeben.

Als die Familie Brown von einem überdrüssigen Sozialarbeiter zum anderen weitergereicht wurde, wuchs die Akte rasch an – Sozialarbeiter ertrinken in Bürokratie. Die Akte wurde schnell so unhandlich, dass allein schon der Umfang vermuten lässt, dass niemand, der in dem Fall involviert war, die Zeit hatte, alles zu lesen. Wenn jemand den Überblick gehabt hätte, inklusive Jodies unzähligen Krankenhausaufenthalten, hätten sie sicherlich früher gehandelt. Dennoch ist Jodies Fall nicht der erste, der derart übersehen wurde. Und so traurig es ist, ich bezweifle, dass er der letzte sein wird.

Heute, drei Jahre nach der Pflegezeit bei mir, macht Jodie weiterhin nur geringe Fortschritte. Ihre Ängste haben sich zum größten Teil gelegt, und sie ist wahrscheinlich so glücklich, wie sie es jemals wird sein können. Die intensive Therapie hat ihr geholfen, ihre unterschiedlichen Identitäten zusammenzuführen, und Amy und Reg treten heute kaum noch auf. Sie fühlt sich sicher in High Oaks und weiß, dass der Schutz durch diese Identitäten nicht mehr nötig ist.

Jodie besucht eine Förderschule. Mit dem Heranwachsen traten ihre Lernschwierigkeiten zunehmend deutlicher zutage. Wenn ich mit ihr ausgehe, begegnen ihr die Leute wie einem behinderten Kind. Sie sind bemüht, mit ihr zu reden, zeigen eine übertriebene Liebenswürdigkeit. Ihr starkes Übergewicht lässt sie noch schwerfälliger und tollpatschiger erscheinen. Ihre verzögerte Entwicklung und ihre schlecht ausgeprägte Sprache sind sehr auffällig, und jedes Jahr fällt sie weiter zurück hinter den Gleichaltrigen. An einem gewissen Punkt, vielleicht recht bald, wird sie an ihre Grenzen stoßen in Bezug auf das, was sie zu lernen vermag, und ihre Behinderung wird sich im Vergleich zu den Gleichaltrigen noch stärker herauskristallisieren.

Sie erwähnt ihre Eltern kaum noch, außer im Zusammenhang der anhaltenden Therapie. Sie tauscht Geburtstags- und Weihnachtskarten mit Ben und Chelsea aus, und sie hat einmal mit ihnen am Telefon gesprochen. Dieses Gespräch war jedoch kein Erfolg und wird wohl nicht wiederholt werden, da es sie verwirrte und feindselig stimmte. Viel von dem, was Jodie widerfahren ist, bleibt tief vergraben und wird wohl auf unbestimmte Zeit vergraben bleiben. Nur die Zeit wird uns lehren.

Die Kinder und ich besuchen Jodie immer noch und treten die Fahrt von zweihundert Meilen alle vier bis sechs Wochen an. Wir telefonieren auch fast jede Woche. Bei einem der Besuche nahmen Paula und ich sie mit in ein Steakhaus (eine Abwechslung von der ewigen Pizza), und während wir auf das Essen warteten, sah Jodie Paula auf einmal direkt an und sagte: »Ich mag dein Top. Es ist sehr hübsch.« Wir waren hocherfreut. Es war das erste Kompliment, das wir jemals von Jodie gehört hatten, und es deutete einen echten Fortschritt an, da es Anfänge von Empathie aufzeigte: Jodie hatte Paula ein Kompliment gemacht, weil sie wollte, dass sie sich gut fühlte, und weil sie wollte, dass wir sie mochten.

Ich tue mich immer noch schwer damit, zu verstehen, was Jodie widerfahren ist. Ich kann irgendwie verstehen, dass es Eltern gibt, die ihre Kinder vernachlässigen aufgrund von Alkohol oder Drogen oder psychischen Störungen und den damit verbundenen Grausamkeiten als Nebenwirkung anderer Probleme. Aber der fürchterliche Abgrund, den Jodie erlebt hat, ist mir ein Rätsel. Für mich sind diese Dunkelheit und Teufelei unfassbar.

Wenn ich mir meine eigenen Kinder ansehe und, Gott sei Dank, den Großteil der Kinder, die geliebt und umsorgt werden und deren Entwicklung gefördert wird, ist es schwer, die Gedankengänge von Eltern nachzuvollziehen, die so gar keine Gefühle für ihre Kinder zu haben scheinen und die sie nicht nur einfach vernachlässigen, sondern auch noch aktiv alles daransetzen, sie zu zerstören, um ihre eigenen perversen Neigungen zu befriedigen.

Jodie ist ein schwer geschädigtes Kind. Sie wurde regelrecht zerstört. Ihr Geist und ihre Emotionen sind gestört. Ich bezweifle, dass sie jemals so weit genesen wird, dass sie ein normales Leben führen kann. Und sie wird nie die Freude im Leben haben, die ihr ganz einfach zusteht. Sie ist zu einer lebenslangen Strafe verurteilt durch die Menschen, die sich am meisten um sie hätten kümmern sollen. Meiner Meinung nach ist das das schlimmste Verbrechen, das man sich vorstellen kann.

Ich besuche Jodie immer noch in High Oaks. Viele von den Kindern, die dort waren, als Jodie ankam, sind wieder gegangen, da sie so weit genesen sind, dass sie in dauerhaften Pflegeverhältnissen leben können. Ob Jodie jemals dazu fähig sein wird, bleibt dahingestellt, aber wenn sie es kann und wenn ich dann nicht zu alt bin, steht mein Angebot.

Ich nehme nach wie vor Kinder in Pflege. Es gibt immer ein Kind, das Hilfe braucht.

Lesejury